高职高专“十四五”会计专业规划教材



# 会计基础

第二版

邹　娟　杨春兰 ◎ 主　编
钟松影　谢文颖 ◎ 副主编

上海财经大学出版社

**图书在版编目(CIP)数据**

会计基础/邹娟,杨春兰主编. —2 版 . —上海:上海财经大学出版社,2022.8

(高职高专"十四五"会计专业规划教材)

ISBN 978-7-5642-3997-8/F・3997

Ⅰ.①会… Ⅱ.①邹…②杨… Ⅲ.①会计学-高等职业教育-教材 Ⅳ.①F230

中国版本图书馆 CIP 数据核字(2022)第 110139 号

□ 责任编辑　李成军
□ 封面设计　贺加贝

**会计基础**

(第二版)

主　编　邹　娟　杨春兰

副主编　钟松影　谢文颖

上海财经大学出版社出版发行
(上海市中山北一路 369 号　邮编 200083)
网　　址:http://www.sufep.com
电子邮箱:webmaster@sufep.com
全国新华书店经销
上海华业装璜印刷厂有限公司印刷装订
2022 年 8 月第 2 版　2025 年 6 月第 2 次印刷

787mm×1092mm　1/16　14.75 印张　359 千字
印数:9 001—10 000　　定价:45.00 元

# 第二版前言

本书自2014年出版以来，作为高职会计等经管类专业教材，受到了广大读者的认可和欢迎。

本次修订将课程思政融入教材的每个章节。教材以会计职业道德建设为主线，从工作职责、工匠精神、职业素养等方面，将专业知识的学习与思政培养同向同行，落实立德树人根本任务，将价值引领、知识传授与能力培养三者融合。

教材内容上力求最新，做到教材内容与会计改革同步，与最新税收法律法规和企业会计准则同步；突出业财融合、工学结合，如项目四"企业主要经济业务核算"，模拟了某企业一个月发生的真实的经济业务，让学生能够对企业主要经济业务的发生有连续的感性认识。

教材编写体例上增加了情景思考的参考答案部分，学生通过扫二维码能立刻看到相关内容，学到更多的知识，有利于学生的自主学习。

本书由邹娟、杨春兰担任主编，钟松影、谢文颖担任副主编。具体分工如下：邹娟编写项目二、项目三和项目四，钟松影编写项目八和项目九，谢文颖编写项目六和项目七，杨喆宇编写项目一和项目五，杨春兰负责审稿。

本书的出版得到了上海财经大学出版社的大力支持。在编写过程中，我们参阅了国内同行的有关教材(见书后参考资料)，在此表示感谢！

由于编者学识水平有限，本书难免存在疏漏和不妥之处，敬请读者批评指正。

# 第一版前言

目前，我国大部分高职院校都开设有会计基础这门课程，这门课程对会计专业学生而言是一门专业基础课程，是他们学习会计专业知识的敲门砖；对非会计专业学生，这是一门商务基础课程，是他们了解企业财务知识的必要途径。高职学生学习这门课程最基本的任务是能够熟悉会计的基础知识与方法，掌握会计工作的基本操作与会计核算工作的基本流程，从而能够初步形成一定的会计思想，为进一步学习相关知识打好基础。

本书结合当前高职教学改革的基本思路，在教材内容的编写上采用项目导入，任务引领的设计模式，在章节的安排上基本遵循会计工作过程。依照学生的认知规律，依次阐述了会计职业认知、会计账户的设置方法、会计核算知识认识、凭证的填制方法、账簿的登记方法、财产的清查方法、会计报表的编制方法等，并介绍了这些方法的具体应用。本教材能使学生完整地认识和掌握会计基本理论、会计基本方法、会计工作程序。

本书在编写形式上，在每个项目都设有"任务导入""情景思考""温馨提醒""实战演练"等栏目，编写上突出了教学中的"互动性"和"实用性"，引导学生自主学习、善于思考、勤于动手。本书在项目和习题的选择上，注重理论与实际相结合，有利于提高学生的操作技能和职业能力。

本书在编写上充分考虑了高职学生的考证需求，在部分章节做到与考证的衔接。目前，高职会计专业的学生都需要考取会计从业资格证。本书在编写项目十"主要经济业务核算训练"时，将考证中出现的重点、难点均作为"考证知识补充"单列出来，以方便需要考证的学生有针对性地重点复习。

本书由杨丽霞、邹娟担任主编，杨春兰、王心莹担任副主编，具体分工如下：杨丽霞编写项目一，邹娟编写项目导入、项目二、项目三和项目十，王心莹编写项目四、项目五、项目九，杨春兰编写项目六、项目七、项目八。

本书的出版得到了上海财经大学出版社的大力支持。在编写过程中，我们参阅了国内同行的有关教材（见书后参考资料），在此表示感谢！

由于编者学识水平有限，本书难免存在疏漏和不妥之处，敬请读者批评指正。

# 目　录

# 项目一　会计职业认知

○ **知识目标**

◆ 了解会计的定义、基本特征、会计核算的具体内容

◆ 理解会计基本职能、会计对象

◆ 重点掌握会计的基本假设、会计信息质量要求

◆ 理解并掌握会计基础

○ **能力目标**

◆ 能够初步了解会计职业特点

◆ 能理解会计核算的假设条件，并熟悉会计信息的相关质量要求

○ **思政目标**

◆ 培养学生拥有爱国、敬业、自信的精神品质

◆ 培养学生守住坚决不做假账的职业道德底线，培养开拓进取的品格

○ **重点难点**

◆ 对会计基本职能的理解和掌握

◆ 对会计基本假设的理解、对两种会计基础的比较和应用

◆ 对会计信息质量要求在实际工作中的应用

### 任务引入

**会计是什么？**

也许你想自己创业，那么从哪儿开始？需要多少资金支持？怎样评价成功与失败？

王敏和谢蔓毕业后想开设一家咖啡馆，但经过初步估计，她们发现需要房屋租金 10 万元、装修费 10 万元、购买材料设备 8 万元、人工及其他需要 10 万元，两人各投入自有资金 10 万元，还有约 18 万元的资金需要银行贷款，那么她们怎样才能获得银行贷款呢？在企业的经营中，她们又应该怎样记录企业的经营活动呢？对这样的小企业，会计在其中又扮演了什么角色呢？

## 任务一　会计职能认知

会计是以货币为主要计量单位、运用一系列专门方法、核算和监督一单位经济活动的一种经济管理工作。

### 知识拓展

在原始社会，人们为了计算生产成果和生活需要，逐步产生了计数和计算的要求。在文字产生以前，是用“结绳记事”“刻木记事”或凭人们的记忆计算的。在文字产生以后，人们对物质资料生产与消耗开始了文字记载，于是就产生了会计。奴隶社会和封建社会的会计主要是用来核算和监督政府开支，为官方服务。随着商品货币经济的发展，特别是在欧洲工业革命以后，由于资本主义生产的发展，生产日益社会化，生产规模日趋扩大，更需要由会计从价值量上来全面、完整、系统地反映和监督生产经营的全过程。人类发展到现在，全球信息化、经济全球化使作为“国际商业公共语言”的会计内涵及外延不断丰富发展。

## 一、会计的基本职能

会计是随着生产的发展，逐步从企业各项经营活动中分离出来的一项提高经济效益的管理活动。会计在经济管理工作中具有的功能或能够发挥的作用，即会计的职能，包括核算、预测、参与决策、实行监督等。尽管随着经济的发展和管理要求的提高，会计职能不断变化和发展，但会计的基本职能依然是会计核算和会计监督。

（一）会计核算

会计核算是会计的首要职能，它是以货币为主要计量单位，通过对特定主体的经营活动进行确认、计量、记录和报告等环节，如实反映特定主体的财务状况、经营成果（或运营绩效）和现金流量等信息。

### 知识拓展

会计确认解决的是定性问题，是以判断发生的经济活动是否属于会计核算的内容、归属于哪类性质的业务，是作为资产还是负债或其他会计要素入账等；会计计量解决的是定量问题，即在会计确认的基础上确定入账的具体金额；会计报告是确认和计量的结果，即通过报告，将确认、计量和记录的结果进行归纳和整理，以财务报告的形式提供给信息使用者。会计确认、计量和报告是会计核算的重要环节。

会计核算的特点表现为如下三个方面：

1. 会计核算主要是利用货币计量单位对经济活动的方面进行核算。

2. 会计核算主要是对已经发生的经济活动进行事中、事后的核算，同时也为预测未来提供信息。随着商品经济的发展，市场竞争日趋激烈，会计在对已经发生的经济活动进行事中、事后的记录、核算、分析，反映经济活动的现实状况及历史状况的同时，发展到事前核算、分析和预测经济前景。

3. 会计核算具有完整性、连续性和系统性。会计核算的完整性，是指会计核算对所有的会计对象都应无一遗漏地进行确认、计量、记录和报告；会计核算的连续性，是指会计核算对发生的经济业务事项的确认、计量、记录和报告要连续，不得有任何中断；会计核算的系统性，是指对发生的经济业务事项要采用科学的核算方法，分门别类地进行确认、计量、记录和报告，提供系统的会计信息。会计核算的完整性、连续性和系统性，是会计信息资料完整性、连续性和系统性的保证。

(二)会计监督

会计监督职能，是指会计具有按照一定的目的和要求，利用会计核算职能所提供的经济信息，对企业和行政事业单位的经济活动进行控制，使之达到预期目标的功能。会计的监督职能主要具有以下特点：

1. 会计监督主要是通过价值指标来进行监督工作的。由于基层单位进行的经济活动，同时都伴随着价值运动，表现为价值的增减和价值形态的转化，因此，会计通过价值指标可以全面、及时、有效地控制各个单位的经济活动。

2. 会计监督要对单位经济活动的全过程进行监督，包括事前、事中和事后的全过程的监督。

### 温馨提醒

会计核算主要是对已经发生的经济活动进行事中、事后的核算，同时也为预测未来提供信息，这与会计监督的事前、事中和事后的全过程监督是有区别的，会计核算没有事前核算。

(三)会计核算与会计监督的关系

会计核算与会计监督两项基本职能关系密切、相辅相成、辩证统一。会计核算是会计的首要职能，是会计监督的基础，没有核算，监督就无从谈起；而会计监督是会计核算的质量保证。

### 思政链接

**会计当而已矣**

两千五百年前，孔子在担任库管小吏时最早提出“会计当而已矣”，后人把其作为我国早期的会计思想。

孔子曾经担任库管小吏，他说：“会计，做到当就可以了。”他曾担任主管畜牧的官，说：“把牛羊养得壮就可以了。”孔夫子的意思是：叫我管仓库，我就把仓库里的账目计算得清清楚楚；叫我管牛羊，我就把牛羊管理得肥胖、强壮起来。这里的“会计”很显然是管理库房官员的主要职责，大致相当于今天的仓库管理员。从整体来看，这段话有其重要的核心内涵，就是教育人们要在其位，谋其职，言其语。在当时来看，会计就是进行算术加减运算，从孔子的在其位言其事来看，会计就是要做到财物收付记录的正确及时。

在新的时代，“会计当而已矣”就应该有新时代的意义。“当”字是要做到不违背礼法，不用不义之财；会计事项的核算、记录要准确无误；选择合格的会计人才，才能把会计工作做到正确无误。具体而言，会计“当”主要有三方面的含义：一是会计准则制度的制定要适当，会计工作处理要正当；二是会计事项的核算、监督要得当；三是会计人员的选择要恰当。

当代会计的基本职能是核算和监督，对经济事务如实加以核算，并对经济活动加以监督。“当”要求会计如实反映企业经济业务，同时要坚持原则，秉公办事。

“会计当而已矣”，在当代仍然具有极强的现实意义，它不仅体现了会计的基本职能、原则和要求，更反映了会计人员的职业道德。我们要把握住古代先贤优秀思想的精髓，做到古为今用，不断推进会计事业的发展前进。

资料来源：王秋实、韩卫卫：《会计当而已矣的当代意义》，《财会通讯》2011 年第 2 期。

# 任务二　会计核算内容认知

## 一、会计对象

会计的对象是指会计核算和监督的内容。凡是特定主体能够以货币表现的经济活动，都是会计核算和监督的内容，也就是会计的对象。以货币表现的经济活动通常又称为价值运动或资金运动。因此，会计核算和监督的内容(即会计对象)就是资金运动。

资金运动包括特定对象的资金投入、资金的循环和周转(即运用)与资金退出这样一个过程。资金运动过程对任何单位来说都是一样的，但具体到企业、事业、行政单位又有较大的差异，工业企业主要从事产品生产以及进行与生产有关的购销活动，其资金运动包括资金的筹集，资金的循环和周转与资金的退出，是工业企业会计的对象。而行政事业单位经费收入和经费支出构成其主要经济活动，是其资金运动的主要形式，也是其会计的对象。

### 知识拓展

工业企业的资金运动过程主要表现为以下三个方面：

(一)资金的投入

工业企业要开展生产经营，必须拥有一定的资金，这些资金的来源包括所有者投入的资金和债权人投入的资金两部分，前者属于企业所有者权益，后者属于企业债权人权益——企业负债。投入企业的资金要用于购买机器设备和原材料并支付职工的工资等。这样投入的资金最终构成企业流动资产、非流动资产和费用。

(二)资金的循环和周转

工业企业的经营过程包括供应、生产、销售三个阶段。在供应过程中企业要购买原材料等劳动对象，发生材料买入价、运输费、装卸费等材料采购成本，与供应单位发生货款的结算关系。在生产过程中，劳动者借助劳动手段将劳动对象加工成特定的产品，同时发生原材料消耗、固定资产磨损的折旧费、生产工人劳动耗费的人工费，使企业与职工之间发生工资结算关系，有关单位之间发生劳务结算关系等。在销售过程中将生产的产品销售出去，发生支付销售费用、收回货款、交纳税金等业务活动，并同购货方发生货款结算关系、同税务机关发生税务计算关系。综上所述，资金的循环就是从货币资金开始依次转化为储备资金、生产资金、产品资金，最后又回到货币资金的过程。资金周而复始地循环称为资金的循环。

（三）资金的退出

资金的退出包括偿还债务、上缴各项税金、向所有者分配利润等，使得这部分资金离开本企业，退出企业的资金循环和周转。

资金运动是会计核算和监督内容的最高概括，是会计对象的第一层次。会计对象的第二层次是会计要素，第三层次是会计科目。会计要素和会计科目将在后面详细介绍。

### 二、会计核算的具体内容

会计核算和监督的内容就是资金运动，一般将各单位在日常生产经营和业务活动中的资金运动称为经济业务事项。经济业务事项包括经济业务和经济事项两类。经济业务又称为经济交易，是指单位与其他个体之间发生的各种经营利益的交换，如销售和购买产品、提供和接受劳务等。经济事项是指单位内部发生的具有经济影响的各类事件，如支付职工工资、报销差旅费、计提折旧、摊销无形资产等。概括地说，会计核算的具体内容就是单位发生的交易或事项。单位会计核算的具体内容有：款项和有价证券的收付；财物的收发、增减和使用；债权债务的发生和结算；资本的增减；收入、支出、费用、成本的计算；财务成果的计算和处理；需要办理会计手续、进行会计核算的其他事项。

**温馨提醒**

款项是指作为支付手段的货币资金，主要包括库存现金、银行存款，以及其他视同库存现金和银行存款使用的外埠存款、银行汇票存款、银行本票存款、信用证存款等。

有价证券是指表示财产拥有权和支配权的证券，如国库券、股票、公司债券等。

财物是财产、物资的简称，是指一个单位开展和维持生产经营、业务活动并且具有实物形态的经济资源，一般包括原材料、燃料、周转材料，产品、库存商品等流动资产和房屋、建筑物、机器、设备、设施、运输工具等固定资产。

债权是单位收取款项的权利，一般包括各种应收和预付款项等。

债务是指由于过去的交易和事项形成的，需要单位以资产和劳务等偿付的现实义务，一般包括各种借款、各种应付款和预收款以及应交的各种税费等。

资本是投资者为开展生产经营活动而投入的资金。会计上的资本专指所有者权益中的投入资本，包括实收资本（股本）和资本公积。

## 任务三　会计核算准备认知

### 一、会计核算的基本前提

会计核算的基本前提即会计的基本假设。一个正常经营的企业，它的供应、生产、销售的活动是连续、重复进行的，资金随着生产经营活动的进行不断变化，会计面对的是一个复杂、变化不定的环境，要使会计核算工作具有一定的稳定性和规律性，必须对会计工作提出一定的前提条件，即做出某些假设，从而使会计工作处于相对稳定、比较理想的环境。这种假设即会计基本假设，是会计确认、计量和报告的前提，是对会计核算所处范围、时间、环境等所做的合理设定。会计基本假设包括会计主体、持续经营、会计分期和货币计量。

（一）会计主体

会计主体是指会计所核算和监督的特定单位或组织，是会计确认、计量和报告的空间范围。会计主体的作用在于界定不同主体会计核算范围，解决为谁核算的问题。依据这一前提，各单位会计只对本单位发生的经济业务事项进行核算，其他单位发生的经济业务事项不在核算范围之内，不同单位发生的经济业务事项不能混合在一起核算。

一般来讲，经济上独立或相对独立的企业、公司、事业单位等都是会计主体，只要有必要对外报送会计信息，任何一个组织都可以成为一个会计主体。

应当注意的是，会计主体与法律主体并非是对等的概念。一般来讲，法律主体必然是一个会计主体，而会计主体则不一定是法律主体。比如，任何企业，无论是独资、合资还是合伙，都是会计主体。企业规模较大的情况下，管理上要求各分支机构定期提供生产经营活动及收支情况，非法律主体的分支机构即为会计主体。集团公司的母公司、子公司都是独立的法律主体，但在编制合并会计报表时，作为一个报送主体（会计主体），会计主体跨越了法律主体的界限。

**情景思考 1—1**

由众多分公司组成的丰田汽车公司，公司管理当局视每一分公司为一单独的会计主体。如果雷克萨斯分公司的销售额下降，公司管理当局就能发现原因。如果丰田公司将所有分公司的销售数据汇总在一起，公司管理当局就不能得知雷克萨斯分公司的销售额下降。

**情景思考1-1**

思考：结合上述案例，说明会计主体与法律主体是否为对等的概念。

（二）持续经营

持续经营是指在可以预见的将来，会计主体将会按当前的规模和状态经营下去，不会停业，也不会大规模削减业务。在持续经营前提下，会计主体将会按当前的规模和状态继续经营下去，不会清算，所持有的资产将正常运营，所负担的债务将正常偿还。

企业的会计确认、计量和报告应当以企业持续经营为前提，不考虑破产、清算的因素。这样，企业拥有的各项资产就可以在正常的生产经营过程中耗用、出售或者转换，承担的债务也可以在正常的生产经营过程中清偿，经营成果会不断地形成。明确了这个基本前提，会计人员就可以选择适用的会计原则和会计方法，进行资产计价和收益确认。例如，一般情况下，企业的固定资产可以在一个较长的时期内发挥作用，并服务于生产经营过程，因而固定资产就可以根据历史成本记录，将历史成本分摊到各个会计期间或者相关产品的成本中。如果假设企业不能持续经营下去，固定资产就不应采用历史成本记录，也不应按期计提折旧。

持续经营只是一个假定，任何企业在经营中都存在破产、清算等不能持续经营的风险。企业一旦进入清算，就应当改按清算会计处理。

**情景思考 1—2**

如果你是 A 企业的相关利益人，想了解企业的财务状况和经营成果，那你希望 A 企业在整个持续经营期间，是关门营业前提供一次相关会计信息给你，还是每年一次，或每月一次，或每旬，或每日？哪一种方式更容易满足你及时做出相关决策的需求？

情景思考1-2

（三）会计分期

会计分期是指将一个会计主体持续经营的生产活动划分为一个个连续的、长度相同的期间，以便分期结算账目和编制财务会计报告。会计分期的目的在于，通过会计分期的划分，将持续经营的生产经营活动划分成连续、相等的期间，据以结算盈亏，按期编制财务报告，从而及时向财务报告使用者提供有关企业财务状况、经营成果和现金流量的信息。

会计分期为会计核算确定了时间范围。会计分期分为年度和中期。会计年度是以一年确定的会计期间，是最常见和最重要的会计期间。我国的会计年度自公历每年的 1 月 1 日起至 12 月 31 日止。会计中期是指短于一个完整的会计年度的报告期间，包括半年度、季度和月度等，会计中期也应该按公历起讫日期确定。有了会计分期假设，才有企业“某年盈利多少”“某年亏损多少”等说法。

会计分期对会计核算意义重大。有了会计期间，才得以区分本期与非本期，而由于有了本期与非本期的区别，才产生了权责发生制和收付实现制，才使不同类型的会计主体有了记账的基准，进而出现了应收、应付、预收、预付、折旧、摊销等跨期处理办法。

（四）货币计量

货币计量是指会计主体在会计确认、计量和报告时采用货币作为统一的计量单位，反映会计主体的生产经营活动。

在会计的确认、计量和报告过程中选择货币为基础进行计量，是由货币本身的属性决定的。货币是商品的一般等价物，是衡量一般商品价值的共同尺度，其他的计量单位，如实物计量（重量、长度、容积等）和时间计量（天、小时、分钟等），只能从一个侧面反映企业生产经营成果，不同计量单位之间无法加计、汇总，无法在量上比较，也不便于会计计量和经营管理。会计采用货币作为计量单位，便于在量上汇总、比较，能够全面地反映会计主体的生产经营和业务收支等情况，实现会计目的。

在货币计量假设下，单位的会计核算应该以人民币作为记账本位币。业务收支以人民币以外的货币为主的单位，可以选定其中一种货币作为记账本位币，但编制的财务会计报告应当折算为人民币反映。在境外设立的中国企业向国内报送的财务会计报告，应当折算为人民币反映。

**温馨提醒**

会计核算的四项基本假设，具有相互依存、相互补充的关系。会计主体确立了会计核算的空间范围，持续经营与会计分期确立了会计核算的时间长度，而货币计量则为会计核算提供了必要的手段。没有会计主体，就不会有持续经营；没有持续经营，就不会有会计分期；没有货币计量，就不会有现代会计。

## 二、会计核算基础

会计基础是会计确认、计量、报告的基础，是企业在会计确认、计量和报告的过程中所采用的基础，是确认一定会计期间的收入和费用，从而确认损益的标准。会计基础主要有两种：权责发生制基础和收付实现制基础。

**情景思考 1—3**

假如某企业 12 月 20 日销售商品 30 万元，货款在第二年的 1 月 15 日收到，请问该企业应确认为 12 月收入，还是 1 月收入？哪种更能准确反映企业当月的经营成果？如果 11 月 5 日预收了货款，12 月 20 日才发货，那什么时候确认收入？再比如，该企业在 12 月 22 日赊购了 5 万元的办公用品，在第二年的 1 月 5 日支付了该款项，那么又该什么时候确认费用呢？

情景思考1-3

(一)权责发生制

企业会计的确认、计量和报告应当以权责发生制为基础。权责发生制，也称应计制。权责发生制要求，凡当期已经实现的收入和已经发生或者应当负担的费用，不论款项是否收付，都应当作为当期的收入或费用，计入利润表；凡不属于当期的收入和费用，即使款项已在当期收付，也不应当作为当期的收入和费用。也就是说，企业应当在收入已经实现和费用已经发生时就进行确认，而不是等到实际收到现金或者支付现金时才确认。

(二)收付实现制

收付实现制是与权责发生制相对应的一种会计基础。收付实现制，也称现金收付制或者现金制，是以收到或支付现金作为确认收入和费用等的依据。收付实现制是以实际收到或付出款项的日期确认收入或费用的归属期的制度。目前，我国的行政单位会计采用收付实现制，事业单位会计除经营业务可以采用权责发生制以外，其他大部分业务采用收付实现制。

**情景思考 1—4**

表 1—1 列示了某企业在具体经济业务中采用两种不同的会计核算基础在确认收入与费用时的区别。

**表 1—1　　不同的会计核算基础在确认收入与费用时的区别**

| | 举例 | 权责发生制 | 收付实现制 |
|---|---|---|---|
| 第一种情况 | 出租房屋租金收入，1 月收讫上半年租金 6 万元 | 1 月：租金收入为半年收入的 1/6，确认 1 万元收入，其余部分在 1 月看来为预收款 | 1 月确认收入 6 万元 |
| 第二种情况 | 1 月一次性支付全年财产保险费 12 000 元 | 1 月：保险费仅为整笔支出的 1/12，确认 1 000 元费用；其余部分在 1 月看来为预付款 | 1 月确认费用 12 000 元 |

续表

| | 举例 | 权责发生制 | 收付实现制 |
|---|---|---|---|
| 第三种情况 | 与购货单位签订合同，分别在1、2、3月销售三批产品，货款均为3万元，货款于3月末一次结清 | 分别作为1、2、3月的收入，每月均确认3万元收入；1、2、3月应收而未收的9万元收入为应收款 | 待3月收到款项9万元时全部确认为3月收入 |
| 第四种情况 | 1月向银行借入为期3个月的借款，利息共9 000元，到期即3月一次偿还 | 分别作为1、2、3月的费用，每月均确认3 000元费用；1、2、3月应付而未付的费用为应付款 | 待3月支付款项9 000元时全部确认为3月费用 |

请计算该企业在两种不同的会计基础下1月确认的收入和费用总和。

情景思考1-4

## 三、会计核算方法

会计核算的方法，是会计的基本方法，是对单位的交易或事项进行连续、系统、全面的核算所运用的专门方法，包括设置账户、复式记账、填制和审核会计凭证、登记账簿、成本计算、财产清查和编制会计报表七种方法。

（一）设置账户

设置账户，是对会计对象的具体内容进行分类核算的一种专门方法。账户应根据国家统一的会计制度所规定的会计科目，结合单位实际合理设置，用来分类、系统、连续地记录单位发生的各项交易或事项，真实反映由于交易或事项的发生而引起的会计要素具体内容的增减变动情况和结果，提供经济管理所需要的信息和指标。

（二）复式记账

复式记账是指对每一项交易或事项，都以相等的金额同时在两个或两个以上相互联系的账户中登记的一种记账方法。采用复式记账法记录所有交易或事项，可以通过账户对应关系，了解有关交易或事项的来龙去脉；可以通过账户的平衡关系，检查有关交易或事项的记录正确与否。

（三）填制和审核会计凭证

会计凭证是记录交易或事项、明确经济责任的书面证明，是登记账簿的依据。填制和审核会计凭证是以会计凭证作为记账的依据，保证会计记录真实、完整、可靠，审查经济活动是否合理、合法的一种专门方法。对每一项经济业务填制会计凭证并加以审核，可以保证会计核算的质量，明确经济责任。

（四）登记账簿

账簿是用来连续、系统、完整地记录各项交易或事项的簿籍，是保存会计数据资料的重要工具。登记账簿就是将会计凭证记录的交易或事项，序时、分类地记入有关账簿，并定期结账、对账，为编制会计报表提供完整、系统的数据资料。

（五）成本计算

成本计算是指在生产经营或业务活动过程中，按照一定对象归集或分配发生的各种费用，以确定该对象的总成本和单位成本的一种专门方法。通过成本计算，可以确定材料的采购成本、产品的生产成本和营业成本，为考核业务成果和计算经营成果提供资料。

(六)财产清查

财产清查就是通过对货币资金、实物资产和往来款项的盘点或查核并与账面核对,以查明账实是否相符的一种方法。财产清查对于保证会计核算结果的真实、完整,对保护财产物资的安全起着十分重要的作用。

(七)编制会计报表

会计报表是根据账簿资料定期编制,总括反映某一特定会计主体的财务状况、经营成果和现金流量的书面文件。它是根据日常的会计核算资料归集、加工和整理后编制而成的,是单位会计核算的最终成果。会计报表的编制,可以为报表使用者提供决策所需要的相关信息。

会计核算的各种方法相互联系、密切配合,构成了一个完整的方法体系。这些方法相互配合运用的程序是:(1)经济业务发生后,取得和填制会计凭证;(2)按会计科目对经济业务进行分类核算,并运用复式记账法在有关会计账簿中登记;(3)对生产经营过程中各种费用进行成本计算;(4)对账簿记录通过财产清查加以核实,保证账实相符;(5)期末,根据账簿记录资料和其他资料,实行必要的加工计算,编制会计报表。

## 任务四　会计信息质量要求

会计信息是会计系统产品,其载体是会计凭证、会计账簿、会计报表等,只有符合特点要求的会计信息,才能满足信息使用者的要求。我国《企业会计准则》对会计信息质量要求做了明确的规定。

(一)可靠性

可靠性要求企业以实际发生的交易或事项为依据进行会计确认、计量和报告,如实反映符合确认和计量要求的各项会计要素及其他相关信息,保证会计信息真实可靠、内容完整。

可靠性是对会计信息质量的基本要求。会计工作提供信息的目的是满足会计信息使用者的决策需要,因此,应该做到内容真实、数字准确、资料可靠。不得根据虚构或尚未发生的交易或事项进行确认、计量和报告,不能随意遗漏或者减少应该予以披露的信息。

(二)相关性

相关性要求企业提供的会计信息与财务会计报告使用者的经济决策需要相关,有助于财务会计报告使用者对企业过去、现在或者未来的情况做出评价或预测。

根据相关性原则,要求在收集、记录、处理和提供会计信息过程中能充分考虑各方面会计信息使用者决策的需要,满足各方面具有共性的信息需求。如投资者要了解企业盈利能力的信息,以决定是否投资或者继续投资;银行等金融机构要了解企业的偿债能力,以决定是否对企业发放贷款;税务部门要了解企业的盈利及生产经营情况,以确定企业的纳税情况是否合理等。

(三)可理解性

可理解性要求企业提供的会计信息清晰明了,便于财务会计报告使用者理解和使用。

企业编制会计报表、提供会计信息的目的在于供使用者使用,而会计信息清晰明了、内涵明确、便于理解,才能提高其有用性。因此,在会计核算中,会计记录应当准确、清晰,填制会计凭证、登记账簿必须做到依据合法、账户对应关系清楚、文字摘要完整;在编制会计报表时,应当内容完整，项目钩稽关系清楚、数字准确。

（四）可比性

可比性要求企业提供的会计信息具有可比性。可比性要求包括两层含义：

（1）同一企业不同时期可比或者说纵向可比。同一企业不同时期发生的相同或者相似的交易或者事项，应当采用一致的会计政策，不得随意变更。确需变更的，应当在附注中说明改变的原因及其对财务或经营成果的影响，也就是说一个企业在不同时期采用相同的会计处理程序与方法。

（2）不同企业相同会计期间可比或者说横向可比。不同企业发生的相同或者相似的交易或事项，应当采用规定的会计政策，确保会计信息口径一致、相互可比。可比性要求不同的企业都要按照国家统一规定的会计核算方法与程序处理交易或事项，以便于会计信息使用者分析、评价不同企业的财务状况、经营成果和现金流量及变动情况，进行企业间的比较。

（五）实质重于形式

实质重于形式要求企业按照交易或事项的经济实质进行会计确认、计量和报告，不应仅以交易或者事项的法律形式为依据。

交易或事项的经济实质或法律形式在多数情况下是一致的，但也存在不一致的情况。在交易或事项的法律形式不能完全反映其实质内容的情况下，必须根据交易或事项的经济实质进行确认、计量和报告，这有利于增强会计信息对决策的有用性。

## 知识拓展

以融资租赁形式租入的固定资产，虽然从法律形式上来讲，企业并不拥有其所有权，但是由于租赁合同中规定的租赁期相当长，接近于该资产的使用寿命，租赁期结束时承租企业有优先购买的选择权，在租赁期内承租企业有权支配资产并从中受益。从实质上看，企业控制了该项资产的使用权及其受益权。所以，会计核算时将融资租赁的固定资产视为企业的资产。

（六）重要性

重要性要求企业提供的会计信息反映与企业财务状况、经营成果和现金流量等有关的所有重要交易或者事项。

重要性要求是从会计信息成本效益角度提出的。在会计核算过程中，对交易或事项应当区别其重要程度，采用不同的核算方式。对资产、负债、损益等有较大的影响，并进而影响会计信息使用者据此做出合理判断的重要事项，必须按照规定的会计方法和程序处理，并在财务会计报告中予以充分、准确的披露；对于次要的会计事项，在不影响会计信息真实性和不至于误导财务会计报告使用者做出正确判断的前提下，可适当简化处理。这能够使企业提供会计信息的收益大于成本。

## 知识拓展

某生产企业购进一台价值500万元的大型机床，对该设备如何保管、使用、维护，对其使用过程中的损耗如何确认等，必将对企业的经营活动和财务成果产生重大的影响。因此，对于这种大型机床就需要重点核算并单独反映。而若企业购进一台价值5 000元的小型设备，不论如何处理，均不会对经营活动与经营成果产生大的影响。因此，在会计处理时，就不必单独核算，而将其与其他零星支出一起作为费用反映。

（七）谨慎性

谨慎性要求企业对交易或者事项进行会计确认、计量和报告时保持应有的谨慎，不应高估资产或者收益、低估负债或者费用。在市场经济条件下，企业在经营中不可避免地要遇到各种风险，所以应遵循谨慎性原则，合理核算可能发生的损失和费用，尽量降低经营风险，使会计信息更加可靠。

（八）及时性

及时性要求企业对于已经发生的交易或者事项，及时进行会计确认、计量和报告，不得提前或者延后。

会计信息的价值在于帮助使用者做出经济决策，具有时效性。即使是可靠的、相关的会计信息，如果不及时提供，就失去了时效性，对于会计信息使用者的效用就大大降低，甚至不再具有实际意义。因此，及时性是会计信息相关性和可靠性的制约因素。在会计确认、计量和报告过程中，应及时收集、处理、传递会计信息，这有利于保证会计信息的相关性和可靠性。

## 小结

1. 会计是以货币为主要计量单位，运用一系列专门方法，核算和监督一单位经济活动的一种经济管理工作。会计的基本职能是会计监督和会计核算，会计核算是会计的首要职能，是会计监督的基础，而会计监督是会计核算的质量保证。

2. 会计的对象是指会计核算和监督的内容，即资金运动。资金运动包括特定对象的资金投入、资金的循环和周转（即运用）与资金退出这样一个过程。会计核算的具体内容有：款项和有价证券的收付；财物的收发、增减和使用；债权债务的发生和结算；资本的增减；收入、支出、费用、成本的计算；财务成果的计算和处理；需要办理会计手续、进行会计核算的其他事项。

3. 会计核算的基本前提即会计的基本假设，会计基本假设包括会计主体、持续经营、会计分期和货币计量。会计基础主要有两种：权责发生制基础和收付实现制基础。会计核算的方法包括设置账户、复式记账、填制和审核会计凭证、登记账簿、成本计算、财产清查和编制会计报表七种方法。

4. 会计信息的质量要求包括可靠性、相关性、可理解性、可比性、实质重于形式、重要性、谨慎性和及时性八个方面。

## 职场体验

### 案例分析

薛聪从某财经院校毕业后，注册登记了一家会计培训公司。2021 年 12 月 16 日，与欣达公司签订了一份培训合同。合同约定：自 2022 年 1 月 1 日起，薛聪的公司要利用每天下午时间为欣达公司的中层干部进行为期 3 个月的会计知识培训，至培训期满(3 月 31 日)。欣达公司当即一次支付培训费 6 万元。薛聪公司每月支付的房租水电费、培训人员的讲课费以及相关税费 1 万元。

要求：薛聪公司在收付实现制和权责发生制两种不同的会计基础下 1 月确认的收入和费用总和分别是多少？

## 学习评价

**一、单项选择题**

1. 会计的基本职能是(　　)。

A. 预测和决策　　B. 核算和监督　　C. 分析和考核　　D. 计量和记录

2. 会计的对象是特定主体的(　　)。

A. 资金运动　　B. 经济活动　　C. 财产物资　　D. 货币资金

3. 我国企业应以(　　)作为确认、计量和报告的基础。

A. 持续经营　　B. 权责发生制　　C. 实地盘存制　　D. 收付实现制

4. 在下列各项中，不属于会计核算具体内容的是(　　)。

A. 资本的增减　　B. 购销合同的签订

C. 财务的收发、增减和使用　　D. 债权债务的发生和结算

5. 会计信息质量要求中，要求前后期提供相互可比的会计信息是(　　)要求。

A. 可比性　　B. 一贯性　　C. 配比性　　D. 相关性

6. 从核算成本效益看，对所有会计事项不分轻重主次和繁简详略，采用完全相同的会计程序和处理方法，不符合(　　)要求。

A. 谨慎性　　B. 相关性　　C. 可靠性　　D. 重要性

**二、判断题**

1. 会计核算企业必须而且只能采用货币计量单位对经济活动的数量价值方面进行核算。(　　)
2. 法人可以作为会计主体，但会计主体不一定是法人。(　　)
3. 会计监督是会计工作的基础，会计核算是会计工作的质量保证。(　　)
4. 会计上的资本专指所有者权益中的投入资本，包括实收资本(股本)和资本公积。(　　)
5. 不论是盈利还是亏损，都是财务成果。(　　)
6. 会计分期是对持续经营假设的有效延续。(　　)

**三、简答题**

1. 会计有哪些基本职能？它们相互之间有什么关系？
2. 会计核算的基本假设有哪些？它们相互之间有什么关系？
3. 会计信息质量要求有哪些？

# 项目二　设置会计科目和账户

○ **知识目标**

- ◆ 理解六个会计要素的含义
- ◆ 掌握会计要素特征及基本内容
- ◆ 理解会计科目的概念、分类及意义
- ◆ 理解会计账户的概念、分类及结构

○ **能力目标**

- ◆ 能够初步根据企业的财务资料分析确定所属会计要素
- ◆ 能够初步分析企业的经济业务所涉及会计要素及会计科目
- ◆ 能够理解会计科目与会计账户的相互关系

○ **思政目标**

- ◆ 引导学生树立正确的财富观、人生观和社会主义核心价值观
- ◆ 加强对会计从业人员遵纪守法、诚实守信的职业素养的培养

○ **重点难点**

- ◆ 理解会计要素基本特征及具体内容
- ◆ 掌握会计科目的分类和会计科目表的具体内容

### 任务引入

学生选择一家自己感兴趣的公司，可以到公司的官网或者相关网站查找该公司当年或者近 3 年的财务报表，包括资产负债表、利润表，阅读并分析公司的财务报表，找出报表中所包含的会计要素及会计科目，通过报表理解这些会计要素的相互关系及其所包含的具体内容。

## 任务一　认识会计要素

### 一、会计要素的定义

会计要素是根据交易或者事项的经济特征所确定的财务会计对象和基本分类。会计要素是对资金运动所做的第二层次划分，是会计对象的具体化，会计核算工作是围绕会计要素的确认、计量及报告展开的。

会计要素是构成会计报表的基本组件，根据我国《企业会计准则——基本准则》规定，资

产、负债、所有者权益、收入、费用和利润是企业会计的六大会计要素。其中,资产、负债和所有者权益反映企业在一定日期的财务状况,是对企业资金运动的静态反映,属于静态要素,是资产负债表的构成要素;收入、费用和利润反映企业在一定时期内的经营成果,是对企业资金运动的动态反映,属于动态要素,是利润表的构成要素。

## 二、资产负债表要素

(一)资产

资产是指企业过去的交易或者事项形成的、由企业拥有或控制的、预期会给企业带来经济利益的资源。

资产具有以下三方面特征:

1. 资产是由企业过去的交易或事项形成的。企业过去的交易或者事项包括购买、生产、建造行为及其他交易或事项,预期未来发生的交易或者事项不形成资产。如企业在 5 月与销售方签订了一份购销合同,合同约定在 8 月购进一批机器设备,则企业不能在 6 月将该批设备确认为企业资产,而应该是在 8 月购买之后才能将这批设备确认为企业的资产。

2. 资产应为企业拥有或控制的资源。企业拥有或控制,是指企业享有某项资源的所有权,或者虽然不享有某项资源的所有权,但该项资源能被企业所控制。如甲企业临时租用乙企业的 M 设备,M 设备不能算作甲企业的资产,而乙企业将 M 设备出租,M 设备虽然已不在乙企业,但乙企业能够控制,仍作为乙企业的资产。

3. 资产预期会给企业带来经济利益。这是指资产直接或间接导致现金和现金等价物流入企业的潜力。这种潜力可以来自企业日常的生产经营活动,也可以是非日常活动。如企业购买的原材料、固定资产等可以用于生产经营过程,制造商品或者提供劳务,对外出售后收回货款,货款即为企业所获得的经济利益。所以原材料、机器设备是企业的资产。但如果是变质或毁损的原材料,已经无法用于生产经营过程,在市场上也不能卖出价钱,不能为企业带来经济利益,就不能作为企业资产。

企业的资产按其流动性可分为流动资产和非流动资产两大类。

1. 流动资产

流动资产是指可以在 1 年或者超过 1 年的一个营业周期内变现或者耗用的资产,主要包括库存现金、银行存款、交易性金融资产、应收及预付款项、存货等。

(1)库存现金。库存现金是指企业持有的现款,即传统称谓中的“现金”。库存现金主要用于支付日常发生的小额、零星的费用或支出。

(2)银行存款。银行存款是指企业存放在银行或者其他金融机构的款项,用于结算起点以上的单位之间的资金收付结算。

(3)交易性金融资产。交易性金融资产是指企业为了近期内出售而持有的金融资产,包括企业以赚取差价为目的从二级市场购入的股票、债券或基金等。

(4)应收及预付款项。应收及预付款项是指企业在日常生产经营过程中发生的各项债权,包括应收款项(应收票据、应收账款、其他应收款等)和预付账款等。

(5)存货。存货是指企业在日常活动中持有以备出售的产成品或商品、处于生产过程中的在产品、在生产过程或提供劳务过程中耗用的材料和物料,包括原材料、周转材料、在产品、半成品、产成品、商品以及委托加工物资等。

2. 非流动资产

非流动资产是指不能在1年或者超过1年的一个营业周期内变现或者耗用的资产，主要包括长期股权投资、固定资产、无形资产和长期待摊费用等。

(1)长期股权投资。长期股权投资是指企业投出的期限在1年以上(不含1年)的各种股权性质的投资，包括购入的股票和其他股权等。长期股权投资通常是长期持有，不准备随时出售，投资企业作为被投资单位的股东，按所持股份比例享有权益并承担责任。

(2)固定资产，固定资产是指企业使用年限超过1年以上，单位价值在规定标准以上，并在使用过程中保持原来物质形态的资产，包括房屋、建筑物、机器设备、运输工具和工具器具等。

(3)无形资产。无形资产是指企业拥有或控制的，没有实物形态的可辨认非货币性资产，包括专利权、非专利技术、商标权、著作权、土地使用权等。

(4)长期待摊费用。长期待摊费用是指企业已经发生但应由本期或以后各期负担的、分摊期限在1年以上(不含1年)的各项费用，包括以经营租赁方式租入固定资产的改良支出等。

(二)负债

负债是指企业过去的交易或者事项形成的、预期会导致经济利益流出企业的现时义务。

负债具有以下三方面特征：

(1)负债是企业承担的现时义务。负债必须是企业承担的现时义务，这里的现时义务是指企业在现行条件下已承担的义务。如企业购买原材料形成的应付账款，企业向银行贷入款项形成的借款，企业按照税法规定应当交纳的税款等，均属于企业承担的现时义务。

(2)负债预期会导致经济利益流出企业。清偿负债导致经济利益流出企业的形式多种多样，如用现金偿还或以实物资产偿还、以提供劳务形式偿还，部分转移资产、部分提供劳务形式偿还，将负债转为资本等。部分转移资产部分提供劳务偿还或将负债转为所有者权益。

(3)负债是由企业过去的交易或事项形成的。企业未来发生的交易或事项形成的义务，不属于现时义务，不得确认为负债。如企业5月与银行达成了2个月后借入500万元的借款意向书，则企业在5月就不能将这500万元确认为企业负债。

企业的负债按其流动性可分为流动负债和非流动负债两大类：

1. 流动负债

流动负债是指在将来1年(含1年)或超过1年的一个营业周期内偿还的债务，包括短期借款、应付及预收款项、应付职工薪酬、应交税费等。

(1)短期借款。短期借款是指企业从银行或其他金融机构等借入的期限在1年以下(含1年)的各种借款。

(2)应付及预收款项。应付及预收款项是指企业在日常生产经营过程中发生的各项债务，主要包括应付款项(应付票据、应付账款、其他应付款)和预收款项等。

(3)应付职工薪酬。应付职工薪酬是指企业根据有关规定应付给职工的各种薪酬，包括职工工资、奖金、津贴和补贴、职工福利费等。

(4)应交税费。应交税费是指企业按照税法等规定计算的应向国家交纳的各种税费，包括增值税、消费税、企业所得税、城市维护建设税、教育费附加、资源税、土地增值税、房产税、城镇土地使用税、车船税等。

2. 非流动负债

非流动负债是指偿还期在 1 年或者超过 1 年的一个营业周期以上的债务，主要包括长期借款、应付债券和长期应付款等。

(1)长期借款。长期借款是指企业向银行或其他金融机构借入的期限在 1 年以上(不含 1 年)的各项借款。

(2)应付债券。应付债券是指企业为筹集长期资金而发行的债券的本金及应付的利息。

(3)长期应付款。长期应付款是指企业除长期借款、应付债券以外的其他各种长期应付款项。包括应付补偿贸易引进设备款、分期付款购入非流动资产应付款等。

## 思政链接

**卖油墩子为儿还债的上海阿婆**

上海人的记忆里总有一只金黄色的、外皮酥脆内馅鲜美的油墩子，黄浦区局门路上的阿婆油墩子，曾吸引过全上海的目光。对许多人来说，在这个小小的油墩子里不仅吃到了童年回忆，还有母爱的坚毅、上海人的契约精神。阿婆和油墩子的故事从 2010 年开始，在本该颐养天年的年纪，未曾想却遭遇了子债母还的不幸。阿婆的小儿子因做生意破产，变卖了阿婆的房产，还欠下了 90 多万元的外债，后来又因患重病丧失了劳动能力，这沉重的债务负担就落在了年迈的父母身上。在 90 多万元的债务面前，老两口的退休金无异于杯水车薪，但阿婆不赖账不哭穷，支起了卖油墩子的小摊，阿婆做油墩子，老伴就负责打下手。为了早点还清债务，阿婆每天要站立四五个小时，从年初到年尾，几乎没有一天敢休息。十年如一日，阿婆和老伴风雨无阻，2021 年她靠自己的双手，已将债务基本还清。

(三)所有者权益

所有者权益也称股东权益，是指企业资产扣除负债后，由所有者享有的剩余权益。所有者权益是所有者对企业资产的剩余索取权，它在数值上等于企业全部资产减去全部负债后的余额。

1. 所有者权益的来源

所有者权益的来源包括所有者投入的资本、其他综合收益、留存收益等。

所有者投入的资本，是指所有者投入企业的资本部分，它既包括构成企业注册资本或者股本的金额，也包括投入资本超过注册资本或者股本部分的金额，即资本(或股本)溢价，这部分投入资本作为资本公积(资本溢价)反映。

其他综合收益，是指企业根据会计准则规定未在当期损益中确认的各项利得和损失。

留存收益是指企业从历年实现的利润中提取或形成的留存于企业的内部积累，包括盈余公积和未分配利润。

## 知识拓展

利得是指由企业非日常活动所形成的、会导致所有者权益增加、与所有者投入资本无关的经济利益的流入;损失是指由企业非日常活动所形成的、会导致所有者权益减少、与向所有者分配利润无关的经济利益的流出。利得和损失包括直接计入所有者权益的利得和损失以及直接计入当期利润的利得和损失。

2. 所有者权益的内容

所有者权益的构成内容通常包括实收资本(或股本)、资本公积、盈余公积和未分配利润等项目。

(1)实收资本。实收资本是指投资者按照企业章程或合同、协议的约定,实际投入企业的资本金,也就是企业收到的投资者在企业注册资本或者股本中所占份额的出资。

(2)资本公积。资本公积是指企业所有者共有的资本,主要来源于资本在投入过程中所产生的溢价和其他资本公积。资本公积主要用于转增资本。

(3)盈余公积。盈余公积是指企业按照国家有关规定从净利润中提取的并留存于企业的收益,可用于弥补企业亏损,包括法定盈余公积和任意盈余公积等。

(4)未分配利润。未分配利润是指企业待分配或留待以后年度分配的利润。

未分配利润和盈余公积统称为留存收益,都是企业赚取的尚未分配的收益。区别在于盈余公积是指定了用途的收益,而未分配利润是暂时还没有指定用途的收益,留待以后进行分配。

## 三、利润表要素

### (一)收入

收入是指企业日常活动中形成的、会导致所有者权益增加的、与所有者投入资本无关的经济利益的总流入。

收入具有以下三方面特征:

(1)收入是企业日常活动中形成的。日常活动是指企业为完成其经营目标所从事的经常性活动以及与之有关的活动,如工业企业的产品生产或销售活动,商品流通企业的商品购销活动,金融企业的存、贷款业务等。

(2)收入是与所有者投入资本无关的经济利益的总流入。收入应当会导致经济利益的流入,从而导致资产增加或负债减少。

(3)收入会导致所有者权益的增加。与收入相关的经济利益的流入应当会导致所有者权益的增加,不会导致所有者权益增加的经济利益的流入不符合收入的定义,不应该确认为收入。

按照企业主要经营业务等经常性经营活动实现的收入,通常将收入分为主营业务收入和其他业务收入。

(1)主营业务收入,是指企业在其经常性的、主要业务活动中获得的收入,如工商企业的商品销售收入,服务业的劳务收入。

(2)其他业务收入,是指企业在其非主要业务活动中获得的收入。如制造业企业销售原材料、出租包装物等业务取得的收入。

## 温馨提醒

收入与利得是两个不同的概念，收入是由日常活动所形成的，而企业非日常活动所形成的经济利益的流入应当计入利得，不能确认为收入。如企业将所拥有的固定资产出租所取得的租金应确认为收入，因为这是与日常活动有关的其他经营活动，但若企业出售该项固定资产所获得的净收益，就不能确认为企业收入，而应作为企业的利得，因为处置固定资产不是企业的日常活动。

收入不包括为第三方或者客户代收的款项，如企业销售产品收到的增值税销项税额。

（二）费用

费用是指企业在日常活动中发生的、会导致所有者权益减少的、与向所有者分配利润无关的经济利益的总流出。

费用具有以下三方面特征：

(1)费用是企业在日常活动中形成的。费用必须是企业在日常经营活动中形成的，日常活动产生的费用通常包括营业成本（主营业务成本和其他业务成本）、税金及附加、销售费用、管理费用、财务费用等。

(2)费用是与向所有者分配利润无关的经济利益的总流出。费用的发生应当会导致经济利益的流出，从而导致资产的减少或负债的增加，其表现形式包括现金或者现金等价物的流出，存货、固定资产和无形资产等的流出或消耗等。

(3)费用会导致所有者权益的减少。与费用相关的经济利益的流出应当会导致所有者权益的减少，不会导致所有者权益减少的经济利益的流出不符合费用的定义，不应确认为费用。

费用主要指企业为取得营业收入进行产品销售等活动所发生的营业成本、税金及附加和期间费用。

(1)营业成本。营业成本是企业本期已实现销售的商品成本和已对外提供劳务的成本。商品产品成本或劳务成本包括直接材料费、直接人工费和制造费用等。营业成本可分为主营业务成本和其他业务成本。

(2)税金及附加。税金及附加是指企业经营活动应负担的相关税费，包括消费税、城市维护建设税、教育费附加、资源税、土地增值税、房产税、环境保护税、土地使用税、车船使用税、印花税等。

(3)期间费用。期间费用是指企业日常活动发生的不能计入特定核算对象的成本，而应计入发生当期损益的费用。期间费用包括管理费用、财务费用和销售费用。

管理费用是指企业为组织和管理生产经营所发生的费用，包括企业在筹建期间内发生的开办费、董事会和行政管理部门在企业的经营管理中发生的或者应当由企业统一负担的公司经费（包括行政管理部门职工薪酬、物料消耗、低值易耗品摊销、办公费和差旅费等）、行政管理部门负担的工会经费、董事会费（包括董事会成员津贴、会议费和差旅费等）、聘请中介机构费、咨询费（含顾问费）、诉讼费、业务招待费、技术转让费、研究费用等；企业行政管理部门发生的固定资产修理费用等后续支出也作为管理费用核算。

财务费用是指企业为筹集生产经营所需资金而发生的筹资费用，包括利息支出（减利息收入)、汇兑损益和相关手续费等。

销售费用是指企业在销售商品和材料、提供服务的过程中发生的各种费用,包括企业在销售商品过程中发生的保险费、包装费、展览费、商品维修费、预计产品质量保证损失、运输费、装卸费等,以及为销售本企业商品而专设的销售机构(含销售网点、售后服务网点等)的职工薪酬、业务费、折旧费等经营费用。

### 温馨提醒

费用与损失是两个不同的概念,费用是由企业日常活动形成的,而企业非日常活动所形成的经济利益流出应当计入损失,不能确认为费用。如企业产品广告宣传花费 10 万元,这 10 万元广告费应该确认为企业的费用,但若企业对外捐赠 10 万元,这是非日常活动,这 10 万元就不能确认为费用,只能作为损失。

费用会导致所有者权益减少,不导致所有者权益减少的经济利益流出不应确认为费用。如用银行存款归还企业短期借款本金 300 万元和支付利息 1 万元,归还本金导致企业资产和负债减少了,但并没有导致所有权益减少,因而不能确认为费用,但支付的利息导致资产和所有者权益减少,应该确认为费用。

(三)利润

利润是企业在一定会计期间的经营成果。利润包括收入减去费用后的净额、直接计入当期利润的利得和损失等。

收入减费用后的净额反映的是企业日常活动的经营业绩,直接计入当期利润的利得和损失反映的是企业非日常活动的业绩。直接计入当期利润的利得和损失,是指应当计入当期损益、会导致所有者权益发生增减变动、与所有者投入资本或者向所有者分配利润无关的利得或者损失。

按构成内容的不同,利润可分为营业利润、利润总额和净利润。

营业利润是指营业收入减去营业成本、税金及附加、销售费用、管理费用、财务费用、资产减值损失、信用减值损失,再加上公允价值变动收益(减损失)和投资收益(减损失)后的金额。其中营业收入是指企业主营业务和其他业务所确认的收入总额;营业成本是企业主营业务和其他业务所发生的与收入直接配比的成本总额。

利润总额是指营业利润加上营业外收入、减去营业外支出后的金额。

净利润是指利润总额减去所得税费用后的金额。

## 四、会计要素的计量

企业在将符合确认条件的会计要素登记入账并列报于会计报表及其附注(又称财务报表)时,应该按照规定的会计计量属性计算,确定其金额。从会计角度,计量属性反映的是会计要素金额的确定基础,会计计量属性主要包括历史成本、重置成本、可变现净值、现值和公允价值。

(一)历史成本

历史成本又称为实际成本,就是取得或制造某项财产物资时所实际支付的现金或其等价物。在历史成本计量下，资产按照购置时支付的现金或者现金等价物的金额，或者按照购置资产时所付出的对价的公允价值计量；负债按照因承担现时义务而实际收到款项或者资产的金额，或者承担现时义务的合同金额，或者按照日常活动中为偿还负债预期需要支付的现金或者现金等价物的金额计量。

历史成本计量，要求对企业资产、负债和所有者权益等项目计量，应当基于经济业务的实际交易成本，而不考虑以后市场价格变动的影响。

（二）重置成本

重置成本又称为现行成本，是指按照当前市场条件，重新取得同样一项资产所需支付的现金或现金等价物金额。在重置成本计量下，资产按照现在购买相同或者相似资产所需支付的现金或现金等价物的金额计量；负债按照现在偿付该项债务所需支付的现金或现金等价物的金额计量。

在实务中，重置成本多应用于盘盈固定资产的计量等。

（三）可变现净值

可变现净值，是指在日常生产经营过程中，以预计售价减去进一步加工成本和预计销售费用以及相关税费后的净值。在可变现净值计量下，资产按照其正常对外销售所能收到的现金或者现金等价物的金额扣减该资产至完工时估计将要发生的成本、估计的销售费用以及相关税费后的金额计量。

可变现净值在不考虑资金时间价值的情况下，计量资产在正常经营过程中可能带来的预期净现金流入或流出。可变现净值通常应用于存货资产减值情况下的后续计量。

（四）现值

现值是指对未来现金流量以恰当的折现率折现后的价值，是考虑货币的时间价值的一种计量属性。在现值计量下，资产按照预计从其持续使用或最终处置中所产生的未来净现金流入量的折现金额计量。负债按照预计期限内需要偿还的未来净现金流出量的折现金额计量。

在会计计量中使用现值的目的是为了尽可能地捕捉和反映各种不同类型的未来现金流量之间的经济差异。

（五）公允价值

公允价值是指在公平交易中，熟悉情况的交易双方自愿进行资产交换或者债务清偿的金额。在公允价值计量下，资产和负债按照公平交易中熟悉情况的交易双方自愿进行资产交换或债务清偿的金额计量。

公允价值主要应用于交易性金融资产、可供出售金融资产、投资性房地产的计量等。

企业对会计要素进行计量时，一般应当采用历史成本。采用重置成本、可变现净值、现值、公允价值计量的，应当保证所确定的会计要素金额能够取得并可靠计量。

**情景思考 2—1**

某公司在 5 年前以 100 万元的价格购入一套房子作为办公室。5 年后，该套房屋的市场价格已涨到 500 万元，该公司在对外报告时，应该采用哪一个价格，哪一种计量属性呢？

**情景思考2-1**

# 任务二 设置会计科目

## 一、会计科目的定义

会计科目是指对会计要素的具体内容进行分类核算的项目，是对资金运动的第三层次的划分。

会计要素是对会计对象的基本分类。单位发生的交易或事项，必然引起各会计要素具体内容发生数量、金额的增减变化。即使只涉及同一会计要素，其具体内容也往往不同。例如，固定资产和现金虽然都属于资产，但它们的经济内容以及在经济活动中的周转方式和所引起的作用各不相同；又如，应付账款和长期借款，虽然都是负债，但它们的形成原因和偿付期限也是各不相同的；再如，所有者投入的实收资本和企业的利润，虽然都是所有者权益，但它们的形成原因与用途不大一样，这就需要我们对会计要素按其经济内容进一步分类，设置会计科目。会计科目是会计核算和提供会计信息的基础，是会计核算的一个重要条件。

## 二、会计科目的分类

### （一）按其所提供信息的详细程度及其统驭关系的不同分类

在设置会计科目时，要兼顾对外报告信息和企业内部经营管理的需要，并根据所需提供信息的详细程度及其统驭关系的不同，分设总分类科目和明细分类科目。

总分类科目，也称为总账科目或一级科目，是对会计要素具体内容进行总括分类、提供总括信息的会计科目。如“原材料”“应收账款”等科目。

明细分类科目，简称明细科目，是对总分类科目进一步分类，提供更详细、更具体的会计信息的科目。如“原材料”科目可按原材料的品种、规格等设置明细科目，分别反映各品种、规格的原材料；再比如，“应收账款”科目可按债务人设置明细科目，分别反映应收账款的具体对象及其分布情况。对于明细科目较多的总分类科目，可在总分类科目与明细科目之间设置二级或多级科目（如表 2—1 所示）。

**表 2—1　　总分类科目与所属明细科目之间的关系**

<table>
<tr><th rowspan="2">总分类科目<br>（一级科目）</th><th colspan="2">明细分类科目</th></tr>
<tr><th>二级明细科目</th><th>三级明细科目</th></tr>
<tr><td rowspan="2">生产成本</td><td>基本生产成本</td><td>甲产品<br>乙产品<br>丙产品</td></tr>
<tr><td>辅助生产成本</td><td>修理<br>供气</td></tr>
</table>

总分类科目与明细分类科目既有联系又有区别，总分类科目是概括地反映会计对象的具体内容，提供的是总括性指标；而明细分类科目是详细地反映会计对象的具体内容，提供的是比较详细具体的指标。总分类科目对明细分类科目具有统驭控制作用；而明细分类科目则是

对总分类科目的具体化和详细说明。

（二）按其所属会计要素的不同分类

会计科目按其所归属的会计要素不同，可以分为资产类、负债类、共同类（略）、所有者权益类、成本类、损益类六大类。

（1）资产类科目，是对资产要素的具体内容进行分类核算的项目，又可分为反映流动资产的科目和反映非流动负债的科目。反映流动资产的科目有“库存现金”“银行存款”“应收账款”“原材料”“库存商品”等；反映非流动资产的科目有“长期股权投资”“固定资产”“无形资产”等。

### 温馨提醒

资产类科目中，有一些是用来反映资产价值损耗或损失的科目，如“累计折旧”“累计摊销”“坏账准备”“存货跌价准备”等。这些科目反映相应资产的价值损耗或损失，目的是确定资产的账面价值，满足单位资产管理的需要。

（2）负债类科目，是对负债要素的具体内容进行分类核算的项目，又可分为反映流动负债的科目和反映非流动负债的科目。反映流动负债的科目主要包括“短期借款”“应付账款”“应付职工薪酬”“应交税费”等；反映长期负债的科目主要包括“长期借款”“应付债券”“长期应付款”等。

（3）所有者权益类科目，是对所有者权益要素的具体内容进行分类核算的项目，按所有者权益的形成和性质可分为反映资本的科目和反映留存收益的科目。反映资本的科目有“实收资本”（或“股本”）与“资本公积”“其他综合收益”等；反映留存收益的科目有“盈余公积”“本年利润”“利润分配”等。所有者权益类的“本年利润”科目归属于利润会计要素，但由于企业实现利润会增加所有者权益，因而将其归为所有者权益类科目。

（4）成本类科目，是对可归属于产品生产成本、劳务成本的构成内容进行分类核算的项目。按成本的不同内容和性质可以分为反映制造成本的科目和反映劳务成本的科目。反映制造成本的科目有“生产成本”“制造费用”；反映劳务成本的科目有“劳务成本”等。成本类科目归属于资产要素，成本是企业生产产品、提供劳务所消耗的价值体现，为了单独计算产品成本、劳务成本，因而设置了成本类科目。

（5）损益类科目，是对收入、费用要素的具体内容进行分类核算的项目。按损益的不同内容可以分为反映收入的科目和反映费用的科目。反映收入的科目有“主营业务收入”“其他业务收入”“营业外收入”等；反映费用的科目有“主营业务成本”“其他业务成本”“管理费用”“财务费用”“销售费用”“营业外支出”“所得税费用”等。损益类科目分别属于收入要素和费用要素。

## 三、会计科目的设置

（一）会计科目的设置原则

为了统一财务会计报告，增强会计信息的可比性，总分类科目是在国家统一的会计制度中规定的。明细分类科目除国家统一的会计制度规定设置以外，各单位可根据实际需要自行设置。会计科目的设置应遵循以下原则：

(1)合法性原则,企业所设置的会计科目应当符合国家统一的会计制度的规定。在我国,总分类科目原则上由财政部统一制定,主要是为了保证会计信息的可比性。对于国家统一的会计制度规定的会计科目,企业可根据自身的生产经营特点,在不影响会计核算要求以及对外提供统一财务会计报表的前提下,自行增设、减少或合并某些会计科目。

(2)相关性原则,指所设置的会计科目应为提供有关各方所需要的会计信息服务,满足对外报告与对内管理的要求。

(3)实用性原则,指所设置的会计科目应符合单位自身特点,满足单位实际需要。如,对工业企业进行工业性生产所发生的各项生产成本,可设置“生产成本”科目;对房地产开发企业,由于主要生产经营活动是房地产开发,可以设置“开发成本”科目;而对于农业企业进行农业生产所发生的各项成本,可设置“农业生产成本”科目。

另外,会计科目要简明、适用,并要合理分类、科学编号。在设置会计科目时,对每一个会计科目特定的核算内容必须严格、明确地界定,不能混淆。会计科目的名称应与其核算的内容相一致,并要求含义准确、通俗易懂。

(二)常用会计科目

财政部于2006年10月颁布的《企业会计准则——应用指南》对企业应用的主要会计科目及其核算内容做了规定,其中常见的会计科目如表2—2所示。

**表2—2　　常用会计科目表**

| 序号 | 编号 | 会计科目名称 | 序号 | 编号 | 会计科目名称 |
|---|---|---|---|---|---|
| (一)资产类 | | | 40 | 2203 | 预收账款 |
| 1 | 1001 | 库存现金 | 41 | 2211 | 应付职工薪酬 |
| 2 | 1002 | 银行存款 | 42 | 2221 | 应交税费 |
| 3 | 1015 | 其他货币资金 | 43 | 2231 | 应付利息 |
| 4 | 1101 | 交易性金融资产 | 44 | 2232 | 应付股利 |
| 5 | 1121 | 应收票据 | 45 | 2241 | 其他应付款 |
| 6 | 1122 | 应收账款 | 46 | 2501 | 长期借款 |
| 7 | 1123 | 预付账款 | 47 | 2502 | 应付债券 |
| 8 | 1131 | 应收股利 | 48 | 2701 | 长期应付款 |
| 9 | 1132 | 应收利息 | 49 | 2801 | 预计负债 |
| 10 | 1231 | 其他应收款 | 50 | 2901 | 递延所得税负债 |
| 11 | 1241 | 坏账准备 | (三)共同类 | | |
| 12 | 1401 | 材料采购 | (略) | | |
| 13 | 1402 | 在途物资 | (四)所有者权益类 | | |
| 14 | 1403 | 原材料 | 51 | 4001 | 实收资本 |
| 15 | 1404 | 材料成本差异 | 52 | 4002 | 资本公积 |

续表

| 序号 | 编号 | 会计科目名称 | 序号 | 编号 | 会计科目名称 |
|---|---|---|---|---|---|
| 16 | 1405 | 库存商品 | 53 | 4101 | 盈余公积 |
| 17 | 1406 | 发出商品 | 54 | 4103 | 本年利润 |
| 18 | 1407 | 商品进销差价 | 55 | 4104 | 利润分配 |
| 19 | 1408 | 委托加工物资 | (五)成本类 | | |
| 20 | 1411 | 周转材料 | 56 | 5001 | 生产成本 |
| 21 | 1471 | 存货跌价准备 | 57 | 5101 | 制造费用 |
| 22 | 1501 | 持有至到期投资 | 58 | 5201 | 劳务成本 |
| 23 | 1511 | 长期股权投资 | (六)损益类 | | |
| 24 | 1521 | 投资性房地产 | 59 | 6001 | 主营业务收入 |
| 25 | 1601 | 固定资产 | 60 | 6051 | 其他业务收入 |
| 26 | 1602 | 累计折旧 | 61 | 6101 | 公允价值变动损益 |
| 27 | 1604 | 在建工程 | 62 | 6111 | 投资收益 |
| 28 | 1605 | 工程物资 | 63 | 6115 | 资产处置损益 |
| 29 | 1606 | 固定资产清理 | 64 | 6301 | 营业外收入 |
| 30 | 1701 | 无形资产 | 65 | 6401 | 主营业务成本 |
| 31 | 1702 | 累计摊销 | 66 | 6402 | 其他业务成本 |
| 32 | 1703 | 无形资产减值准备 | 67 | 6403 | 税金及附加 |
| 33 | 1711 | 商誉 | 68 | 6601 | 销售费用 |
| 34 | 1801 | 长期待摊费用 | 69 | 6602 | 管理费用 |
| 35 | 1811 | 递延所得税资产 | 70 | 6603 | 财务费用 |
| 36 | 1901 | 待处理财产损溢 | 71 | 6701 | 资产减值损失 |
| (二)负债类 | | | 72 | 6702 | 信用减值损失 |
| 37 | 2001 | 短期借款 | 73 | 6711 | 营业外支出 |
| 38 | 2201 | 应付票据 | 74 | 6801 | 所得税费用 |
| 39 | 2202 | 应付账款 | 75 | 6901 | 以前年度损益调整 |

## 温馨提醒

《企业会计准则——应用指南》一般只规定了总分类科目(一级科目),企业应按其规定设置会计科目进行账务处理,在不违反统一规定的前提下,可以根据企业自身的实际情况自行增设、分拆、合并会计科目。而对于明细科目(子目和细目),企业可根据管理需要自行设置。表中会计科目编号是按照一定的规则编制的,编号采用一科目一编号原则。常用会计科目表中的会计编号一般以4个数字作为会计科目的号码,其中每一个数字表示的含义不同。如库存现金的编号为1001,第一个1表示资产,第一个0表示货币资产,后面的01表示库存现金,以此类推。会计科目编号供企业填制会计凭证、登记会计账簿、查阅账目、采用会计软件系统参考,企业也可以根据《企业会计准则——应用指南》中的规定,结合企业的实际情况自行确定会计科目编号。

# 任务三　设置会计账户

## 一、账户概述

会计科目的设置只是确定了对会计要素具体内容进行分类核算的项目。这些项目仅表示其所反映的会计要素的内容,它不能反映交易或事项的发生所引起各项目的增减变动情况和结果。要想序时、连续、系统地记录由于经济业务发生引起的会计要素的增减变动,以提供会计信息,就必须根据规定的会计科目开设会计账户。设置会计账户是对会计要素的具体内容用货币计量进行日常归类、核算和监督的一种方法,是会计核算的重要方法之一。

(一)账户的含义

账户是根据会计科目设置的,具有一定格式和结构,用于分类反映会计要素增减变动情况及其结果的载体。每个账户都标有一个简明的名称,用以说明账户所记录的经济内容,会计科目就是账户的名称。

(二)账户的分类

由于账户是根据会计科目开设,同会计科目的分类相对应,因此账户按提供指标的详细程度可分为总分类账户和明细分类账户。

总分类账户是根据总分类科目设置的、用以对会计要素具体内容进行总括分类核算的账户,简称总账账户或总账,也称为一级账户。根据总账账户所核算的经济内容不同,账户可分为资产类账户、负债类账户、所有者权益类账户、共同类账户(略)、成本类账户和损益类账户六类。

明细分类账户是根据明细分类科目设置的、用来对会计要素具体内容进行明细分类核算的账户,简称明细账户或明细账。总账账户称为一级账户,总账账户以下的账户均称为明细账户。

总分类账户提供会计要素具体内容的总括核算指标,一般只用货币计量;明细分类账户提供会计要素具体内容的详细核算指标,除用货币计量外,有的还要用实物量度(件、千克、立方米等)辅助计量。

## 二、账户的基本结构

账户的结构是指账户用来记录交易或事项时所必备的具体格式。交易或事项的发生所引起的会计要素具体内容的变动,从数量上看,不外乎有两种情况:增加或减少。因此账户的基本结构也应该包括增加和减少两个部分,相应地分为左、右两个方向,一方登记增加,另一方登记减少。至于哪一方登记增加,哪一方登记减少,既取决于所记录的交易或事项,也取决于账户的性质。

在实际工作中，账户的基本结构如表 2－3 所示，基本内容通常包括下列项目：账户名称（即会计科目）、记录经济业务的日期、所依据的凭证编号、交易或事项内容摘要、增加金额、减少金额和余额等。

**表 2－3　　账户名称（会计科目）**

| 年 | | 凭证号数 | 摘　要 | 增加金额 | 减少金额 | 余　额 |
|---|---|---|---|---|---|---|
| 月 | 日 | | | | | |
| | | | | | | |

账户的基本结构通常可用“T”形账户或“丁”字账户这种简化格式来表示，如图 2－1 所示。

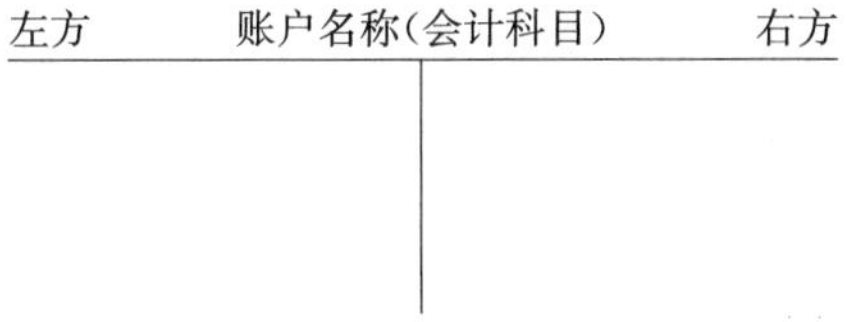


**图 2－1　“T”形账户结构**

账户中登记本期增加的金额，称为本期增加发生额；登记本期减少的金额，称为本期减少发生额；期末结存金额称为余额。余额按表示的时间不同，分为期初余额和期末余额。期初余额、本期增加发生额、本期减少发生额和期末余额称为账户的四个金额要素，其基本关系如下：

期末余额＝期初余额＋本期增加发生额－本期减少发生额

**情景思考 2－2**

什么是四柱清册？所谓的“四柱”与账户的四个金额有何关系？

情景思考2-2

### 三、账户与会计科目的关系

账户与会计科目是会计学中两个密切相关的概念，两者既有联系又有区别。

(1)共同点。都是对会计对象具体内容的科学分类，两者口径一致，性质相同。

(2)联系。会计科目是账户的名称，也是设置账户的依据，账户是会计科目的具体运用。

(3)区别。会计科目通常由国家统一规定，是各单位设置账户、处理账务所必须遵循的依据，而账户则是由各会计主体自行设置，是会计核算的一个重要工具。会计科目仅仅是账户的名称，不存在结构，而账户则有一定的格式和结构。在实际工作中，对会计科目和账户一般并不严格区分，而是互相通用。

## 小结

1. 资产、负债、所有者权益、收入、费用和利润是企业会计的六大会计要素。其中，资产、负债和所有者权益属于静态要素，是资产负债表的构成要素；收入、费用和利润属于动态要素，是利润表的构成要素。

2. 资产是指企业过去的交易或者事项形成的、由企业拥有或控制的、预期会给企业带来经济利益的资源。企业的资产按其流动性可分为流动资产和非流动资产两大类。

3. 负债是指企业由过去的交易或者事项形成的、预期会导致经济利益流出企业的现时义务。

4. 所有者权益也称为净资产，是指企业资产扣除负债后由所有者享有的剩余权益。所有者权益的构成内容通常划分为实收资本、资本公积、盈余公积和未分配利润等项目。

5. 收入是指企业日常活动中形成的、会导致所有者权益增加的、与所有者投入资本无关的经济利益的总流入。根据日常活动在企业所处地位不同，企业的收入可以分为主营业务收入和其他业务收入。

6. 费用是指企业在日常活动中发生的、会导致所有者权益减少的、与向所有者分配利润无关的经济利益的总流出。费用按照其功能可以分为营业成本和期间费用两大部分。

7. 利润是企业在一定会计期间的经营成果。利润包括收入减去费用后的净额、直接计入当期利润的利得和损失等。按构成内容的不同，利润可分为营业利润、利润总额和净利润。

8. 会计计量属性主要包括历史成本、重置成本、可变现净值、现值和公允价值。

9. 会计科目是指对会计要素的具体内容进行分类核算的项目。按其所提供信息的详细程度及其统驭关系的不同可分为总分类科目和明细分类科目；会计科目按其所归属的会计要素不同，可以分为资产类、负债类、共同类（略）、所有者权益类、成本类、损益类六大类。

10. 账户是根据会计科目设置的，具有一定格式和结构，用于分类反映会计要素增减变动情况及其结果的载体。账户有左、右两个方向，一方登记增加，另一方登记减少。账户有期初余额、本期增加发生额、本期减少发生额和期末余额四个金额要素，其基本关系为：期末余额＝期初余额＋本期增加发生额－本期减少发生额。

## 职场体验

### 案例分析

李强大学期间在一家工业企业实习，第一天实习发现该企业部分业务情况如下：

（1）企业仓库有原材料和库存商品，主要包括：主要材料甲、主要材料乙、辅助材料；A类商品、B类商品（B类1号商品、B类2号商品）、C类商品；

（2）企业存在一部分应收账款和应付账款，主要包括：应收A公司货款、应收B公司货款、应付甲公司货款、应付乙公司货款；

（3）企业还有以下类型固定资产：办公楼一幢、生产厂房一幢、办公用车一辆，生产用设备A，生产用设备B。

要求：分析上述业务，思考李强应如何设置会计账户？设置的会计账户中，哪些是总账账户？哪些是明细分类账户？

## 业务操作

根据下表所给资料，写出交易或事项对应会计要素和会计科目的名称。

| 序号 | 经济业务 | 对应会计要素 | 对应会计科目 |
|---|---|---|---|
| 1 | 存放在企业财会部门可随时动用的货币资金 | | |
| 2 | 机器设备、厂房、办公楼、货车和客车 | | |

续表

| 序号 | 经济业务 | 对应会计要素 | 对应会计科目 |
|---|---|---|---|
| 3 | 向银行借入期限6个月的借款 | | |
| 4 | 企业创造的已申请专利 | | |
| 5 | 生产用的各种主要材料、辅助材料、包装材料 | | |
| 6 | 投资者投入的资金 | | |
| 7 | 企业应交而未交的税金 | | |
| 8 | 企业应付而未付的购货款 | | |
| 9 | 企业尚未支付的工资 | | |
| 10 | 企业销售产品取得的价款 | | |
| 11 | 已售出产品的制造成本 | | |
| 12 | 企业发生的业务招待费 | | |

## 学习评价

**一、单项选择题**

1. 下列选项中属于反映企业财务状况的会计要素的是(　　)。.

A. 收入　　B. 所有者权益　　C. 费用　　D. 利润

2. 企业过去的交易或者事项形成的、由企业拥有或控制的、预期会给企业带来经济利益的资源称为(　　)。

A. 负债　　B. 资产　　C. 资本　　D. 利润

3. 我国企业会计要素中,收入要素是指(　　)。

A. 应收账款　　B. 利得　　C. 营业收入　　D. 营业外收入

4. 企业的原材料属于会计要素中的(　　)。

A. 资产　　B. 负债　　C. 收入　　D. 所有者权益

5. 净利润是指利润总额减去(　　)后的金额。

A. 营业外收支净额　　B. 税金及附加　　C. 期间费用　　D. 所得税费用

6. 下列选项中属于流动负债的是(　　)。

A. 应付债券(1年以上到期)　　B. 预收账款

C. 应收账款　　D. 存货

7. 下列属于资产类账户的有(　　)。

A. 预付账款　　B. 应付股利　　C. 预收账款　　D. 应付账款

8. 下列属于成本类账户的是(　　)。

A. 销售费用　　B. 期间费用　　C. 制造费用　　D. 主营业务成本

9. 下列会计计量属性中,仅可用于资产计量的是(　　)。

A. 历史成本　　B. 现值　　C. 公允价值　　D. 可变现净值

10. 下列对会计账户的四个金额要素之间基本关系表述正确的是(　　)。

A. 期初余额=期末余额+本期增加发生额-本期减少发生额

B. 期末余额=期初余额+本期增加发生额-本期减少发生额
C. 期初余额=本期增加发生额-本期减少发生额-期末余额
D. 期末余额=本期增加发生额-本期减少发生额-期初余额

11. 下列选项中属于企业流动资产的是(　　)。
A. 长期股权投资　　B. 固定资产　　C. 预付账款　　D. 无形资产

12. 企业收入的增加会引起(　　)。
A. 负债增加　　B. 资产减少　　C. 资产增加　　D. 所有者权益减少

13.《企业会计准则第 14 号——收入》规定,企业的日常经营收入不包括(　　)。
A. 销售商品的收入　　B. 提供劳务的收入
C. 让渡资产使用权取得的收入　　D. 接受捐赠获得的收入

14. 企业生产的产品属于企业的(　　)。
A. 长期资产　　B. 流动资产　　C. 固定资产　　D. 长期待摊费用

15. 会计账户的设置依据是(　　)。
A. 会计对象　　B. 会计要素　　C. 会计科目　　D. 会计方法

## 二、多项选择题

1. 反映企业财务状况的会计要素有(　　)。
A. 资产　　B. 负债　　C. 所有者权益　　D. 利润

2. 反映企业经营成果的会计要素有(　　)。
A. 收入　　B. 费用　　C. 利润　　D. 所有者权益

3. 下列各项属于企业流动资产的有(　　)。
A. 原材料　　B. 长期待摊费用　　C. 无形资产　　D. 应收账款

4. 下列各项属于企业流动负债的有(　　)。
A. 应付账款　　B. 应交税费　　C. 应付债券　　D. 应付职工薪酬

5. 企业的留存收益包括(　　)。
A. 盈余公积　　B. 资本公积　　C. 未分配利润　　D. 实收资本

6. 会计科目按其所提供信息的详细程度及其统驭关系的不同,可以分为(　　)。
A. 总分类科目　　B. 明细分类科目　　C. 权益类科目　　D. 利润类科目

7. 期间费用包括(　　)。
A. 管理费用　　B. 制造费用　　C. 销售费用　　D. 财务费用

8. 下列项目中属于总账科目的有(　　)。
A. 厂房、机器　　B. 在产品　　C. 固定资产　　D. 库存商品

9. 企业的资产按流动性可以分为(　　)。
A. 流动资产　　B. 非流动资产　　C. 长期股权投资　　D. 长期待摊费用

10. 下列各选项中,应确认为企业资产的有(　　)。
A. 购入的无形资产　　B. 已霉烂变质无使用价值的存货
C. 融资租入的固定资产　　D. 计划下个月购入的材料

## 三、判断题

1. 所有者权益是企业投资者对企业资产的所有权。(　　)
2. 企业销售商品、提供劳务和让渡资产使用权取得的收入都属于营业收入。(　　)
3. 应收及预收账款是资产,应付及预付账款是负债。(　　)

4. 会计六要素中既有反映财务状况的要素，也有反映经营成果的要素。（　　）
5. 为了反映各种交易或事项的详细、具体核算指标，所有总分类科目都必须设置明细分类科目。（　　）
6. 所有会计科目都必须由财政部统一设置，单位不得自行设置。（　　）
7. 利润既包括企业日常活动的经营业绩，也包括企业非日常活动的业绩。（　　）
8. 账户分为左、右两方，左方登记增加，右方登记减少。（　　）
9. 非流动负债的偿还期均在 1 年以上，流动负债的偿还期均在 1 年以内。（　　）
10. 会计科目是对会计要素的具体内容进行分类核算的项目。（　　）
11. 只要是企业拥有或控制的资源就可以确认为资产。（　　）
12. 净利润是营业利润减去所得税费用后的金额。（　　）

**四、简答题**

1. 会计要素的定义是什么？会计要素的内容有哪些？
2. 什么是资产？什么是负债？什么是所有者权益？
3. 什么是收入？什么是费用？什么是利润？
4. 会计要素的计量属性有哪些？
5. 什么是会计账户？会计账户的结构怎样？
6. 会计账户与会计科目关系怎样？

# 项目三　会计核算方法训练

○ **知识目标**

◆ 掌握六大会计要素之间的关系，理解会计等式

◆ 理解经济业务的发生对会计等式的影响

◆ 熟悉借贷记账法下各类账户的账户结构

◆ 掌握借贷记账法的记账规则和试算平衡

◆ 掌握会计分录的编制步骤

◆ 熟悉总分类账户和明细分类账户的平行登记

○ **能力目标**

◆ 能够正确分析经济业务发生对会计等式的影响

◆ 能够正确辨别借贷记账法各类账户结构，并正确计算账户的四个金额

◆ 能够按照会计分录的编制步骤编制简单经济业务的会计分录

◆ 能够编制简单经济业务的试算平衡表

○ **思政目标**

◆ 理解会计的平衡之美，明白幸福都是奋斗来的道理

◆ 培育会计从业人员严谨的工作作风和敬业精神

○ **重点难点**

◆ 理解经济业务的发生对会计等式的影响

◆ 掌握借贷记账法下各类账户的账户结构

◆ 理解发生额与余额试算平衡的理论依据

## 任务引入

有人说人生的财富有两种，一种是物质财富，一种是精神财富。物质财富中资产减去负债，剩余的属于自己的权益，而权益代表着你将多少社会财富据为己有；精神财富中资产是你对社会的付出，负债是你从社会的受益，权益代表你对社会的净贡献。作为一名会计专业的学生，我们是否能够理解这两种财富的含义，它与我们的会计等式又有何关系呢？请你谈谈你自己的看法。

## 任务一　会计等式

会计等式也称会计恒等式、会计方程式或会计平衡公式，是指表明各会计要素之间基本关

系的恒等式。它揭示了会计要素之间的内在联系，从实质上看，会计等式揭示了会计主体的产权关系、基本财务状况和经营成果。由于会计要素分为资产负债表要素和利润表要素，相应地也有两个不同的会计等式。

## 一、会计等式的含义

（一）资产＝负债＋所有者权益

任何企业进行经济活动，都必须拥有一定数量和种类的资产。资产以库存现金、银行存款、原材料、厂房设备等各种形式存在。但无论什么形式的资产，其来源只有所有者投入资本和债权人借入资金及其在生产经营中所产生的效益。归属于所有者的资产对应于所有者权益，归属于债权人的资产对应于债权人权益（即企业的负债），所有者权益和债权人权益统称为权益。资产与权益之间存在相互依存关系：没有资产就没有权益；同样，企业所拥有的资产也不能脱离权益而单独存在。资产标明企业拥有什么经济资源和拥有多少经济资源，权益标明谁提供了这些经济资源。从数量上看，企业的资产总额与权益总额必定相等，即资产与权益在任何一个时点都必须保持恒等关系。这种恒等关系可用公式表示，即：

资产＝权益

＝债权人权益＋所有者权益

＝负债＋所有者权益

上述等式是会计等式中最常用和最一般的形式，它反映了企业在某一特定时点资产、负债、所有者权益三者之间的平衡关系，因此该等式也称为基本会计等式、财务状况等式或静态会计等式。它是复式记账法的理论基础，也是编制资产负债表的依据。

（二）收入－费用＝利润

企业为了生存和发展，就要从生产经营过程中获取收入，也必然会发生相应的费用。收入与费用配比，其差额就是企业的经营成果。收入与费用是可以比较的，收入大于费用的差额为实现的利润，反之称为发生亏损。收入、费用和利润这三个要素在一定期间的数量关系可用公式表示，即：

收入－费用＝利润

上述等式反映了企业利润的实现过程，被称为经营成果等式或动态会计等式。收入、费用和利润之间的上述关系，是编制利润表的基础。

（三）会计等式之间的钩稽关系

会计期初，资金运动处于相对静止状态，企业既没有取得收入，也没有发生费用，会计等式表现为“资产＝负债＋所有者权益”。

而随着企业经营活动的进行，企业在一定时期取得的经营成果能够对资产和所有者权益产生影响：收入可导致企业资产增加或负债减少，最终会导致所有者权益增加；费用可导致企业资产减少或负债增加，最终会导致所有者权益减少。因此，在一定会计期间，会计等式可转化为：

资产＝负债＋所有者权益＋（收入－费用）

＝负债＋所有者权益＋利润

会计期末通过一系列结账程序后，将利润转入所有者权益后，会计等式又恢复为期初的形式,即“资产=负债+所有者权益”。

可以看出,两个会计等式反映了六大会计要素之间的关系,也全面、综合地反映了企业资金运动的内在规律。资金运动的动态状况最后必然反映到各项静态会计要素的变化上,从而使两个会计等式之间建立起钩稽关系。我们可以把“资产=负债+所有者权益+(收入-费用)”略做变化,就形成了包含所有会计要素的综合会计等式:资产+费用=负债+所有者权益+收入。

## 二、经济业务的发生对会计等式的影响

经济业务是指能引起会计要素增减变化的一切交易或事项。企业在生产经营中每天都会发生经济业务,而这些经济业务的发生必然会引起企业各会计要素的增减变动,那么这些经济业务的发生是否会破坏会计等式的平衡关系呢?下面通过沪星公司 2022 年 1 月(该公司 2022 年 1 月 1 日资产与权益总额均为 700 万元,其中负债 300 万元,所有者权益 400 万元)发生的经济业务事项为例,具体说明经济业务的发生对会计等式的影响。

(一)资金进入企业

资金进入企业是指企业资金的筹集,包括企业吸收投资者投入资本和举借债务。这类经济业务的发生会导致企业资产与权益(负债和所有者权益)同时等额增加,不破坏会计等式。

1. 经济业务的发生导致资产和所有者权益同时等额增加

**【例 3-1】** 沪星公司收到投资者投入的设备一台,投资合同约定其价值为 50 万元(假定约定其价值公允,暂不考虑相关税费)。

该经济业务的发生,一方面导致企业的资产(固定资产)增加 50 万元,另一方面导致所有者权益(实收资本)增加 50 万元。由于资产与所有者权益同时等额增加,因此会计等式的恒等关系不变。

2. 经济业务的发生导致资产和负债同时等额增加

**【例 3-2】** 沪星公司向银行借入期限为 6 个月的短期借款 80 万元,款项存入银行。

该经济业务的发生,一方面导致企业的资产(银行存款)增加 80 万元,另一方面导致负债(短期借款)增加 80 万元。由于资产与负债同时等额增加,因此会计等式的恒等关系不变。

(二)资金占用形态的变化

资金占用形态的变化是指企业的资金在生产经营过程中分布使用和存在形态的变化。这类交易或事项的发生会导致资产项目之间的此增彼减,但资产总额和权益总额都不会发生变化,不会破坏会计等式。

**【例 3-3】** 沪星公司从银行提取现金 10 万元,作为备用。

该经济业务的发生,一方面导致企业的一项资产(库存现金)增加 10 万元,另一方面导致企业的另一项资产(银行存款)减少 10 万元,表现为资产内部两个项目以相等金额此增彼减,资产总额不变。由于等式两边资产和权益总额都不变,因此会计等式的恒等关系不变。

(三)资金权益的变化

资金权益的变化是指资金权益不同项目的增减变化。这类经济业务的发生,会导致不同负债项目的此增彼减、不同所有者权益项目的此增彼减或者负债项目与所有者权益项目之间的此增彼减,但权益总额和资产总额都不会发生变化,不会破坏会计等式。

1. 经济业务的发生导致负债不同项目之间此增彼减

**【例 3—4】** 沪星公司开出面值为 15 万元的商业承兑汇票一张，用于抵付前欠大华公司货款 15 万元。

该经济业务的发生，一方面导致企业的一项负债(应付票据)增加 15 万元，另一方面导致企业的另一项负债(应付账款)减少 15 万元，表现为负债内部两个项目以相等金额此增彼减，负债总额不变。由于企业资产和所有者权益总额也没有变化，因此会计等式的恒等关系不变。

2. 经济业务的发生导致所有者权益不同项目之间此增彼减

**【例 3—5】** 沪星公司按规定办妥增资手续后，将资本公积 60 万元转增资本。

该经济业务的发生，一方面导致企业的一项所有者权益(实收资本)增加 60 万元，另一方面导致企业的另一项所有者权益(资本公积)减少 60 万元，表现为所有者权益内部两个项目以相等金额此增彼减，所有者权益总额不变。由于企业资产和负债总额也没有变化，因此会计等式的恒等关系不变。

3. 经济业务的发生导致负债增加、所有者权益减少

**【例 3—6】** 沪星公司按规定向投资者分配利润 20 万元，款项尚未支付。

该经济业务的发生，一方面导致企业的负债(应付股利)增加 20 万元，另一方面导致所有者权益(未分配利润)减少 20 万元，增减金额相等，权益总额不变。由于企业资产总额和权益总额均不变，因此会计等式的恒等关系不变。

4. 经济业务的发生导致负债减少、所有者权益增加

**【例 3—7】** 沪星公司经批准将已发行的公司债券 100 万元转为实收资本。

该经济业务的发生，一方面导致企业的负债(应付债券)减少 100 万元，另一方面导致所有者权益(实收资本)增加 100 万元，增减金额相等，权益总额不变。由于企业资产总额和权益总额均不变，因此会计等式的恒等关系不变。

(四)资金退出企业

资金退出企业是指企业偿付负债和因减资而退还投资者投入的资本。这类交易或事项的发生会导致企业资产与权益(负债或所有者权益)同时等额减少，不破坏会计等式。

1. 经济业务的发生导致资产和负债同时等额减少

**【例 3—8】** 沪星公司以银行存款偿还前欠某公司货款 30 万元。

该经济业务的发生，一方面导致企业的资产(银行存款)减少 30 万元，另一方面导致负债(应付账款)减少 30 万元，减少金额相等。由于企业资产和权益总额同时等额减少，因此会计等式的恒等关系不变。

2. 经济业务的发生导致资产和所有者权益同时等额减少

**【例 3—9】** 沪星公司因合作期满，经全体股东同意，退还投资者资本 50 万元，并以银行存款支付。

该经济业务的发生，一方面导致企业的资产(银行存款)减少 50 万元，另一方面导致所有者权益(实收资本)减少 50 万元，减少金额相等。由于企业资产和所有者权益同时等额减少，因此会计等式的恒等关系不变。

上述四种类型的经济业务对资产、负债和所有者权益的影响如表 3—1 所示。

**表 3—1　　经济业务对会计等式的影响**　　单位:万元

| 经济业务 | 对会计要素的影响 | | | 业务类型 |
|---|---|---|---|---|
| | 资　产 | 负　债 | 所有者权益 | |
| 期初数 | 700 | 300 | 400 | |
| 经济业务 1 | +50 | | +50 | 资产、所有者权益同增 |
| 经济业务 2 | +80 | +80 | | 资产、负债同增 |
| 经济业务 3 | +10<br>−10 | | | 资产一增一减 |
| 经济业务 4 | | +15<br>−15 | | 负债一增一减 |
| 经济业务 5 | | | +60<br>−60 | 所有者权益一增一减 |
| 经济业务 6 | | +20 | −20 | 负债增加、所有者权益减少 |
| 经济业务 7 | | −100 | +100 | 负债减少、所有者权益增加 |
| 经济业务 8 | −30 | −30 | | 资产、负债同减 |
| 经济业务 9 | −50 | | −50 | 资产、所有者权益同减 |
| 期末数 | 750 | 270 | 480 | |

注:“+”表示增加,“−”表示减少。

从表 3—1 可以看出,沪星公司 2022 年 1 月 1 日的资产总额与权益总额都是 700 万元。而 1 月发生的 4 种类型 9 笔经济业务,使企业的资产总额净增加 50 万元,负债减少 30 万元,所有者权益净增加 80 万元,使得月末企业的资产总额变为 750 万元,负债总额变为 270 万元,所有者权益总额变为 480 万元,即权益总额为 750 万元,会计等式仍成立。

综上所述,任何经济业务的发生,必然会引起会计等式中各要素发生增减变动,但不管怎样变化,其结果都是不会破坏会计等式的平衡关系。而上述经济业务对会计等式的影响可以归纳为 4 种类型 9 种情况的变化,具体如表 3—2 所示。

**表 3—2　　经济业务的变化类型**

| 经济业务类型 | 经济业务情况 | 会计要素变化 | | |
|---|---|---|---|---|
| | | 资产 | 负债 | 所有者权益 |
| 一、资金进入企业 | 资产与权益同增 | 增加 | 增加 | |
| | | 增加 | | 增加 |
| 二、资金占用形态的变化 | 资产内部一增一减 | A 增加<br>B 减少 | | |
| 三、资金权益的变化 | 负债内部一增一减 | | A 增加<br>B 减少 | |
| | 所有者权益内部一增一减 | | | A 增加<br>B 减少 |
| | 负债与所有者权益之间的变化 | | 增加 | 减少 |
| | | | 减少 | 增加 |
| 四、资金退出企业 | 资产与权益同减 | 减少 | 减少 | |
| | | 减少 | | 减少 |

**情景思考 3－1**

假定上述沪星公司在 2022 年 1 月还发生了以下两笔经济业务：(1)企业出售甲产品，取得 30 万元收入，货款已存入银行，同时需要结转已售甲产品成本 20 万元(暂不考虑增值税)；(2)企业支付办公用房租金 15 万元。这两笔经济业务对会计等式有何影响？会计等式的恒等关系有变化吗？

情景思考3-1

# 任务二　复式记账法

在会计工作中，为了有效地反映和监督会计对象，各会计主体除了按照规定的会计科目设置账户外，还应采用一定的记账方法。记账方法是指按照一定的规则，使用一定的符号，在账户中登记各项经济业务的技术方法。在会计发展过程中，记账方法经历了从单式记账法到复式记账法的发展演变。

## 一、单式记账法

单式记账法是指对发生的每一项经济业务通常只在一个账户中登记的记账方法。通常只登记库存现金、银行存款的收付金额和债权债务的结算金额，而不登记实物的收付业务。比如，企业以现金 1 000 元支付办公费用，对于这项业务，在单式记账法下，就只在有关的现金账户中做减少 1 000 元的登记，至于费用的发生情况，则不予反映。

单式记账法是一种比较简单但不完整的记账方法，它不能全面、完整、系统地反映交易或事项的来龙去脉，也不便于检查、核对账户记录的正确性。目前这种记账方法早已经被淘汰，现代会计使用的是复式记账法。

## 二、复式记账法

复式记账法是指对于每一笔经济业务，都必须用相等的金额在两个或两个以上相互联系的账户中登记，全面、系统地反映会计要素增减变化的一种记账方法。

如上述经济业务，企业以现金 1 000 元支付办公费用，采用复式记账法，这项经济业务除了要在有关“库存现金”账户中做减少 1 000 元的登记外，还要在有关费用账户中做增加 1 000 元的记录。可见在复试记账法下，需要设置完整的账户体系，除了“库存现金”“银行存款”账户外，还要设置实物性资产以及收入、费用和各种权益类账户，不仅记录货币资金的收付和债权债务的发生，而且要对所有资产和全部权益的增减变化，以及经营过程中发生的费用和获得的收入做全面、系统的反映。复式记账法具有以下三方面的特点：

1. 以会计基本等式为依据

复式记账法是以会计基本等式“资产＝负债＋所有者权益”为依据建立起来的一种科学的记账方法。每一交易或事项的发生，都会引起资产、负债、所有者权益有关项目的增减变动。复式记账法可以用会计等式反映上述增减变动，即会计等式中的其中一项发生变动，另一项或几项也会随之发生相应的增减变动。

2. 记录完整

采用复式记账法，对于每一项经济业务，都要在两个或两个以上相互联系的账户中记录。当全部经济业务都相互联系地记入各有关账户后，根据账户的记录，既可以了解每一交易或事项的来龙去脉，又可以通过会计要素具体内容的增减变动，全面、系统地了解经济活动的过程和结果。

3. 便于查账

复式记账法对每一项经济业务都以相等的金额在有关账户中登记，相关账户之间形成了清晰的对应关系，既有利于检查交易或事项是否合理合法，也有利于利用各账户发生额及余额之间相互联系、相互制约的关系进行试算平衡，检查账户记录正确与否，及时发现和纠正错账，保证账户记录的正确无误。

根据记账符号、账户分类、记账规则和试算平衡方法的不同，复式记账法可分为借贷记账法、收付记账法和增减记账法三种。

借贷记账法是国际上通用的一种记账方法，我国《企业会计准则——基本准则》规定企业应当采用借贷记账法，《事业单位会计准则》和《行政单位会计制度》也要求采用借贷记账法记账，因此，借贷记账法也是我国通用的记账方法。

## 任务三　借贷记账法

借贷记账法，是以“借”和“贷”作为记账符号的一种复式记账法。记账符号，是会计核算中采用的一种抽象标记，表示经济业务的增减变动和记账方向。

### 知识拓展

借贷记账法发源于意大利，迄今已有500年的历史，是世界上普遍采用的记账方法。“借”“贷”的原始含义最初是从借贷资本家的角度来解释的。借贷资本家以经营货币资金的借入和贷出为主要业务，他们把借入的款项记在贷主(creditor)名下，表示自身的债务增加，贷出的款项则记在借主(debtor)名下，表示自身债权的增加。这样，“借”“贷”分别表示债权(应收款)和债务(应付款)的增减变动，但随着社会经济的发展，经济活动内容日益复杂，“借”“贷”就逐渐失去了原来的含义，而转化为纯粹的记账符号。

### 一、借贷记账法的记账符号

借贷记账法以“借”和“贷”作为记账符号，分别表示账户的左方和右方。至于“借”和“贷”，没有实质含义，只用于会计账户前的增、减指代，至于是表示增加还是减少，取决于账户的性质与所记经济内容的性质。记账符号与会计要素之间的关系如图3—1所示。

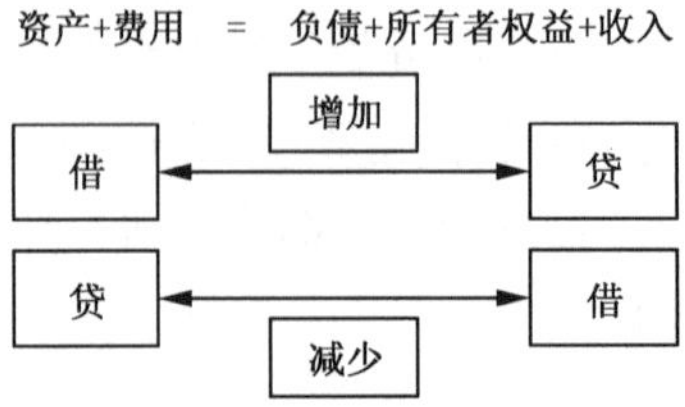


**图3—1　记账符号与会计要素之间的关系**

## 二、借贷记账法的账户结构

在借贷记账法下，资产类账户的借方登记增加数，贷方登记减少数；权益类账户的贷方登记增加数，借方登记减少数。收入类账户结构与所有者权益类账户基本一致，费用类账户结构与资产类账户基本一致。

1. 资产类和成本类账户的结构

资产类账户的借方登记增加额，借方登记减少额。在一个会计期间(年、季、月)内，借方记录的合计数额称为借方发生额，贷方记录的合计数额称为贷方发生额。资产类账户的期末余额一般在借方。用公式表示如下：

资产类账户期末借方余额＝期初借方余额＋本期借方发生额－本期贷方发生额

成本类账户的结构与资产类账户的结构相同，即借方登记成本费用的发生(增加)数，贷方登记成本费用的结转(减少)数，期初、期末余额在借方，表示在产品成本或未完工劳务已发生的成本。但成本类账户中的"制造费用"账户期末结转后一般无余额。

资产类和成本类账户结构如图 3－2 所示。

| 借方 | | 资产类和成本类账户 | 贷方 |
|---|---|---|---|
| 期初余额 | ××× | | |
| 本期增加额 | ××× | 本期减少额 | ××× |
| 本期借方发生额合计 | ××× | 本期贷方发生额合计 | ××× |
| 期末余额 | ××× | | |

**图 3－2　资产类和成本类账户结构**

2. 负债类和所有者权益类账户的结构

负债类和所有者权益类账户统称为权益类账户。权益类账户的结构与资产类账户的结构相反，即账户的借方登记减少额，贷方登记增加额。这两类账户的期末余额一般在贷方。用公式表示如下：

权益类账户期末贷方余额＝期初贷方余额＋本期贷方发生额－本期借方发生额

负债和所有者权益类账户结构如图 3－3 所示。

| 借方 | | 负债类和所有者权益类账户 | 贷方 |
|---|---|---|---|
| | | 期初余额 | ××× |
| 本期减少额 | ××× | 本期增加额 | ××× |
| 本期借方发生额合计 | ××× | 本期贷方发生额合计 | ××× |
| | | 期末余额 | ××× |

**图 3－3　负债类和所有者权益类账户结构**

3. 收入类账户的结构

收入类账户的结构与权益类账户基本相同，即账户的借方登记收入减少额，贷方登记收入增加额。本期收入净额在期末转入“本年利润”账户，用以计算当期损益，结转后无余额。收入类账户结构如图 3－4 所示。

| 借方 | 收入类账户 | | 贷方 |
|---|---|---|---|
| 本期减少额 | ×××| 本期增加额 | ××× |
| 本期转出额 | ××× | | |
| 本期借方发生额合计 | ××× | 本期贷方发生额合计 | ××× |

**图 3—4　收入类账户结构**

4. 费用类账户的结构

费用类账户结构与资产类账户相同，即借方登记增加额，贷方登记减少额。本期费用净额在期末转入“本年利润”账户，用以计算当期损益，结转后无余额。费用类账户结构如图 3－5 所示。

| 借方 | 费用类账户 | | 贷方 |
|---|---|---|---|
| 本期增加额 | ××× | 本期减少额 | ××× |
| | | 本期转出额 | ××× |
| 本期借方发生额合计 | ××× | 本期贷方发生额合计 | ××× |

**图 3—5　费用类账户结构**

根据以上所述，可将借贷记账法下各类账户的结构归纳为表 3－3。

**表 3—3　　借贷记账法下各账户的结构**

| 账户类别 | 借方 | 贷方 | 余额方向 | 期末余额计算公式 |
|---|---|---|---|---|
| 资产类 | 增加 | 减少 | 借 | 期初余额＋本期借方发生额－本期贷方发生额 |
| 成本类 | 增加 | 减少 | 借 | 期初余额＋本期借方发生额－本期贷方发生额 |
| 负债类 | 减少 | 增加 | 贷 | 期初余额＋本期贷方发生额－本期借方发生额 |
| 所有者权益类 | 减少 | 增加 | 贷 | 期初余额＋本期贷方发生额－本期借方发生额 |
| 收入类 | 减少 | 增加 | 结平 | 一般无余额，因期末结转至“本年利润” |
| 费用类 | 增加 | 减少 | 结平 | 一般无余额，因期末结转至“本年利润” |

## 温馨提醒

(1)借贷记账法下账户结构一般可归纳为：资产、成本、费用类账户借方记增加，贷方记减少；负债、所有者权益、收入类账户借方记减少，贷方记增加。并非所有资产类账户都是借方登记增加，贷方登记减少，有些账户刚好相反，贷方登记增加，借方登记减少。如“坏账准备”“存货跌价准备”“累计折旧”“累计摊销”“固定资产减值准备”等账户。

(2)损益类账户期末一般无余额，因损益类账户期末要转入“本年利润”账户，结转后一般无余额,所以损益类账户一般本期借方发生额等于本期贷方发生额。

(3)在借贷记账法下,账户余额的方向表示账户的性质,即借方余额说明账户属于资产类账户,贷方余额说明账户属于权益类账户。

**【例 3—10】** 表 3—4 为沪星公司 2022 年 5 月 31 日部分账户资料,试计算下列括号中的数据,并用 T 形账户表示。

**表 3—4**　　**账户发生额及余额计算**　　单位:元

| 账户名称 | 期初余额 | 本期借方发生额 | 本期贷方发生额 | 期末余额 |
| --- | --- | --- | --- | --- |
| 库存商品 | 50 000 | 80 000 | 30 000 | (　) |
| 预收账款 | 100 000 | 50 000 | 40 000 | (　) |
| 实收资本 | 500 000 | 100 000 | (　) | 800 000 |

"库存商品"为资产类账户,根据其余额计算公式有:期末余额=50 000+80 000−30 000=100 000(元),T 形账户为:

借方　　库存商品　　贷方

| | | | |
| --- | --- | --- | --- |
| 期初余额 | 50 000 | | |
| 本期发生额 | 80 000 | 本期发生额 | 30 000 |
| 期末余额 | 100 000 | | |

"预收账款"为负债类账户,根据其余额计算公式有:期末余额=100 000+40 000−50 000=90 000(元),T 形账户为:

借方　　预收账款　　贷方

| | | | |
| --- | --- | --- | --- |
| | | 期初余额 | 100 000 |
| 本期发生额 | 50 000 | 本期发生额 | 40 000 |
| | | 期末余额 | 90 000 |

"实收资本"为所有者权益类账户,根据余额计算公式有:本期贷方发生额=800 000+100 000−500 000=400 000(元),T 形账户为:

借方　　实收资本　　贷方

| | | | |
| --- | --- | --- | --- |
| | | 期初余额 | 500 000 |
| 本期发生额 | 100 000 | 本期发生额 | 400 000 |
| | | 期末余额 | 800 000 |

## 三、借贷记账法的记账规则

记账规则是指在记账时应遵循的规定和守则。采用复式记账法,对发生的每一笔交易或事项,都应以相等的金额,在两个或两个以上相互联系的账户中记录。按照借贷记账法的账户结构，采用复式记账时，对每笔交易或事项必定做借贷相反的记录。因此，借贷记账法的记账规则是“有借必有贷，借贷必相等”，即对每一笔经济业务，都要按借方和贷方以相等的金额在两个或两个以上相互联系的账户中全面登记。

交易或事项引起的会计要素增减变化不外乎四种情况。对这四种情况下的交易或事项，采用借贷记账法时，都必须按照上述记账规则记账。下面仍以沪星公司 2022 年 1 月发生的 9 项经济业务为例说明。

1. 资金进入企业，资产和权益同时等额增加

**【例 3—11】** 沪星公司收到投资者投入的设备一台，投资合同约定其价值为 50 万元（假定约定其价值公允，暂不考虑相关税费）。

该经济业务的发生使资产和所有者权益两个会计要素同时增加，一方面使资产类账户“固定资产”增加 50 万元，另一方面使所有者权益类账户“实收资本”增加 50 万元。因此，这项经济业务涉及“固定资产”和“实收资本”两个账户，资产的增加记在“固定资产”账户的借方，所有者权益的增加记在“实收资本”的贷方；记入借方和贷方的金额相等。具体记账结果如下：

| 借　实收资本 | 贷 | ←→ | 借　固定资产 | 贷 |
|---|---|---|---|---|
| | (1)500 000 | | (1)500 000 | |

**【例 3—12】** 沪星公司向银行借入期限为 6 个月的短期借款 80 万元，款项存入银行。

该经济业务的发生使资产和负债两个会计要素同时增加，一方面使资产类账户“银行存款”增加 80 万元，另一方面使负债类账户“短期借款”增加 80 万元。因此，这项经济业务涉及“银行存款”和“短期借款”两个账户，资产的增加记在“银行存款”账户的借方，负债的增加记在“短期借款”的贷方；记入借方和贷方的金额相等。具体记账结果如下：

| 借　短期借款 | 贷 | ←→ | 借　银行存款 | 贷 |
|---|---|---|---|---|
| | (2)800 000 | | (2)800 000 | |

2. 资金占用形态的变化，资产项目内部此增彼减，增减金额相等

**【例 3—13】** 沪星公司从银行提取现金 10 万元作为备用。

该经济业务的发生使资产的不同项目此增彼减，一方面使资产类账户“库存现金”增加 10 万元，另一方面使资产类账户“银行存款”减少 10 万元。因此，这项经济业务涉及“库存现金”和“银行存款”两个账户，一项资产的增加记在“库存现金”账户的借方，另一项资产的减少记在“银行存款”的贷方；记入借方和贷方的金额相等。具体记账结果如下：

| 借　银行存款 | 贷 | ←→ | 借　库存现金 | 贷 |
|---|---|---|---|---|
| | (3)100 000 | | (3)100 000 | |

3. 资金权益的变化，权益项目内部此增彼减，增减金额相等

**【例 3—14】** 沪星公司开出面值为 15 万元的商业承兑汇票一张，用于抵付前欠大华公司货款 15 万元。

该经济业务的发生使负债项目此增彼减，一方面负债类账户“应付票据”增加 15 万元，另一方面负债类账户“应付账款”减少 15 万元。因此，这项经济业务涉及“应付票据”和“应付账款”两个账户，一项负债的增加记在“应付票据”账户的贷方，另一项负债的减少记在“应付账款”的借方；记入借方和贷方的金额相等。具体记账结果如下：

| 借 应付票据 | 贷 |
|---|---|
| | (4)150 000 |

⟷

| 借 应付账款 | 贷 |
|---|---|
| (4)150 000 | |

**【例 3—15】** 沪星公司按规定办妥增资手续后，将资本公积 60 万元转增资本。

该经济业务的发生使所有者权益的不同项目此增彼减，一方面所有者权益类账户“实收资本”增加 60 万元，另一方面所有者权益类账户“资本公积”减少 60 万元。因此，这项经济业务涉及“实收资本”和“资本公积”两个账户，一项所有者权益的增加记在“实收资本”账户的贷方，另一项所有者权益的减少记在“资本公积”的借方；记入借方和贷方的金额相等。具体记账结果如下：

| 借 实收资本 | 贷 |
|---|---|
| | (5)600 000 |

⟷

| 借 资本公积 | 贷 |
|---|---|
| (5)600 000 | |

**【例 3—16】** 沪星公司按规定向投资者分配利润 20 万元，款项尚未支付。

该经济业务的发生负债和所有者权益两个会计要素一增一减，一方面使负债类账户“应付股利”增加 20 万元，另一方面使所有者权益账户“利润分配——未分配利润”减少 20 万元。因此，这项经济业务涉及“应付股利”和“利润分配——未分配利润”两个账户，一项负债的增加记在“应付股利”账户的贷方，另一项所有者权益的减少记在“利润分配——未分配利润”的借方；记入借方和贷方的金额相等。具体记账结果如下：

| 借 应付股利 | 贷 |
|---|---|
| | (6)200 000 |

⟷

| 借 利润分配——未分配利润 | 贷 |
|---|---|
| (6)200 000 | |

**【例 3—17】** 沪星公司经批准将已发行的公司债券 100 万元转为实收资本。

该经济业务的发生使负债和所有者权益两个会计要素一增一减，一方面使所有者权益类账户“实收资本”增加 100 万元，另一方面使负债类账户“应付债券”减少 100 万元。因此，这项经济业务涉及“实收资本”和“应付债券”两个账户，一项所有者权益的增加记在“实收资本”账户的贷方，另一项负债的减少记在“应付债券”的借方；记入借方和贷方的金额相等。具体记账结果如下：

| 借　实收资本 | 贷 | ↔ | 借　长期借款 | 贷 |
|---|---|---|---|---|
| | (7)1 000 000 | | (7)1 000 000 | |

4. 资金退出企业，资产和权益同时等额减少

**【例 3—18】** 沪星公司以银行存款偿还前欠某公司货款 30 万元。

该经济业务的发生使资产和负债两个会计要素同时减少，一方面使资产类账户“银行存款”减少 30 万元，另一方面使负债类账户“应付账款”减少 30 万元。因此，这项经济业务涉及“银行存款”和“应付账款”两个账户，一项资产的减少记在“银行存款”账户的贷方，另一项负债的减少记在“应付账款”的借方；记入借方和贷方的金额相等。具体记账结果如下：

| 借　银行存款 | 贷 | ↔ | 借　应付账款 | 贷 |
|---|---|---|---|---|
| | (8)300 000 | | (8)300 000 | |

**【例 3—19】** 沪星公司因合作期满，经全体股东同意，退还投资者资本 50 万元，并以银行存款支付。

该经济业务的发生使资产和所有者权益两个会计要素同时减少，一方面使资产类账户“银行存款”减少 50 万元，另一方面使所有者权益账户“实收资本”减少 50 万元。因此，这项经济业务涉及“银行存款”和“实收资本”两个账户，一项资产的减少记在“银行存款”账户的贷方，另一项所有者权益的减少记在“实收资本”的借方；记入借方和贷方的金额相等。具体记账结果如下：

| 借　银行存款 | 贷 | ↔ | 借　实收资本 | 贷 |
|---|---|---|---|---|
| | (9)500 000 | | (9)500 000 | |

综上所述，不难发现企业发生的任何经济业务，在登记到一个(或几个)账户借方的同时，必然要同时登记到另一个(或几个)账户的贷方，且记入借方账户的金额与记入贷方账户的金额相等。简而言之，就是借贷记账法必遵循“有借必有贷，借贷必相等”的记账规则(如图 3—6 所示)。

### 四、借贷记账法的特点

(1)借贷记账法以“借”和“贷”作为记账符号。“借”表示资产费用的增加与负债、所有者权益的减少；“贷”表示资产费用的减少与负债、所有者权益收入的增加。

(2)以“有借必有贷，借贷必相等”作为记账规则。

(3)可以设置共同性账户，以账户的余额方向判断账户的性质。

(4)借贷记账法便于试算平衡。依据记账规则记账，账户发生额和余额都保持借贷平衡关系，便于汇总和检查。

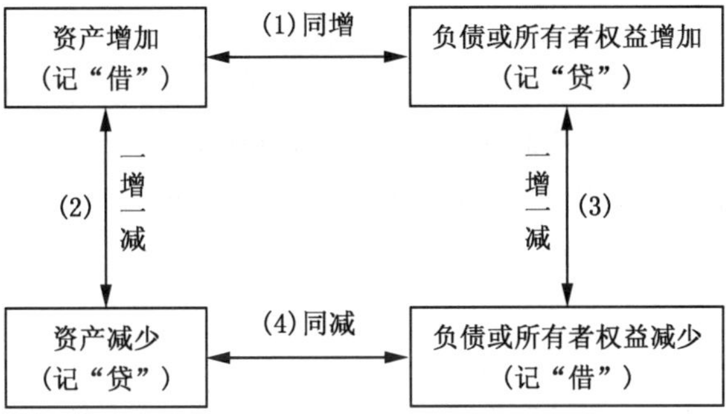


**图3—6　资金运动类型与记账规则的对应关系**

## 知识拓展

共同性账户，即双重性质账户。在借贷记账法下，可以根据需要设置双重性质账户。这类账户或者只有借方余额，或者只有贷方余额。根据双重性质账户期末余额的方向，可以确定账户的性质。如果余额在借方，就是资产类账户；如果余额在贷方，就是负债类账户。

# 任务四　会计分录

## 一、账户对应关系和对应账户

采用借贷记账法，在某项经济业务发生后，按照“有借必有贷，借贷必相等”的记账规则，必然在有关联的两个或两个以上的账户之间形成应借、应贷的相互关系。账户之间这种应借、应贷的相互关系，称为账户的对应关系。存在着对应关系的账户，称作对应账户。通过对应账户及其对应关系，我们可以了解交易或事项的内容及其变动的来龙去脉，从而正确进行会计核算，实行会计监督。

## 二、会计分录

会计分录，简称分录，是指对每项经济业务应借、应贷账户名称（科目）及其金额的一种记录。每个分录由应借应贷方向、相互对应的科目及金额三个要素构成，缺一不可。

（一）会计分录的分类

按照所涉及账户的多少，会计分录分为简单会计分录和复合会计分录两种。简单会计分录是指只涉及一个借方账户和另一个贷方账户的会计分录，即“一借一贷”的会计分录；复合会计分录是指由两个或两个以上（不含两个）对应账户所组成的会计分录，基本格式有三种：“一借多贷”“多借一贷”和“多借多贷”。复合会计分录既可以集中反映某项经济业务的全部情况，又可以简化记账手续。

### 温馨提醒

在实际工作中，复合会计分录实际上是由若干简单会计分录复合而成，但为了保持账户对应关系清晰，一般不应把不同经济业务合并在一起，编制多借多贷的会计分录。一笔复合会计分录可以分解为若干个简单会计分录，而若干笔相关简单会计分录又可以复合为一笔复合会计分录，复合或分解的目的是便于会计工作更好地反映经济业务的实质。

（二）会计分录的书写格式

采用借贷记账法编制会计分录的格式是：先写借方科目，再写贷方科目，金额单位默认为“人民币元”。会计分录为上下结构，上借下贷，借贷错开，金额相等。一般“贷”字应对齐借方科目的第一个字，金额也要错开写。编制复合会计分录时，对于多个贷方（或借方）科目，不必重复写“贷”或“借”，只需写第一个会计科目的“贷”或“借”，然后将相同方向的会计科目对齐即可。

会计分录是会计特有的记录语言，为便于理论介绍而采用的一种便捷方法。在会计实务中，是看不到以上会计分录书写格式的，需要将其填写在具有一定格式的记账凭证中，具体见后面章节。

（三）会计分录的编制步骤

会计分录可按照以下步骤编写：

（1）确定经济业务所涉及的账户及其性质，即属于哪一类账户；

（2）确定账户中应记金额是增加还是减少；

（3）确定所涉及账户的借、贷方向；

（4）根据“有借必有贷，借贷必相等”，检查应借应贷账户是否正确，借贷方金额是否相等，按格式编制会计分录。

例如，本章【例3－1】至【例3－9】（或【例3－11】至【例3－19】）的会计分录如下。

| | | | |
|---|---|---|---|
| **【例3－1】** | 借：固定资产 | 500 000 | |
| | 贷：实收资本 | | 500 000 |
| **【例3－2】** | 借：银行存款 | 800 000 | |
| | 贷：短期借款 | | 800 000 |
| **【例3－3】** | 借：库存现金 | 100 000 | |
| | 贷：银行存款 | | 100 000 |
| **【例3－4】** | 借：应付账款 | 150 000 | |
| | 贷：应付票据 | | 150 000 |
| **【例3－5】** | 借：资本公积 | 600 000 | |
| | 贷：实收资本 | | 600 000 |
| **【例3－6】** | 借：利润分配——未分配利润 | 200 000 | |
| | 贷：应付股利 | | 200 000 |
| **【例3－7】** | 借：应付债券 | 1 000 000 | |
| | 贷：实收资本 | | 1 000 000 |

**【例3—8】** 借:应付账款　　300 000

　　贷:银行存款　　300 000

**【例3—9】** 借:实收资本　　500 000

　　贷:银行存款　　500 000

(四)会计分录应用举例

为便于更好地理解掌握借贷记账法,现以沪星公司在一个会计核算期间内发生的几项经济业务为例说明借贷记账法的应用。

值得注意的是:为便于理论学习,以下每一笔经济业务的描述都是以文字的形式出现的,但在会计实务中均是以会计单据的形式出现的,如购料发票、入库单、银行支票等单据,这些单据在会计上称为原始凭证,具体可见后面章节。

**【例3—20】** 5月5日,沪星公司收到投资人投入的资本200 000元,其中包括一台设备,价款70 000元,其余为货币资金,已存入银行。

这项经济业务的发生,一方面使资产类账户固定资产增加70 000元,应记入该账户的借方,同时也使另一项资产类账户银行存款账户增加130 000元,应记入该账户的借方,另一方面使所有者权益类账户实收资本增加200 000元,应记入该账户的贷方。其会计分录为:

借:固定资产　　70 000

　银行存款　　130 000

　贷:实收资本　　200 000

**【例3—21】** 5月10日,沪星公司行政办公室职工李萍因公出差,预借差旅费3 000元,以现金支付。

该项经济业务的发生,一方面使库存现金减少3 000元,库存现金属于资产,其减少应记入"库存现金"账户的贷方;另一方面,职工出差预借差旅费,差旅费尚未实际发生,属于暂付应收性质的其他应收款,其他应收款属于资产,其增加应记入"其他应收款"账户的借方。其会计分录为:

借:其他应收款　　3 000

　贷:库存现金　　3 000

**【例3—22】** 5月15日,沪星公司行政办公室职工李萍出差归来,报销差旅费2 800元,并交回剩余现金200元。

该项经济业务的发生,一方面公司行政管理部门人员的差旅费属于管理费用,发生管理费用2 800元,管理费用属于费用,其增加应记入"管理费用"账户的借方;收到出差人员交回的剩余现金,使库存现金增加200元,现金属于资产,其增加应记入"库存现金"账户的借方;另一方面,出差归来报销差旅费使其他应收款减少3 000元,其他应收款属于资产,其减少应记入"其他应收款"账户的贷方。其会计分录如下:

借:管理费用　　2 800

　库存现金　　200

　贷:其他应收款　　3 000

**【例3—23】** 5月16日,沪星公司购入原材料一批,价款30 000元,已验收入库,价款暂欠。暂不考虑增值税。

该经济业务的发生，一方面购入原材料的价款尚未支付，使企业的应付账款增加30 000元，应付账款属于负债，其增加应记入“应付账款”账户的贷方；另一方面，使企业的库存材料增加30 000元，原材料属于资产，其增加应记入“原材料”账户的借方。其会计分录如下：

借：原材料　　30 000

　　贷：应付账款　　30 000

**【例3—24】** 5月20日，沪星公司用现金支付管理费用500元。

该经济业务的发生，一方面使企业的现金减少500元，库存现金属资产，其减少应记入“库存现金”账户的贷方；另一方面使企业的管理费用增加500元，管理费用属于费用，其增加应记入“管理费用”账户的借方。其会计分录如下：

借：管理费用　　500

　　贷：库存现金　　500

## 思政链接

### 领悟工匠精神，做合格会计人

工匠精神，是指工匠对自己的产品精雕细琢、精益求精的精神理念。一名工匠，要有良好的敬业精神，不断雕琢自己的产品，不断改进自己的工艺，对每件产品、每道工序都凝神聚力、精益求精，执着地追求和坚持完美，其利虽小，却长久造福于世。工匠精神，也包含一丝不苟、专业敬业、专注坚持等。不仅要有过硬的职业技能和高超的技艺，还要有专注、认真、负责、严谨的工作态度，对工作的责任、认同、使命与荣誉。

工匠精神要求不是仅仅把工作当作赚钱的工具，而是树立一种对工作执着、对所做的事情和生产的产品精益求精、精雕细琢的精神。

会计职业道德是工匠精神在会计行业的具体体现。会计职业道德是一种非强制性的、以内心力量起作用的，同会计人员的职业活动紧密联系的、具有自身职业特征的道德准则和行为规范的总和。会计是从事会计核算和财务管理，提供经济信息的特殊行业，涉及面广，影响深远，因而从事会计职业的人们的职业道德优劣，势必直接影响会计职能的发挥，影响信息使用者的决策，从而影响整个社会的经济、政治和道德。它的实施主要靠会计人员的道德感和良心，它的建设与发展是一项艰巨和长期的任务。因此，加强会计人员职业道德建设，发扬工匠精神，具有十分重要而现实的意义。

会计专业素养提升是贯彻工匠精神的重要手段。会计工作涉及面广、专业性与实践性强、业务繁杂，法律制度规范的更新变化快。因此，对会计从业人员来说，不断学习新知识，是必然要求。这就需要会计人员具有较强的学习能力，及时更新掌握会计专业知识，完善自己专业知识体系，能够站在全局的高度考虑企业的财务会计问题，不能仅仅局限于某一方面。会计工匠精神要求对财务会计报告、管理报告等精益求精，必须确保每个数字的准确；不断提升专业技能，因为真正的工匠在专业领域上绝对不会停止追求进步，无论是使用的工具、政策还是财税法规，都在不断完善。

会计专业人员要牢固树立“只有热爱岗位，才能干好工作”的意识，干一行、爱一行、专一行、精一行；要确保自己出具的每一张财务报表准确可靠，账簿中每一个小数点精准无误，每一份财务报告客观公正，必须坚持严、细、实，在工作上下真功夫、细功夫、苦功夫；要加强学习、善于学习，勤奋磨炼技艺。

资料来源：百度文库，“领悟工匠精神，做合格会计人”，https://wenku.baidu.com/view/ee8a5a00720abb68a98271fe910ef12d2bf9a9d4.html? fr=income1-wk_app_search_ctr-search，2022 年 3 月 5 日。

## 任务五　借贷记账法的试算平衡

各项经济业务编制会计分录后，应据以登记账户，这个步骤通常称为“记账（或过账）”。记账后，一般要在月终结账，即结算出各账户的本期发生额和余额，为了检查记账的正确性，可根据各分类账户的本期发生额和余额编制试算平衡表，检查和验算记账是否发生错误。

试算平衡是指根据借贷记账法的记账规则和资产与权益的恒等关系，通过对所有账户的发生额和余额的汇总计算和比较，来检查所有账户记录是否正确的一种方法。试算平衡包括发生额试算平衡和余额试算平衡两种方法。下面我们通过具体案例了解试算平衡表的编制过程及其作用。

**【例 3—25】**【资料 1】星东公司 2022 年 5 月 1 日有关总分类账户期初余额资料如表 3—5 所示。

**表 3—5**　　**星东公司总分类账户期初余额表**　　单位：元

| 资产类账户 | | 负债及所有者权益类账户 | |
|---|---|---|---|
| 库存现金 | 2 000 | 短期借款 | 20 000 |
| 银行存款 | 200 000 | 应付账款 | 22 000 |
| 应收账款 | 20 000 | 长期借款 | 200 000 |
| 原材料 | 40 000 | 实收资本 | 300 000 |
| 固定资产 | 340 000 | 资本公积 | 60 000 |
| 合　计 | 602 000 | 合　计 | 602 000 |

【资料 2】星东公司 5 月发生的经济业务如下：

(1)5 月 1 日收到 A 公司投入资金 50 000 元，款存入银行；

(2)5 月 3 日，向银行借入 6 个月短期借款 10 000 元，直接归还前欠 B 公司货款；

(3)5 月 8 日，收到 C 公司前欠货款 10 000，款存入银行；

(4)5 月 12 日，向银行借入三年期借款 20 000 元，款存入银行；

(5)5 月 15 日，办妥有关手续，甲公司退还投资人的投资 80 000 元，以银行存款支付；

(6)5 月 18 日，收到投资人投入资金 100 000 元，直接归还前欠银行的长期借款；

(7)5 月 20 日，以银行存款 50 000 元购入一台全新机器设备（暂不考虑增值税）；

(8)5 月 22 日，将资本公积 20 000 元按法定程序转增资本；

(9)5 月 25 日，购进原材料 30 000 元，货款尚未支付（暂不考虑增值税）；

(10)5 月 28 日，为生产产品领用原材料 12 000 元。

要求：按如下步骤编制试算平衡表：

第一步：根据经济业务编制会计分录；

第二步：根据会计分录登记账户，并计算各账户的本期发生额和期末余额；

第三步：编制试算平衡表。

【解析】第一步：根据经济业务编制会计分录。

(1)借：银行存款 50 000
　　贷：实收资本 50 000

(2)借：应付账款 10 000
　　贷：短期借款 10 000

(3)借：银行存款 10 000
　　贷：应收账款 10 000

(4)借：银行存款 20 000
　　贷：长期借款 20 000

(5)借：实收资本 80 000
　　贷：银行存款 80 000

(6)借：长期借款 100 000
　　贷：实收资本 100 000

(7)借：固定资产 50 000
　　贷：银行存款 50 000

(8)借：资本公积 20 000
　　贷：实收资本 20 000

(9)借：原材料 30 000
　　贷：应付账款 30 000

(10)借：生产成本 12 000
　　贷：原材料 12 000

第二步：根据会计分录登记账户，并计算各账户的本期发生额和期末余额。

| 借方 | 银行存款 | | 贷方 |
|---|---|---|---|
| 期初余额： | 200 000 | | |
| | (1)50 000 | | (5)80 000 |
| | (3)10 000 | | (7)50 000 |
| | (4)20 000 | | |
| 本期发生额 | 80 000 | 本期发生额 | 130 000 |
| 期末余额 | 150 000 | | |

| 借方 | 应收账款 | | 贷方 |
|---|---|---|---|
| 期初余额： | 20 000 | | |
| | | | (3)10 000 |
| 本期发生额 | 0 | 本期发生额 | 10 000 |
| 期末余额 | 10 000 | | |

| 借方 | 原材料 | | 贷方 |
|---|---|---|---|
| 期初余额： | 40 000 | | |
| | (9)30 000 | | (10)12 000 |
| 本期发生额 | 30 000 | 本期发生额 | 12 000 |
| 期末余额 | 58 000 | | |

| 借方 | 固定资产 | | 贷方 |
|---|---|---|---|
| 期初余额： | 340 000 | | |
| | (7)50 000 | | |
| 本期发生额 | 50 000 | 本期发生额 | 0 |
| 期末余额 | 390 000 | | |

| 借方 | 短期借款 | | 贷方 |
|---|---|---|---|
| | | 期初余额： | 20 000 |
| | | | (2)10 000 |
| 本期发生额 | 0 | 本期发生额 | 10 000 |
| | | 期末余额 | 30 000 |

| 借方 | 应付账款 | | 贷方 |
|---|---|---|---|
| | | 期初余额： | 22 000 |
| | (2)10 000 | | (9)30 000 |
| 本期发生额 | 10 000 | 本期发生额 | 30 000 |
| | | 期末余额 | 42 000 |

| 借方 | 长期借款 | | 贷方 |
|---|---|---|---|
| | | 期初余额： | 200 000 |
| | (6)100 000 | | (4)20 000 |
| 本期发生额 | 100 000 | 本期发生额 | 20 000 |
| | | 期末余额 | 120 000 |

| 借方 | 实收资本 | | 贷方 |
|---|---|---|---|
| | | 期初余额： | 300 000 |
| | (5)80 000 | | (1)50 000 |
| | | | (6)100 000 |
| | | | (8)20 000 |
| 本期发生额 | 80 000 | 本期发生额 | 170 000 |
| | | 期末余额 | 390 000 |

| 借方 | 资本公积 | | 贷方 |
|---|---|---|---|
| | | 期初余额： | 60 000 |
| | (8)20 000 | | |
| 本期发生额 | 20 000 | 本期发生额 | 0 |
| | | 期末余额 | 40 000 |

| 借方 | 生产成本 | | 贷方 |
|---|---|---|---|
| | (10)12 000 | | |
| 本期发生额 | 12 000 | 本期发生额 | 0 |
| 期末余额 | 12 000 | | |

第三步：编制试算平衡表。

根据星东公司 2022 年 5 月有关账户的期初余额表及第二步计算出的各账户的本期发生额和期末余额编制试算平衡表(如表 3—6 所示)。

**表 3—6　　总分类账户本期发生额和余额试算平衡表**　　单位：元

| 账户名称 | 期初余额 | | 本期发生额 | | 期末余额 | |
|---|---|---|---|---|---|---|
| | 借　方 | 贷　方 | 借　方 | 贷　方 | 借　方 | 贷　方 |
| 库存现金 | 2 000 | | | | 2 000 | |
| 银行存款 | 200 000 | | 80 000 | 130 000 | 150 000 | |
| 应收账款 | 20 000 | | | 10 000 | 10 000 | |
| 原材料 | 40 000 | | 30 000 | 12 000 | 58 000 | |
| 固定资产 | 340 000 | | 50 000 | | 390 000 | |
| 生产成本 | | | 12 000 | | 12 000 | |
| 短期借款 | | 20 000 | | 10 000 | | 30 000 |
| 应付账款 | | 22 000 | 10 000 | 30 000 | | 42 000 |
| 长期借款 | | 200 000 | 100 000 | 20 000 | | 120 000 |
| 实收资本 | | 300 000 | 80 000 | 170 000 | | 390 000 |
| 资本公积 | | 60 000 | 20 000 | | | 40 000 |
| 合　计 | 602 000 | 602 000 | 382 000 | 382 000 | 622 000 | 622 000 |

从表 3—6 的合计栏我们可以看到，总分类账户的本期借方发生额合计等于本期贷方发生额合计，而本期总分类账户的期初借方余额合计等于贷方余额合计，期末借方余额合计也等于贷方余额，为什么会出现这种情况呢？上述这两种情况实际上就是我们所说的试算平衡的两种。

## 一、发生额试算平衡法

在借贷记账法下，根据“有借必有贷，借贷必相等”的记账规则，每一笔交易或事项都要以相等的金额，分别记入两个或两个以上相关账户的借方和贷方，借贷双方的发生额应该相等。推而广之，将一定时期内的所有经济业务正确无误地记入有关账户之后，所有账户的借方发生额合计数与贷方发生额合计数也应相等。发生额试算平衡法就是根据本期所有账户借方发生额和贷方发生额合计的恒等关系，检验本期发生额记录是否正确的方法。其试算平衡公式为：

全部账户本期借方发生额合计＝全部账户本期贷方发生额合计

上例中全部账户本期借方发生额合计 382 000 元＝全部账户本期贷方发生额合计 382 000 元，表明发生额试算平衡。

发生额试算平衡可以通过编制发生额试算平衡表进行，即表 3－6 中去除期初、期末栏即可。

## 二、余额试算平衡法

余额试算平衡法就是根据本期所有账户借方余额合计与贷方余额合计的恒等关系，检验本期账户记录是否正确的方法。资产类账户的期末余额一般在借方（成本费用类账户若有余额也在借方，视为资产），所有账户借方余额合计也就是资产总额；负债及所有者权益类账户的期末余额一般在贷方，所有账户贷方余额合计也就是负债及所有者权益总额。根据“资产＝负债＋所有者权益”这一会计恒等式，资产类账户的借方余额合计与负债及所有者权益类账户的贷方余额合计必然相等。根据余额时点不同，余额试算平衡法又分为期初余额平衡与期末余额平衡两类。用公式表示如下：

全部账户的期初借方余额合计＝全部账户的期初贷方余额合计

全部账户的期末借方余额合计＝全部账户的期末贷方余额合计

上例全部账户的期初借方余额合计 602 000 元＝全部账户的期初贷方余额合计 602 000 元；全部账户的期末借方余额合计 622 000 元＝全部账户的期末贷方余额合计 622 000 元，表明余额试算结果平衡。

余额试算平衡可以通过编制余额试算平衡表进行，即表 3－6 中去除发生额栏即可。在实际工作中，在结出各账户的本期发生额和余额后，即可编制本期发生额和余额试算平衡表（即表 3－6），从而发生额试算平衡与余额试算平衡一并完成。

### 温馨提醒

在编制试算平衡表时，应注意以下几点：

(1)必须保证所有账户的发生额与余额均已记入试算平衡表。

(2)及时发现记账错误。如试算平衡表借贷不相等，可以肯定账户记录有误，应认真查找，直到实现平衡为止。

(3)发生额与余额试算平衡，不一定说明账户记录绝对正确。因为有可能存在：

①漏记某项经济业务，使本期借贷双方的发生额等额减少，借贷仍然平衡；

②重记某项经济业务，使本期借贷双方的发生额等额增加，借贷仍然平衡；

③某项经济业务记录的应借应贷科目正确，但借贷双方金额同时多记或少记，且金额一致，借贷仍然平衡；

④某项经济业务记错有关账户，借贷仍然平衡；

⑤某项经济业务在账户记录中，颠倒了记账方向，借贷仍然平衡；

⑥某借方或某贷方发生额中，偶然发生多记和少记并相互抵消，借贷仍然平衡。

# 任务六　总分类账户与明细分类账户的平行登记

在实际工作中，为了适应经济管理的不同要求，会计既要提供总括的核算资料，又要提供详细的核算资料，这就需要同时设置总分类账户和明细分类账户。

总分类账户(亦称一级账户)是根据总分类会计科目(一级会计科目)设置的，是用来对会计要素具体内容进行总括分类核算，反映会计要素总括增、减变动情况和结果的账户。总分类账户又称为总账，其提供总括的价值核算指标。

明细分类账户是根据明细分类科目设置的，是用来对会计要素具体内容进行明细分类核算，反映会计要素详细的增、减变动情况和结果的账户。明细分类账户又称为明细账，是企业会计部门依据企业交易或事项的具体内容、管理上的要求及方便会计核算等而设置的。

## 一、总分类账户与明细分类账户的关系

总分类账户与明细分类账户是对同一交易或事项进行分层核算而设置的账户，两者之间存在相互联系、相互制约的关系。总分类账户是对所属明细分类账户的总括，对其所属明细分类账户起着统驭控制作用；明细分类账户是对其总分类账户的细分，对总分类账户起着补充说明的作用。每一个明细分类账户所反映的资料，都是其总分类账户的组成部分，总分类账户登记的金额与其所属明细分类账户登记的金额应相等。

## 二、总分类账户与明细分类账户的平行登记

平行登记是指对所发生的每项交易或事项，都要以会计凭证为依据，一方面记入有关总分类账户，另一方面记入有关总分类账户所属明细分类账户。总分类账户与明细分类账户平行登记要求做到以下几点：

1. 依据相同

将发生的交易或事项记入总分类账户及其所属明细分类账户时，所依据的会计凭证(特别是指原始凭证)相同。虽然登记总分类账户及其所属明细分类账户的直接依据不一定相同，但原始依据是相同的。

2. 方向相同

将发生的交易或事项记入总分类账户及其所属的明细分类账户时，记账的借贷方向应当一致。如果记入总分类账户的借方，记入其所属的明细分类账户时，也应记入借方。相反，记入总分类账户的贷方，记入其所属的明细分类账户时，也应记入贷方。

3. 期间相同

即对发生每一交易或事项，既要记入有关的总分类账户，又要在同一会计期间内记入其所属的明细分类账户。尽管登记总账与明细账的具体日期不一定相同，但都要在同一会计期间内登记。

4. 金额相等

即对发生的每一交易或事项，计入总分类账户的金额与计入其所属的明细分类账户的金额之和相等。

下面举例说明总分类账户和明细分类账户平行登记的方法。

**【例 3—26】** 2022 年 6 月 1 日，环宇公司的“原材料”和“应付账款”总分类账户及其所属的明细分类账户的余额如下：

(1)“原材料”总账账户为借方余额 45 000 元，其所属明细账户结存情况为：

①“甲材料”明细账户，结存 3 000 千克，单位成本为 10 元，金额计 30 000 元；

②“乙材料”明细账户，结存 50 吨，单位成本为 300 元，金额计 15 000 元。

(2)“应付账款”总账账户为贷方余额 12 000 元，其所属明细账户余额为：

①新华公司明细账户，贷方余额 7 000 元；

②光明公司明细账户，贷方余额 5 000 元。

第一步，编制会计分录。2022 年 6 月，企业发生的有关交易或事项及其会计处理如下（暂不考虑税）：

(1)6 月 9 日，向新华公司购入甲材料 500 千克，单价 10 元，计 5 000 元；向光明公司购入乙材料 100 吨，单价 300 元，计 30 000 元，甲、乙材料已验收入库，货款均尚未支付。

借：原材料——甲材料　　5 000
　　　　　——乙材料　　30 000
　贷：应付账款——新华公司　　5 000
　　　　　　　——光明公司　　30 000

(2)6 月 12 日，向新华公司购入甲材料 400 千克，单价 10 元，计 4 000 元；乙材料 50 吨，单价 300 元，计 15 000 元，材料均已验收入库，货款尚未支付。

借：原材料——甲材料　　4 000
　　　　　——乙材料　　15 000
　贷：应付账款——新华公司　　19 000

(3)6 月 20 日，以银行存款偿付前欠新华公司的货款 20 000 元，光明公司货款 30 000 元。

借：应付账款——新华公司　　20 000
　　　　　　——光明公司　　30 000
　贷：银行存款　　50 000

(4)6 月 26 日，生产车间为生产产品从仓库领用甲材料 1 000 千克，金额为 10 000 元；领用乙材料 100 千克，金额为 30 000 元。

借：生产成本　　40 000
　贷：原材料——甲材料　　10 000
　　　　　　——乙材料　　30 000

根据平行登记的要求，将上述交易或事项在“原材料”和“应付账款”总账账户及其所属的明细账户中登记。平行登记结果如表 3—7 至表 3—12 所示。

**表 3—7** **原材料总账账户**

账户名称:原材料 单位:元

| 2022 年 | | 凭证号数 | 摘　要 | 借　方 | 贷　方 | 借或贷 | 余　额 |
|---|---|---|---|---|---|---|---|
| 月 | 日 | | | | | | |
| 6 | 1 | 略 | 期初余额 | | | 借 | 45 000 |
| 6 | 9 | 略 | 购入材料 | 35 000 | | 借 | 80 000 |
| 6 | 12 | 略 | 购入材料 | 19 000 | | 借 | 99 000 |
| 6 | 26 | 略 | 领用材料 | | 40 000 | 借 | 59 000 |
| 6 | 31 | 略 | 本月合计 | 54 000 | 40 000 | 借 | 59 000 |

**表 3—8** **应付账款总账账户**

账户名称:应付账款 单位:元

| 2022 年 | | 凭证号数 | 摘　要 | 借　方 | 贷　方 | 借或贷 | 余　额 |
|---|---|---|---|---|---|---|---|
| 月 | 日 | | | | | | |
| 6 | 1 | | 期初余额 | | | 贷 | 12 000 |
| 6 | 9 | 略 | 购料欠款 | | 35 000 | 贷 | 47 000 |
| 6 | 12 | 略 | 购料欠款 | | 19 000 | 贷 | 66 000 |
| 6 | 20 | 略 | 偿还欠款 | 50 000 | | 贷 | 16 000 |
| | | | 本月合计 | 50 000 | 54 000 | 贷 | 16 000 |

**表 3—9** **原材料明细分类账**

明细账户:甲材料 数量单位:千克

| 2022 年 | | 凭证号数 | 摘　要 | 收　入 | | | 发　出 | | | 结　存 | | |
|---|---|---|---|---|---|---|---|---|---|---|---|---|
| 月 | 日 | | | 数量 | 单价 | 金额 | 数量 | 单价 | 金额 | 数量 | 单价 | 金额 |
| 6 | 1 | | 期初余额 | | | | | | | 3 000 | 10 | 30 000 |
| 6 | 9 | 略 | 购入材料 | 500 | 10 | 5 000 | | | | 3 500 | 10 | 35 000 |
| 6 | 12 | 略 | 购入材料 | 400 | 10 | 4 000 | | | | 3 900 | 10 | 39 000 |
| 6 | 26 | 略 | 生产领料 | | | | 1 000 | 10 | 10 000 | 2 900 | 10 | 29 000 |
| | | | 本月合计 | 900 | | 9 000 | 1 000 | | 10 000 | 2 900 | 10 | 29 000 |

**表 3—10** **原材料明细分类账**

明细账户:乙材料 数量单位:千克

| 2022 年 | | 凭证号数 | 摘　要 | 收　入 | | | 发　出 | | | 结　存 | | |
|---|---|---|---|---|---|---|---|---|---|---|---|---|
| 月 | 日 | | | 数量 | 单价 | 金额 | 数量 | 单价 | 金额 | 数量 | 单价 | 金额 |
| 6 | 1 | | 期初结存 | | | | | | | 50 | 300 | 15 000 |
| 6 | 9 | (1) | 购入材料 | 100 | 300 | 30 000 | | | | 150 | 300 | 45 000 |

续表

| 2022年 | | 凭证号数 | 摘　要 | 收　入 | | | 发　出 | | | 结　存 | | |
|---|---|---|---|---|---|---|---|---|---|---|---|---|
| 月 | 日 | | | 数量 | 单价 | 金额 | 数量 | 单价 | 金额 | 数量 | 单价 | 金额 |
| 6 | 12 | (2) | 购入材料 | 50 | 300 | 15 000 | | | | 200 | 300 | 60 000 |
| 6 | 26 | (4) | 生产领料 | | | | 100 | 300 | 30 000 | 100 | 300 | 30 000 |
| | | | 本月合计 | 150 | | 45 000 | 100 | | 30 000 | 100 | 300 | 30 000 |

**表3—11　　应付账款明细账**

明细账户：新华公司　　单位：元

| 2022年 | | 凭证号数 | 摘　要 | 借　方 | 贷　方 | 借或贷 | 余　额 |
|---|---|---|---|---|---|---|---|
| 月 | 日 | | | | | | |
| 6 | 1 | | 期初余额 | | | 贷 | 7 000 |
| 6 | 9 | 略 | 购料欠款 | | 5 000 | 贷 | 12 000 |
| 6 | 12 | 略 | 购料欠款 | | 19 000 | 贷 | 31 000 |
| 6 | 20 | 略 | 偿还欠款 | 20 000 | | 贷 | 11 000 |
| | | | 本月合计 | 20 000 | 24 000 | 贷 | 11 000 |

**表3—12　　应付账款明细账**

明细账户：光明公司　　单位：元

| 2022年 | | 凭证号数 | 摘　要 | 借　方 | 贷　方 | 借或贷 | 余　额 |
|---|---|---|---|---|---|---|---|
| 月 | 日 | | | | | | |
| 6 | 1 | | 期初余额 | | | 贷 | 5 000 |
| 6 | 9 | 略 | 购料欠款 | | 30 000 | 贷 | 35 000 |
| 6 | 20 | 略 | 偿还欠款 | 30 000 | | 贷 | 5 000 |
| | | | 本月合计 | 30 000 | 30 000 | 贷 | 5 000 |

由上述平行登记结果可以看出，“原材料”“应收账款”总分类账户的期初、期末余额及本期借、贷方发生额，与其所属的明细分类账户的期初、期末余额之和及本期借、贷方发生额之和都是相等的。因此，总分类账户与其所属明细分类账户之间平行登记的结果是：总分类账户与其所属明细分类账户之间必然形成相互核对的关系，可用公式表示如下：

总分类账户期初借（或贷）方余额＝所属明细分类账户期初借（或贷）方余额之和

总分类账户本期借（或贷）方发生额＝所属明细分类账户本期借（或贷）方发生额之和

总分类账户期末借（或贷）方余额＝所属明细分类账户期末借（或贷）方余额之和

## 小结

1. 会计等式也称会计恒等式、会计方程式或会计平衡公式，是指表明各会计要素之间基本关系的恒等式。它有两个等式:资产=负债+所有者权益,是复式记账法的理论基础,也是编制资产负债表的依据;利润=收入-费用,是编制利润表的基础。

2. 企业的经济业务引起资产、负债和所有者权益的增减变动的四种类型(共九种情况):(1)资金进入企业;(2)资金占用形态的变化;(3)资金权益的变化;(4)资金退出企业。

3. 复式记账法是指对于每一笔经济业务,都必须用相等的金额在两个或两个以上相互联系的账户中登记,全面、系统地反映会计要素增减变化的一种记账方法。

4. 借贷记账法是以"借""贷"作为记账符号的一种复式记账法。

5. 在借贷记账法下,资产类账户的借方登记增加数,贷方登记减少数;权益类账户的贷方登记增加数,借方登记减少数。收入类账户结构与所有者权益类账户基本一致,费用类账户结构与资产类账户基本一致。

6. 资产类账户期末借方余额=期初借方余额+本期借方发生额-本期贷方发生额;权益类账户期末贷方余额=期初贷方余额+本期贷方发生额-本期借方发生额。

7. 借贷记账法的记账规则是"有借必有贷,借贷必相等",即对每一笔经济业务,都要按借方和贷方以相等的金额在两个或两个以上相互联系的账户中全面登记。

8. 会计分录的编写可按照以下步骤进行:(1)确定经济业务所涉及的账户及其性质,即属于哪一类账户;(2)确定账户中应记金额是增加还是减少;(3)确定所涉及账户的借、贷方向;(4)根据"有借必有贷,借贷必相等",检查应借应贷账户是否正确,借贷方金额是否相等。

9. 试算平衡是指根据资产与权益的恒等关系以及借贷记账法的记账规则,检查所有账户记录是否正确的过程,具体有发生额试算平衡和余额试算平衡两种方法。发生额试算平衡公式为:全部账户本期借方发生额合计=全部账户本期贷方发生额合计;余额试算平衡公式为:全部账户的期初借方余额合计=全部账户的期初贷方余额合计,全部账户的期末借方余额合计=全部账户的期末贷方余额合计。

10. 总分类账户与明细分类账户平行登记要求做到四点:(1)依据相同;(2)方向相同;(3)期间相同;(4)金额相等,其中金额相等为总分类账户期初借(或贷)方余额=所属明细分类账户期初借(或贷)方余额之和;总分类账户本期借(或贷)方发生额=所属明细分类账户本期借(或贷)方发生额之和;总分类账户期末借(或贷)方余额=所属明细分类账户期末借(或贷)方余额之和。

## 职场体验

### 案例分析

小张从某大学会计系毕业后被聘任为明强公司的会计员。月末财务部门的会计主管给了她公司的总账账簿,并交给她一个工作任务,要求她在当天完成公司这个月的试算平衡表。小张觉得试算平衡表在学校已经学过了,应该没有什么难度,欣然接受了。

不到一个小时,一张"总分类账户发生额及余额试算平衡表"就编制好了。看到表格上那三组相互平衡的数字,小张兴冲冲地把试算平衡表交给了会计主管。

"呀,昨天销售的那批产品的单据还没记到账上去呢,这也是这个月的业务啊!"会计员李丽说道。还没等小张缓过神来,会计员小王手里又拿着一些会计凭证凑了过来,对科长说:"这笔账我核对过了,应当记入'应交税费'和'银行存款'账户的金额是 10 000 元,而不是 9 000 元。已经入账的那部分数字还得更改一下。"

"试算平衡表不是已经平衡了吗?怎么还有错账呢?"小张不解地问。

会计主管看她满脸疑惑的神情,就耐心地开导说:"试算平衡表也不是万能的,像在账户中把有些业务漏记或重记了,借贷金额记账方向彼此颠倒了,还有记账方向正确但记错了账户,这些都不会影响试算表的平衡。小李发现的漏记了经济业务、小王发现的把两个账户的金额同时记少了,也不会影响试算表的平衡。"

小张边听边点头,心里想:"这些内容好像老师在上基础会计课的时候也讲过。以后在实践中还得好好琢磨呀。"

经过调整，一张真实反映公司本月全部经济业务的试算平衡表在小张的手里完成了。

根据案例分析回答下列问题：

(1)小张的试算平衡表平衡了，是不是就表明本月公司的记账没有错误？

(2)试算平衡表有何作用？其原理是什么？

## 业务操作

某公司 2022 年 2 月末账户余额资料如表 3—13 所示。

**表 3—13**　　**公司账户余额**　　单位：元

| 资产类账户 | 借方余额 | 权益类账户 | 贷方余额 |
| --- | --- | --- | --- |
| 库存现金 | 5 000 | 短期借款 | 60 000 |
| 银行存款 | 263 000 | 应付账款 | 153 000 |
| 应收账款 | 75 000 | 应交税费 | 40 000 |
| 原材料 | 500 000 | 长期借款 | 600 000 |
| 库存商品 | 850 000 | 实收资本 | 4 200 000 |
| 固定资产 | 3 600 000 | 资本公积 | 240 000 |
| 合　计 | 5 293 000 | 合　计 | 5 293 000 |

该公司 3 月发生下列经济业务：

(1)向银行借入 3 个月短期借款 30 000 元，存入银行存款户；

(2)以银行存款归还前欠货款 60 000 元；

(3)从 A 公司购入甲材料 150 000 元，验收入库，货款尚未支付(暂不考虑增值税，下同)；

(4)将多余现金 3 000 元存入银行；

(5)从 B 公司购入乙材料 100 000 元，验收入库，货款以银行存款支付；

(6)收到某企业投资 2 000 000 元，其中生产设备 1 000 000 元，银行存款 1 000 000 元；

(7)以银行存款偿还长期借款 600 000 元；

(8)收到 C 公司前欠货款 60 000 元，款存入银行；

(9)以银行存款偿还欠 A 公司货款 150 000 元；

(10)按法定程序，将资本公积 200 000 元转增资本。

要求：

(1)根据表 3—13 开设 T 形账户，并记入期初余额；

(2)根据经济业务，编制会计分录；

(3)根据会计分录逐笔登记 T 形账户，并结出期末余额；

(4)编制本期发生额及余额试算平衡表。

## 学习评价

**一、单项选择题**

1. 下列选项中属于静态会计等式的是(　　)。

A. 收入－费用＝利润　　　　B. 资产＝负债＋所有者权益

C. 资产＝负债＋所有者权益＋利润　　D. 资产＝负债＋所有者权益＋(收入－费用)

2. 进行复式记账时，对任何一项经济业务登记的账户数量应是(　　)。

A. 所有账户　　B. 一个账户

C. 两个账户　　D. 两个或两个以上相互联系的账户

3. 下列选项中关于一项资产增加、一项负债增加的经济业务发生后，会使资产与权益的总额变化的说法正确的是(　　)。

A. 发生同增的变动　　B. 发生同减的变动

C. 不会变动　　D. 发生不等额的变动

4. 借贷记账法的借方表示(　　)。

A. 资产增加，负债及所有者权益减少　　B. 资产增加，负债及所有者权益增加

C. 资产减少，负债及所有者权益减少　　D. 资产减少，负债及所有者权益增加

5. 资产类账户的贷方登记(　　)。

A. 资产的增加　　B. 资产的减少　　C. 费用的增加　　D. 收入的减少

6. 一般来说，负债类账户的期末余额应(　　)。

A. 在账户的借方　　B. 在账户的贷方　　C. 在借方或贷方　　D. 没有

7. 对于收入类账户，下列说法正确的是(　　)。

A. 借方登记收入的增加数　　B. 借方登记收入的减少数

C. 若有余额在借方，属于资产　　D. 若有余额在贷方，属于负债

8. 下列各账户中，期末一般有借方余额的是(　　)。

A.“应付账款”账户　　B.“预收账款”账户

C.“应付职工薪酬”账户　　D.“应收账款”账户

9. 下列算式中，正确表达了借贷记账法下资产类账户内部关系的是(　　)。

A. 期末余额＝本期借方发生额－本期贷方发生额

B. 期末余额＝期初余额＋本期贷方发生额－本期借方发生额

C. 期末余额＝期初余额＋本期借方发生额－本期贷方发生额

D. 期末余额＋本期借方发生额＝期初余额＋本期贷方发生额

10. 某企业月初有短期借款 40 万元，本月向银行借入短期借款 45 万元，以银行存款偿还短期借款 20 万元，则月末“短期借款”账户的余额为(　　)。

A. 借方 65 万元　　B. 贷方 65 万元　　C. 借方 15 万元　　D. 贷方 15 万元

11. 企业发生的下列经济业务中，能引起资产总额增加的是(　　)。

A. 将资本公积转增资本　　B. 从银行提取现金

C. 接受投资者投资　　D. 以银行存款偿还债务

12. 某企业资产总额为 600 万元，发生下列三笔经济业务后：(1)收到外单位投资 40 万元存入银行；(2)用银行存款支付购入材料款 12 万元；(3)以银行存款偿还银行借款 10 万元，这时企业资产总额为(　　)。

A. 636 万元　　B. 628 万元　　C. 648 万元　　D. 630 万元

13. 企业“原材料”账户期初余额为 5 600 元，期末余额为 5 700 元，本期贷方发生额为 800 元，则本期借方发生额为(　　)。

A. 10 500 元　　B. 700 元　　C. 900 元　　D. 12 100 元

14. 企业“盈余公积”账户本期贷方发生额为 1 200 万元，本期借方发生额为 1 500 万元，期末余额为 1 300 万元，则期初余额为(　　)万元。

A. 4 000　　B. 1 600　　C. 1 200　　D. 1 000

15. 在借贷记账法下，余额试算平衡的公式是(　　)。

A. 全部总分类账户的借方发生额合计＝全部总分类账户的贷方发生额合计
B. 全部总分类账户的借方期初余额合计＝全部总分类账户的借方期末余额合计
C. 全部总分类账户的贷方期初余额合计＝全部总分类账户的贷方期末余额合计
D. 全部总分类账户的借方期末余额合计＝全部总分类账户的贷方期末余额合计

16. 企业按规定通过银行预收账款 50 000 元，此项经济业务引起的变化是（　　）。
A. 营业收入实现　50 000　　B. 资产与负债同时增加　50 000
C. 资产与负债同时减少　50 000　　D. 资产与所有者权益同时增加　50 000

17. 借贷记账法下的发生额平衡是由（　　）决定的。
A. “有借必有贷，借贷必相等”的记账规则
B. 平行登记要点
C. “资产＝权益”的会计等式
D. 账户的结构

18. 某企业“应付账款”账户下有“应付星东公司账款”和“应付东海公司账款”两个明细账户。某月末，“应付账款”账户为贷方余额 126 000 元，“应付星东公司账款”明细账户为贷方余额 73 000 元，则“应付东海公司账款”明细账户为（　　）。
A. 贷方余额　53 000　　B. 借方余额　53 000
C. 贷方余额　199 000　　D. 借方余额　199 000

19. 某会计分录为借记银行存款，贷记应收账款，则其反映的经济业务的内容是（　　）。
A. 以银行存款偿还短期借款　　B. 收到银行投入的货币资金
C. 取得短期借款存入银行　　D. 收到某企业前欠货款

20. 下列选项中能引起资产和权益同时减少的业务是（　　）。
A. 用银行存款偿还应付账款　　B. 向银行借款直接偿还应付账款
C. 购买材料货款暂未支付　　D. 工资计入产品成本但暂未支付

## 二、多项选择题

1. 下列各项中，应在账户借方登记的有（　　）。
A. 资产增加　　B. 负债增加　　C. 所有者权益减少　　D. 收入减少

2. 总分类账户与明细分类账户平行登记的要点包括（　　）。
A. 依据相同　　B. 方向相同　　C. 期间相同　　D. 金额相等

3. 借贷记账法的试算平衡包括（　　）。
A. 借贷平衡法　　B. 发生额平衡法　　C. 余额平衡法　　D. 差额平衡法

4. 构成会计分录的基本内容有（　　）。
A. 应记账户的名称　　B. 应记账户的方向　　C. 应记金额　　D. 记账时间

5. 有关借贷记账法说法正确的是（　　）。
A. 采用“借”“贷”作为记账符号
B. 记账规则是“有借必有贷，借贷必相等”
C. 以“资产＝负债＋所有者权益”这一会计等式作为理论依据
D. 它是我国会计核算的法定记账方法

6. 试算平衡法无法发现错误的有（　　）。
A. 漏记某项经济业务　　B. 重记某项经济业务
C. 颠倒记账方向　　D. 漏记一个借方余额

7. 下列账户中，期末余额在贷方的有（　　）。

A.“固定资产”账户　　B.“主营业务收入”账户

C.“实收资本”账户　　D.“短期借款”账户

8. 如果经济业务事项的发生使单位的银行存款减少，那么相应的有可能使（　　）。

A. 原材料增加　　B. 应付账款减少　　C. 实收资本增加　　D. 短期借款减少

9. 企业销售一批成本为50万元的产品，收到价款80万元并存入银行（不考虑增值税），这一经济业务引起的会计要素变化有（　　）。

A. 负债减少30万元　　B. 资产增加30万元　　C. 费用增加50万元　　D. 收入增加80万元

10. 借贷记账法下，年末可能有余额的账户是（　　）。

A. 所得税费用　　B. 生产成本　　C. 营业外支出　　D. 应交税费

**三、判断题**

1. 在借贷记账法下，账户的借方是增加方，贷方是减少方。（　　）

2. 根据借贷记账法的记账规则，每个账户的借方发生额与贷方发生额必定相等。（　　）

3. 根据借贷记账法下账户结构的特点，只要是资产类账户，其期末余额就一定在借方。（　　）

4. 企业购入材料而货款未付，其资产与负债会同时等额增加。（　　）

5. 账户记录的检查可通过编制试算平衡表进行，若平衡则表示账户记录没有错误，如果不平衡则表示账户记录有错误。（　　）

6. 收入类账户与费用类账户一般没有期末余额，但有期初余额。（　　）

7. 总分类账户与其所属明细分类账户的记账日期不一定相同，但都要在同一会计期间内登记。（　　）

8. 企业所有者权益增加，必然表现为企业资产增加。（　　）

9. 资产与权益的恒等关系是复式记账法的理论基础和企业编制资产负债表的依据。（　　）

10.“累计折旧”和“坏账准备”等反映资产的价值损耗或损失的账户，属于损益类账户。（　　）

**四、简答题**

1. 简述经济业务的发生对会计等式影响的四种类型及九种情况。

2. 什么是借贷记账法，借贷记账法下各账户结构如何？借贷记账法的记账规则是什么？

3. 什么是会计分录？会计分录有哪几种形式？如何编制会计分录？

4. 什么是试算平衡？试算平衡有哪几种形式？如何编制试算平衡表？

5. 总分类账户与明细分类账户平行登记的要点是什么？金额相等有哪些形式？

**五、实务题**

1. 某企业2022年5月初资产为500 000元，负债为200 000元，所有者权益为300 000元。该企业5月发生下列经济业务。

（1）从银行取得6个月短期借款800 000元，款已存入银行。

（2）接受A公司投资500 000元，款已存入银行。

（3）购入生产设备一台，共计150 000元，已安装完毕，价款已用银行存款支付。

（4）购入原材料一批，价款15 000元，款未付。

（5）开出并承兑面值为30 000元的商业汇票一份，抵付前欠某单位货款。

（6）以银行存款偿还前欠某单位欠款5 000元。

（7）将一笔长期借款20 000元转为债权人对企业的投资。

要求：

（1）以上经济业务变动会引起哪些会计要素发生变化，属于经济业务类型的哪一种情况？

(2)计算该企业 2022 年 5 月末的资产、负债和所有者权益总额。

(3)写出上述经济业务的会计分录。

2. 广发公司 12 月 31 日有关账户的部分资料如表 3－14 所示，请计算并填空。

**表 3－14　　广发公司 12 月 31 日有关账户的部分资料**　　单位：元

| 账户名称 | 期初余额 | | 本期发生额 | | 期末余额 | |
|---|---|---|---|---|---|---|
| | 借　方 | 贷　方 | 借　方 | 贷　方 | 借　方 | 贷　方 |
| 固定资产 | 800 000 | | 440 000 | 20 000 | (　　) | |
| 银行存款 | 120 000 | | (　　) | 160 000 | 180 000 | |
| 应付账款 | | 160 000 | 140 000 | 120 000 | | (　　) |
| 短期借款 | | 90 000 | (　　) | 20 000 | | 60 000 |
| 应收账款 | (　　) | | 60 000 | 100 000 | 40 000 | |
| 实收资本 | | 700 000 | 0 | (　　) | | 1 240 000 |
| 其他应付款 | | 50 000 | 50 000 | 0 | | (　　) |
| 生产成本 | 200 000 | | 300 000 | 400 000 | (　　) | |

# 项目四　主要经济业务的会计核算训练

○ **知识目标**

◆ 能够理解企业主要经济业务背后的资金循环与周转

◆ 能够理解企业经济业务与会计账务处理之间的逻辑关系

◆ 能够识别企业生产经营过程中主要经济业务所涉及的账户及其对应关系

○ **能力目标**

◆ 掌握企业资金筹集、材料采购、产品生产、商品销售、利润形成及分配的核算方法

◆ 能够根据企业实际发生的经济业务，熟练运用借贷记账法编制会计分录

○ **思政目标**

◆ 理解企业诚信经营、依法纳税与职业素养的关系

◆ 培育会计从业人员严谨、细致、专业、精益求精的工匠精神

○ **重点难点**

◆ 掌握企业生产经营过程中主要经济业务账户的设置及其会计核算

## 任务引入

请班级同学以4～5人为一组，小组同学共同商议，选择一个感兴趣的行业模拟组建一家创业公司，通过调研了解这类企业主要经济业务的基本流程，以一个月为期限，模拟从创业到企业经营的各类经济业务，思考会计如何记录和反映这些经济业务，模拟会计核算的流程，并完成经济业务的会计核算工作。

企业是一种具有不同规模的经济组织，这个组织的存在主要是通过对各种资源的组合和处理向其他单位或个人(企业的顾客)提供需要的产品或服务。生产企业要开展生产经营活动，首先要筹集资金，资金投入企业后就开始了资金的周转运动。企业资金的周转将经历供应过程、生产过程、销售过程。产品实现销售以后，企业需计算盈亏，缴纳所得税，分配企业税后利润(即财务成果形成过程)等。根据这一资金运动的过程，企业在生产经营过程中发生的主要经济业务内容包括：(1)资金筹集业务；(2)供应过程业务；(3)生产过程业务；(4)销售过程业务；(5)财务成果形成与分配业务。

## 任务一　资金筹集业务的核算

企业为组织和进行生产经营活动，首先必须拥有符合国家规定并与生产经营规模相适应

的一定资金。因此,企业应按照有关规定从不同的渠道筹集资金,以满足生产经营的正常需要。目前,我国企业资金筹集渠道主要有两种方式:一是投资者的投资及其增值,形成投资者的权益,该部分业务可以称为所有者权益资金筹集业务,在会计上表现为企业的实收资本,构成所有者权益,因而又称为权益资金;二是从外部向债权人借入资金,在会计上表现为企业的短期借款、长期借款、应付债券等负债,因而又称为负债资金。

## 一、投资者投入资本的核算

(一)投资者投入资本概述

1. 实收资本

实收资本是指企业按照章程规定或合同、协议约定,接受投资者投入企业的资本。实收资本代表着一个企业的实力,是创办企业的“本钱”,反映企业的不同所有者通过投资而投入企业的外部资金来源。实收资本的构成比例或股东的股份比例,是确定所有者在企业所有者权益中份额的基础,也是企业进行利润或股利分配的主要依据。

### 知识拓展

我国《公司法》规定,股东可以用货币出资,也可以用实物、知识产权、土地使用权等能用货币估价并依法转让的非货币财产作价出资;但是,法律、行政法规规定不得作为出资的财产除外。企业应当对作为出资的非货币财产评估作价,核实财产,不得高估或者低估作价。法律、行政法规对评估作价有规定的,从其规定。

一般情况下,企业的实收资本应相对固定不变,但在某些特定情况下,实收资本也可能发生增减变化。

我国《企业法人登记管理条例施行细则》规定,除国家另有规定外,企业的注册资金应当与实收资本一致,当实收资本比原注册资金增加或减少超过20%时,应持资金使用证明或者验资证明,向原登记主管机关申请变更登记。如擅自改变注册资本或抽逃资金,要受到工商行政管理部门的处罚。

2. 资本公积

资本公积是指企业收到投资者出资额超出其在企业注册资本(或股本)中所占份额的部分,以及其他资本公积等。资本公积包括资本溢价(或股本溢价)和其他资本公积。资本溢价(或股本溢价)是企业收到投资者超出其在企业注册资本(或股本)中所占份额的投资。其他资本公积是指除资本溢价(或股本溢价)以外所形成的资本公积。资本公积的主要用途是用于转增资本,即在办理增资手续后用资本公积转增实收资本,按所有者原有投资比例增加投资人的实收资本。

(二)投入资本业务核算的账户设置

为核算和监督投资人的资本投入情况,应设置两个主要账户:“实收资本”(股份有限公司为“股本”)和“资本公积”,同时,在投资过程中还涉及“银行存款”“固定资产”“原材料”“无形资产”“盈余公积”等账户。

1."实收资本"(股本)账户

(1)账户性质:所有者权益类账户。

(2)核算内容:核算和监督企业实收资本的增减变化和结存情况。

(3)账户结构:本账户贷方登记企业收到投资者符合注册资本的出资额,其借方登记企业按照法定程序报经批准减少的注册资本额,期末余额在贷方,表示企业实有的资本额(如图4—1所示)。

(4)明细账户:企业应按照不同的投资者设置明细账户,进行明细核算。

| 借方　　　　实收资本 | 贷方 |
|---|---|
| 投资者按规定收回的金额 | 1. 实际收到投资者投入资本数额<br>2. 以资本公积或盈余公积转增资本额 |
| | 余额:期末拥有的实收资本总额 |

**图4—1　"实收资本"账户结构**

2."资本公积"账户

(1)账户性质:所有者权益类账户。

(2)核算内容:核算和监督资本公积的增减变动和结存情况。

(3)账户结构:本账户贷方登记从不同渠道取得的资本公积即资本公积的增加数,借方登记用资本公积转增资本等资本公积的减少数,期末余额在贷方,表示资本公积的期末结余数(如图4—2所示)。

(4)明细账户:该账户应设置"资本溢价(或股本溢价)"和"其他资本公积"两个明细账户。

| 借方　　　　资本公积 | 贷方 |
|---|---|
| 企业依法减少的资本公积等 | 由于资本溢价等形成的资本公积 |
| | 余额:企业资本公积的累计数 |

**图4—2　"资本公积"账户结构**

3."银行存款"账户

(1)账户性质:资产类账户。

(2)核算内容:核算和监督企业存入银行或其他金融机构的各种款项的增减变动情况。

(3)账户结构:本账户借方登记银行存款的增加额,贷方登记银行存款的减少额,期末借方余额反映银行存款的期末结存金额(如图4—3所示)。

(4)明细账户:该账户按开户银行和币种开设日记账。

| 借方　　　　银行存款 | 贷方 |
|---|---|
| 企业增加的银行存款 | 企业减少的银行存款 |
| 余额:企业银行存款的实有数 | |

**图4—3　"银行存款"账户结构**

(三)投入资本业务的账务处理

对于投资者投入的现金资本,股份有限公司应通过“股本”核算,其他各类企业应通过“实收资本”核算。企业收到投资者出资超过其在注册资本或股本中所占份额的部分,作为资本溢价或股本溢价,在“资本公积”账户核算。

**【例4—1】** 2022年3月1日,沪星公司接受大同公司的投资1 000 000元,款项通过银行划转。

该筹资业务一方面使公司的银行存款增加1 000 000元,记入“银行存款”账户的借方;另一方面使公司的所有者权益增加1 000 000元,记入“实收资本”账户的贷方。会计分录如下:

借:银行存款　　1 000 000

　　贷:实收资本——大同公司　　1 000 000

**【例4—2】** 2022年3月2日,沪星公司接受达美公司以一项专利技术作为投资,经投资双方共同确认价值为500 000元,已办完各种手续。

首先应判断专利技术属于无形资产,该筹资业务一方面使公司的无形资产增加500 000元,记入“无形资产”账户的借方;另一方面使公司的所有者权益增加500 000元,记入“实收资本”账户的贷方。会计分录如下:

借:无形资产　　500 000

　　贷:实收资本——达美公司　　500 000

**【例4—3】** 2022年3月3日,沪星公司接受华兴公司投入一台全新不需要安装的生产设备,投资合同约定其价值为900 000元(暂不考虑增值税)。假定合同约定的固定资产价值与公允价值相符。

该筹资业务一方面使公司的固定资产增加900 000元,记入“固定资产”账户的借方;另一方面使公司的所有者权益增加900 000元,记入“实收资本”账户的贷方。会计分录如下:

借:固定资产　　900 000

　　贷:实收资本——华兴公司　　900 000

**【例4—4】** 2022年3月3日,沪星公司接受昆仑公司的投资1 500 000元,其中1 000 000元作为注册资本,另500 000元作为资本公积,公司收到该投资者的投资后存入银行,其他手续已办妥。

这是一项接受投资而又涉及超过法定份额资本的业务。该筹资业务一方面使公司的银行存款增加1500 000元,记入“银行存款”账户的借方;另一方面使公司的实收资本增加1 000 000元,资本公积增加500 000元,分别记入“实收资本”账户和“资本公积”账户的贷方。会计分录如下:

借:固定资产　　1 500 000

　　贷:实收资本——昆仑公司　　1 000 000

　　　　资本公积——资本溢价　　500 000

**情景思考4—1**

甲有限责任公司发生如下经济业务,假定不考虑其他因素,请为甲有限责任公司编制相应的会计分录。

1. A、B、C 共同出资投资设立甲有限责任公司，注册资本为 2 000 000 元，款项通过银行收妥。A、B、C 持股比例分别为 50%、30%和 20%。按照章程规定，A、B、C 投入资本分别为 1 000 000 元、600 000 元和 400 000 元。甲有限责任公司已如期收到投资者一次缴足的款项。

情景思考4-1

2. 一年后，为扩大经营规模，经批准，甲有限责任公司注册资本加到 2 500 000 元，并引入第四位投资者 D 加入。按照投资协议，D 需缴入现金 800 000 元，同时享有该公司 20%的股份。甲有限责任公司已收到 D 的现金投资。

## 二、债权人借入资金的核算

（一）借入资金概述

企业在生产经营过程中，为弥补周转资金的不足，可以向银行或其他金融机构等债权人借入资金。借款期在 1 年（含 1 年）或长于 1 年的一个营业周期以下的各种借款为短期借款。借款期在 1 年或长于 1 年的一个营业周期以上的各种借款为长期借款。企业必须按照借款合同的规定，定期支付借款利息，按期偿还借款本金。

（二）借入资金业务核算的账户设置

为了反映企业借入资金的增减变动，企业在会计核算中需要设置“短期借款”和“长期借款”账户分别核算借款期限在 1 年（含 1 年）或长于 1 年的一个营业周期以内和 1 年或长于 1 年的一个营业周期以上的借款的借入和偿还情况。

1.“短期借款”账户

（1）账户性质：负债类账户。

（2）核算内容：核算和监督企业短期借款的借入和归还情况。

（3）账户结构：本账户贷方登记企业借入的短期借款，借方登记企业归还的短期借款。余额在贷方，反映企业尚未归还的短期借款本金（如图 4—4 所示）。

（4）明细设置：该账户按借款种类设置明细账，进行明细分类核算。

| 借方 | 短期借款 贷方 |
| --- | --- |
| 本期归还的短期借款数额 | 本期借入的短期借款数额 |
| | 余额：企业尚未归还的短期借款本金 |

**图 4—4 “短期借款”账户结构**

2.“长期借款”账户

（1）账户性质：负债类账户。

（2）核算内容：核算和监督企业长期借款的借入、应计利息和本息归还情况。

（3）账户结构：本账户贷方登记长期借款本息的增加额，借方登记本息的减少额，贷方余额表示企业尚未偿还的长期借款（如图 4—5 所示）。

（4）明细账户：该账户按照贷款单位和贷款种类设置明细账，分别按“本金”“利息调整”等进行明细核算。

| 借方　　　　长期借款 | 贷方 |
| --- | --- |
| 本期归还的长期借款本息 | 本期借入的长期借款及产生的应计利息 |
| | 余额:企业尚未归还的长期借款本息 |

**图 4—5　“长期借款”账户结构**

3.“应付利息”账户

(1)账户性质:负债类账户。

(2)核算内容:核算和监督企业按相关利率计算确定的利息费用。包括短期借款、长期借款和企业债券应支付的利息。

(3)账户结构:本账户贷方登记按月计算发生的利息费用;借方登记已支付的利息费用。期末贷方余额表示企业应付未付的利息费用(如图 4—6 所示)。

(4)明细账户:该账户按应付利息企业名称设置明细账户,进行明细分类核算。

| 借方　　　　应付利息 | 贷方 |
| --- | --- |
| 企业实际支付的利息费用 | 企业按相关利率计算确定的利息费用 |
| | 余额:企业应付未付的利息 |

**图 4—6　“应付利息”账户结构**

4.“财务费用”账户

(1)账户性质:损益类中的费用类账户。

(2)核算内容:核算和监督企业为筹集生产经营所需资金等而发生的筹资费用,包括利息支出(减利息收入)、汇兑损益以及相关的手续费、企业发生或收到的现金折扣等。

(3)账户结构:借方登记已发生的利息支出、汇兑损失及相关的手续费,贷方登记利息收入、汇兑收益及期末结转数,期末本账户余额应转入“本年利润”账户,结转后该账户应无余额(如图 4—7 所示)。

(4)明细账户:该账户应按财务费用的费用项目进行明细核算。

| 借方　　　　财务费用 | 贷方 |
| --- | --- |
| 利息支出、汇兑损失及相关的手续费 | 1. 利息收入、汇兑收益<br>2. 期末结转“本年利润”账户的财务费用 |

期末无余额

**图 4—7　“财务费用”账户结构**

(三)借入资金业务的账务处理

1. 短期借款业务的账务处理

(1)短期借款利息的确认与计量

短期借款必须按期归还本金并按时支付利息。短期借款的利息支出属于企业在理财活动过程中为筹集资金而发生的一项耗费,在会计核算中,企业应将其作为期间费用(财务费用)加以确认。由于短期借款利息的支付方式和支付时间不同,短期借款利息有两种会计处理方法:

①如果银行对企业的短期借款按月计收利息,或者在借款到期收回本金时一并收回利息,

但利息数额不大,企业可以在收到银行的计息通知或在实际支付利息时,直接将发生的利息费用计入当期损益(财务费用);

②如果银行对企业的短期借款采取按季或半年等较长期间计收利息,或者是在借款到期收回本金时一并计收利息,数额较大,为了合理地计算各期损益额,保持各个期间损益额的均衡性,企业通常按权责发生制核算基础的要求,采取预提的方法按月计提借款利息,计入各期损益(财务费用)。

短期借款利息的计算公式为:

短期借款利息=借款本金×利率×计息期限

(2)借入款项的核算

**【例4—5】** 2022年6月1日,沪星公司因生产经营的临时性需要,向银行申请取得期限为6个月的借款1 000 000元,存入银行。

该借款业务的发生,一方面使公司银行存款增加1 000 000元,记入"银行存款"账户的借方;另一方面公司的短期负债增加1 000 000元,记入"短期借款"账户的贷方。会计分录如下:

借:银行存款　　1 000 000

　　贷:短期借款　　1 000 000

(3)短期借款利息的核算

**【例4—6】** 承上例,2022年6月30日,沪星公司计提本月短期借款利息。借款合同约定,年借款利率为6%,到期一次还本付息。

首先应按照权责发生制核算基础的要求,计算本月应负担的利息为5 000元(1 000 000×6%÷12),计提利息时,一方面公司的利息费用增加5 000元,记入"财务费用"账户的借方;另一方面公司应付而未付利息增加5 000元,记入"应付利息"账户的贷方。会计分录如下:

借:财务费用　　5 000

　　贷:应付利息　　5 000

**【例4—7】** 承上例,假定2022年11月30日,沪星公司偿还全部短期借款本金和利息。

这里实际上可以看作发生了两笔经济业务,一笔为偿还借款本金业务,一笔为支付全部借款利息业务。

偿还本金业务的发生,一方面企业的短期负债减少1 000 000元,记入"短期借款"账户的借方;另一方面公司的银行存款减少1 000 000元,记入"银行存款"账户的贷方。会计分录为:

借:短期借款　　1 000 000

　　贷:银行存款　　1 000 000

支付全部借款利息业务的发生,一方面不但需要计算本月增加的财务费用5 000元,还需要支付前面5个月已经计提的利息25 000元(5 000×5),应分别记入"财务费用"和"应付利息"账户的借方;另一方面银行存款减少30 000元,应记入"银行存款"账户的贷方。

借:财务费用　　5 000

　　应付利息　　25 000

　　贷:银行存款　　30 000

2. 长期借款的账务处理

长期借款一般用于固定资产的购建、改扩建工程、大修理工程、对外投资等方面。

(1)长期借款利息的确认

长期借款利息费用应当在资产负债表日按照实际利率法计算确定,实际利率与合同利率差异较小的,也可以采用合同利率计算确定利息费用。长期借款计算确定的利息费用,应当按以下原则计入有关成本、费用:

①属于筹建期间的,计入管理费用;属于生产经营期间的,计入财务费用。

②如果长期借款用于购建固定资产等符合资本化条件的资产,在资产尚未达到预定可使用状态前,所发生的利息支出数应当资本化,计入在建工程等相关资产成本;资产达到预定可使用状态后发生的利息支出,以及按规定不能资本化的利息支出,计入财务费用。

长期借款按合同利率计算确定的应付未付利息,记入"应付利息"账户,借记"在建工程""财务费用""管理费用"等账户,贷记"应付利息"账户。

(2)借入款项核算

**【例4—8】** 2022年6月1日,沪星公司为集中购买一批材料向银行借入资金600 000元,借款期限3年,年利率为8%(不计复利),所借款项已存入银行。

该借款业务的发生,一方面使公司银行存款增加600 000元,记入"银行存款"账户的借方;另一方面公司的长期负债增加600 000元,记入"长期借款"账户的贷方。会计分录如下:

借:银行存款　　600 000

　　贷:长期借款　　6 000 000

**【例4—9】** 2022年6月30日,沪星公司计提长期借款利息。

该项经济业务中借入的长期借款用于企业的生产经营,产生的利息应计入财务费用。计提利息时,一方面公司的利息费用增加4 000元(600 000×8%÷12),记入"财务费用"账户的借方;另一方面公司应付而未付利息增加4 000元,记入"应付利息"账户的贷方。会计分录如下:

借:财务费用　　4 000

　　贷:应付利息　　4 000

该企业在2022年7月至2025年5月底,各月计提利息会计分录同上。

**情景思考4—2**

甲企业为增值税一般纳税人,2022年5月发生的资金筹集的经济业务如下,要求编制会计分录。

情景思考4-2

(1)5日,收到A公司作为资本投入的不需要安装的生产设备一台,合同约定该机器设备的价值为5 000 000元,增值税进项税额为650 000元(由投资方支付税款,并提供或开具增值税专用发票)。经约定,甲公司接受A公司的投入资本为5 650 000元,全部作为实收资本。合同约定的固定资产价值与公允价值相符,不考虑其他因素。

(2)9日,收到B公司作为资本投入的原材料一批,合同约定该批原材料的价值为1 000 000元,增值税进项税额为130 000元(由投资方支付税款,并提供或开具增值税专用发票)。经约定,甲公司接受B公司的投入资本为1 130 000元,全部作为实收资本。合同约定的价值与公允价值相符,不考虑其他因素。甲公司对原材料按实际成本进行日常核算。

# 任务二　供应过程的业务核算

供应过程中，企业为了保证正常生产经营，首先要做好生产的物资准备，即企业要建造厂房、建筑物，购置机器设备等固定资产，同时还应采购材料，形成生产的储备。在这一过程中，会计核算的内容包括固定资产购建业务和物资采购业务两方面内容。

## 一、购建固定资产的核算

### （一）固定资产概述

1. 固定资产的概念和特征

固定资产，是指企业为生产商品、提供劳务或经营管理而持有的，且使用寿命超过一个会计年度的有形资产。它必须同时具备以下两个特征：

（1）企业持有固定资产的目的，是用于生产商品、提供劳务、出租或经营管理的，而不是直接用于出售。其中，出租是指以经营租赁方式出租的机器设备等。

（2）企业使用固定资产的期限超过一个会计年度。这一特征表明企业固定资产属于非流动资产，其给企业带来的收益期超过一年，能在一年以上的时间里为企业创造经济利益。

固定资产的特点是使用期限长，单位价值高，能够连续参与若干生产经营过程，并在长期使用过程中保持原有的实物形态基本不变，其价值是随着生产经营活动的进行逐渐、部分地以折旧的形式转移到费用、成本中，并从销售收入中得到补偿。

2. 固定资产的分类

企业固定资产根据不同的管理需要和核算要求以及不同的分类标准，可以分为不同的类别。主要有以下几种分类方法：

（1）按经济用途分类

固定资产按经济用途分类，可分为生产经营用固定资产和非生产经营用固定资产。

（2）综合分类

固定资产按经济用途和使用情况进行综合分类，可分为七大类：

①生产经营用固定资产。

②非生产经营用固定资产。

③租出固定资产（指企业在经营租赁方式下出租给外单位使用的固定资产）。

④不需用固定资产。

⑤未使用固定资产。

⑥土地（指过去已经估价单独入账的土地。因征地而支付的补偿费，应计入与土地有关的房屋、建筑物的价格内，不单独作为土地价格入账。企业取得的土地使用权，应作为无形资产管理和核算，不作为固定资产管理和核算）。

⑦租入固定资产（指企业除短期租赁和低价值资产租赁租入的固定资产，该资产在租赁期内，应作为使用权资产核算和管理）。

3. 固定资产的初始计量

按照《企业会计准则第 4 号——固定资产》规定，固定资产应当按照取得成本计量。固定资产取得时的实际成本是指企业购建固定资产达到预定可使用状态前所发生的一切合理的、必要的支出，它反映的是固定资产处于可使用状态时的实际成本。企业的固定资产在达到预定可使用状态前发生的一切合理的、必要的支出中既有直接发生的，如支付的固定资产的买价、包装费、运杂费、安装费等，也有间接发生的，如固定资产建造过程中应予以资本化的借款利息等，这些直接和间接的支出对形成固定资产的生产能力都有一定的作用，理应计入固定资产的价值。一般来说，构成固定资产取得时实际成本的具体内容包括买价、运输费、保险费、包装费、安装成本、相关税费等，但不包括允许抵扣的增值税进项税额。

由于固定资产的来源渠道不同，其价值构成的具体内容也有所差异，固定资产取得时的入账价值应当根据具体情况分别确定：

(1)外购的固定资产，应按实际支付的购买价款、相关税费、使固定资产达到预定可使用状态前发生的可归属于该项资产的运输费、装卸费、安装费和专业人员服务费等，作为固定资产的取得成本。其中，相关税费不包括按照现行增值税制度规定，可以从销项税额中抵扣的增值税进项税额。

(2)自行建造的固定资产，应按建造该项资产达到预定可使用状态前所发生的必要支出作为入账价值。

(3)投资者投入的固定资产，应按投资各方签订的投资合同或协议约定的价值(不包括增值税)作为入账价格，合同或协议约定价格不公允的除外。

企业以一笔款项购入多项没有单独标价的固定资产，应将各项资产单独确认为固定资产，并按各项固定资产公允价值的比例分配总成本，分别确定各项固定资产的成本。

(二)固定资产账户设置

为了核算固定资产，企业一般需要设置"固定资产""累计折旧""在建工程""工程物资""固定资产清理"等账户，核算固定资产取得、计提折旧、处置等情况。

1."固定资产"账户

(1)账户性质：资产类账户。

(2)核算内容：核算和监督固定资产原始价值的增减变化和结存情况。

(3)账户结构：借方登记企业增加的固定资产原价，贷方登记企业减少的固定资产原价，期末借方余额，反映企业期末固定资产的账面原价(如图 4—8 所示)。

(4)明细账户：该账户应按固定资产类别、使用部门和每项固定资产进行明细核算。

| 借方　　　　　　　　　固定资产 | 贷方 |
|---|---|
| 因购入、接受投资等增加的固定资产原值 | 因出售、报废、毁损、投资转出等减少的固定资产原值 |
| 余额：企业实际拥有固定资产原值 | |

**图 4—8　"固定资产"账户结构**

2."在建工程"账户

(1)账户性质：资产类账户。

(2)核算内容：核算和监督企业基建、更新改造和设备安装工程等工程活动所发生的实际支出及其结转情况。

(3)账户结构:借方登记企业各项在建工程的实际支出,贷方登记完工工程转出的成本,期末借方余额反映企业尚未达到预定可使用状态的在建工程成本(如图 4—9 所示)。

(4)明细账户:该账户按照在建工程项目名称进行明细分类核算。

| 借方 在建工程 | 贷方 |
|---|---|
| 在建工程实际发生的各项支出 | 结转的完工在建工程成本 |
| 余额:反映企业尚未达到预定可使用状态的在建工程成本 | |

**图 4—9 “在建工程”账户结构**

3.“工程物资”账户

(1)账户性质:资产类账户。

(2)核算内容:核算和监督企业为在建工程而准备的各种物资的实际成本。

(3)账户结构:借方登记企业购入工程物资的成本,贷方登记领用工程物资的成本,期末借方余额,反映企业为在建工程准备的各种物资的成本(如图 4—10 所示)。

(4)明细账户:该账户按工程物资类别进行明细分类核算。

| 借方 工程物资 | 贷方 |
|---|---|
| 企业购入工程物资的成本 | 领用工程物资的成本 |
| 余额:企业为在建工程准备的各种物资的成本 | |

**图 4—10 “工程物资”账户结构**

4.“应交税费——应交增值税”账户

(1)账户性质:负债类账户。

(2)核算内容:用来核算一般纳税人进项税额、销项税额抵减、已交税金、转出未交增值税、减免税款、出口抵减内销产品应纳税额、销项税额、出口退税、进项税额转出、转出多交增值税等情况。

(3)账户结构:本账户借方登记准予抵扣的增值税进项税额和企业实际缴纳的增值税等,贷方登记企业销售商品代收代缴的增值税销项税额等,期末余额若在借方表示企业尚未抵扣的增值税,若在贷方表示企业尚未缴纳的增值税(如图 4—11 所示)。

(4)按增值税业务不同分别设置专栏,并采用多栏式明细账。在接受投资、购建固定资产和原材料采购业务中主要涉及借方的进项税额专栏。

| 借方 应交税费——应交增值税 | 贷方 |
|---|---|
| 1. 准予抵扣的增值税的进项税额<br>2. 实际缴纳的增值税等 | 增值税的销项税额等 |
| 余额:企业期末尚未抵扣的增值税 | 余额:企业期末尚未缴纳的增值税 |

**图 4—11 “应交税费——应交增值税”账户结构**

## 知识拓展

### 增值税及其账务处理

【增值税概念及其原理】

增值税(value-added tax,VAT)是以商品(含应税劳务、应税行为)在流转过程中实现的增值额作为计税依据而征收的一种流转税。增值税是对增值额征税,如某企业 100 元买进一件商品,200 元将其卖出,增值额为 100 元,如果该企业适用的增值税税率为 13%,则国家对增值额征收 13 元(100×13%)的增值税,即增值额乘以适用税率。这种差额征收可以避免重复征税,通过“道道征税,层层抵扣”的方法,实现“量能负担,公平税负”的目的。

增值税是一种价外税,不包含在产品价格中,在实际工作中,实行的是较为简化的扣税制,即用销项税额抵扣进项税额。

【纳税人】

在中华人民共和国境内销售货物或者加工、修理修配劳务,销售服务、无形资产、不动产以及进口货物的单位和个人。其中,“服务”是指提供交通运输服务、建筑服务、邮政服务、电信服务、金融服务、现代服务、生活服务。

【一般纳税人和小规模纳税人】

根据经营规模大小及会计核算水平的健全制度,增值税纳税人分为一般纳税人和小规模纳税人。

一般纳税人是指年应税销售额超过财政部、国家税务总局规定标准的增值税纳税人。小规模纳税人是指年应税销售额未超过规定标准,并且会计核算不健全,不能够提供准确税务资料的增值税纳税人。

【计税方法】

增值税的计税方法包括一般计税方法和简易计税方法。通常来说,一般纳税人适用一般计税方法,小规模纳税人适用简易计税方法。

一般计税方法的应纳税额是指当期销项税额抵扣当期进项税额后的余额。销项税额,是一般纳税人当期销售货物,提供加工、修理修配劳务和销售服务,无形资产、不动产时按照销售额(不含税)和增值税税率计算并收取的增值税额。进项税额,是指一般纳税人购进货物、加工修理修配劳务、应税服务、无形资产和不动产,支付或者负担的增值税额。

应纳税额=当期销项税额－当期进项税额

销项税额=不含税销售额×增值税税率

进项税额=买价×增值税税率

简易计税方法的应纳税额是指按照销售额(不含税)和增值税征收率(3%,财政部和国家税务总局另有规定的除外)计算的增值税额,不得抵扣进项税额。

应纳税额=不含税销售额×增值税税率

【增值税税率】

一般纳税人的增值税基本税率有 13%、9%和 6%。小规模纳税人的增值税征收率一般为 3%。

【增值税专用发票】

税务机关对增值税的征收和核算是通过增值税专用发票管控的。增值税专用发票的基本联次有三联，发票联作为购货方支付货款的原始凭证，金额是购买商品或劳务的成本，税额是增值税进项税额。记账联作为销货方的原始凭证，金额是销售商品或劳务取得的收入，税额是增值税销项税额。抵扣联需要经过税务机关认证后作为购货方抵扣销项税额的凭证。

购货方财务人员根据发票联，将金额计入商品或服务的成本，将增值税作为进项税额（留待与销项税额进行抵扣）；销货方财务人员根据记账联，将金额作为销售商品或服务取得的收入，将增值税额作为销项税额。

【账务处理】

1. 一般纳税人应交增值税的账务处理

（1）甲公司为增值税一般纳税人，适用的增值税税率为 13%，2022 年 3 月 5 日，购入商品一批，取得一张增值税专用发票，（发票联）上注明的价款为 100 000 元，税额 13 000 元，价税合计 113 000 元，商品已验收入库，全部款项已以银行存款支付。

| | | |
|---|---|---|
| 借：库存商品 | 100 000 | |
| 　　应交税费——应交增值税（进项税额） | 13 000 | |
| 　贷：银行存款 | | 113 000 |

（2）承上例，2022 年 3 月 28 日，甲公司将该批全部商品出售，开具的增值税专用发票上注明的价款为 200 000 元，税额 26 000 元，价税合计 226 000 元已存银行，提货单和增值税专用发票已交给买方。

| | | |
|---|---|---|
| 借：银行存款 | 226 000 | |
| 　贷：主营业务收入 | | 200 000 |
| 　　　应交税费——应交增值税（销项税额） | | 26 000 |

（3）交纳增值税。按照税法规定，增值税的缴纳时间一般是在取得增值税发票的次月，企业将取得的增值税专用发票抵扣联送税务机关稽核认证，只有经过认证的进项税额才可以作为销项税额的抵扣项抵扣，如果取得的是增值税普通发票，则支付的进项税额一般不能抵扣，需要计入采购成本。如果当期销项税额减去当期进项税额的差额为正，其差额则为当期需要向税务机关缴纳的增值税；如果当期销项税额减去进项税额为负数，则当期不需要缴纳增值税，其差额作为待抵扣进项税额在下期或者以后期间继续抵扣。实务中，增值税的计算与缴纳相对比较复杂，这里只简单介绍期末增值税的计算与缴纳。

①缴纳当月应交增值税的账务处理

企业缴纳当月应交的增值税，借记“应交税费——应交增值税（已交税金）”科目，贷记“银行存款”科目。

②缴纳以前期间未交增值税的账务处理

企业缴纳以前期间未交的增值税，借记“应交税费——未交增值税”科目，贷记“银行存款”科目。

③转出当月应交未交的增值税

企业当月应交未交的增值税，月末应转出，应借记“应交税费——应交增值税（转出未交增值税）”科目，贷记“应交税费——未交增值税”科目。

假定上述例题中的甲公司本月没有其他增值税相关业务，则 2022 年 3 月，甲公司当月发生的增值税销项税额合计为26 000元，增值税进项税额合计为13 000元。甲公司当月应交增值税计算结果为：

当月应交增值税=26 000-13 000=13 000(元)

若甲公司当月以银行存款缴纳应交增值税，则编制如下会计分录：

借：应交税费——应交增值税(已交税金)　　13 000

　　贷：银行存款　　13 000

若甲公司当月未缴纳增值税，则编制如下会计分录：

借：应交税费——应交增值税(转出未交增值税)　　13 000

　　贷：应交税费——未交增值税　　13 000

2. 小规模纳税人应交增值税的账务处理

乙公司为小规模纳税企业，适用增值税征收率为3%，现发生如下经济业务：

(1)购入原材料一批，取得的增值税专用发票上记载的原材料价款为30 000元，增值税额为3 900元，款项已用银行存款支付，材料验收入库(采用实际成本进行材料核算)。应编制如下会计分录：

借：原材料　　33 900

　　贷：银行存款　　33 900

(2)销售A产品300件，开出的普通发票中注明含税价格为61 800元，收到转账支票一张。应编制如下会计分录：

不含税销售额=61 800÷(1+3%)=60 000(元)

应交增值税额=60 000×3%=1 800(元)

借：银行存款　　61 800

　　贷：主营业务收入　　60 000

　　　　应交税费——应交增值税　　1 800

(3)月末，以银行存款缴纳增值税1 800元。

借：应交税费——应交增值税　　1 800

　　贷：银行存款　　1 800

(三)购建固定资产账务处理

1. 购入不需要安装的固定资产

企业购入不需要安装的固定资产，应按实际支付的买价、运杂费、进口关税等相关税费，以及为使固定资产达到预定可使用状态前所发生的可直接归属于该资产的其他支出，作为购入的固定资产原价入账，借记“固定资产”账户，购买固定资产取得的增值税专用发票上注明的增值税额，借记“应交税费——应交增值税(进项税额)”账户，贷记“银行存款”账户。

**【例4-10】** 2022年6月4日，沪星公司购入不需要安装的设备一台，取得的增值税专用发票注明价款为50 000元，增值税额6 500元，全部款项以银行存款支付，设备运达企业并达到预定可使用状态。

该项经济业务中购入的设备是不需要安装的，购买后就意味着达到了预定可使用状态，应直接通过“固定资产”账户核算。因此，这项采购业务一方面使固定资产增加50 000元，记入

“固定资产”账户的借方，取得的增值税专用发票上的税额 6 500 元作为进项税额记入“应交税费——应交增值税(进项税额)”账户的借方；另一方面银行存款减少 56 500 元，记入“银行存款”账户的贷方。会计分录如下：

借：固定资产　　50 000
　应交税费——应交增值税(进项税额)　　6 500
　贷：银行存款　　56 500

2. 购入需要安装的固定资产

核算流程：

(1)购入需要安装的固定资产应先通过“在建工程”账户核算，包括需要安装的固定资产的买价及各项支出均记入该账户的借方；

(2)在发生的安装费用时，记入“在建工程”账户借方；

(3)待设备安装完毕达到预定可使用状态时，按其实际成本由“在建工程”账户转入“固定资产”账户。

**【例 4—11】** 2022 年 6 月 5 日，沪星公司购入需要安装的机器一台，取得的增值税专用发票列明价款为 100 000 元，增值税额为 13 000 元，支付安装费并取得增值税专用发票，注明的安装费为 10 000 元，税率 9%，增值税税额 900 元。款项全部以银行存款支付。该机器安装完毕达到预定可使用状态。

(1)支付机器价款。该业务中购入的设备是需要安装的，未达到预定可使用状态，应先通过“在建工程”账户核算。因此，一方面使在建工程增加 100 000 元，记入“在建工程”账户的借方，设备进项税额 13 000 元记入“应交税费——应交增值税(进项税额)”账户的借方；另一方面使银行存款减少 113 000 元，记入“银行存款”账户的贷方。会计分录如下：

借：在建工程　　100 000
　应交税费——应交增值税(进项税额)　　13 000
　贷：银行存款　　113 000

(2)支付安装费。购进的设备在未达预定可使用状态前，在安装过程中发生的安装费也通过“在建工程”账户核算。同上，会计分录如下：

借：在建工程　　10 000
　应交税费——应交增值税(进项税额)　　900
　贷：银行存款　　10 900

(3)安装完毕达到预定可使用状态。设备安装完毕，达到预定可使用状态，意味着固定资产的取得成本已经形成，可以将全部工程支出转入“固定资产”账户，工程全部成本为 110 000 元(100 000+10 000)。因此，一方面固定资产增加 110 000 元，记入“固定资产”账户借方；另一方面使在建工程减少 110 000 元，记入“在建工程”账户贷方。会计分录如下：

借：固定资产　　110 000
　贷：在建工程　　110 000

**情景思考 4—3**

1. 甲公司为增值税一般纳税人，2022 年 3 月 7 日公司购入一台需要安装的设备，取得的增值税专用发票列明价款为 300 000 元，增值税额为 39 000 元。另支付包装费并取得增值税专用发票，注明包装费 5 000 元，税率 6%，增值税税额 300 元。3 月 8 日，设备安装，支付安装费并取得增值税专用发票，注明的安装费为 8 000 元，税率 9%，增值税税额 720 元。款项全部以银行存款支付。该机器安装完毕达到预定可使用状态。甲企业该如何编制会计分录？

情景思考4-3

2. 乙公司为增值税小规模纳税人，2022 年 3 月 10 日公司购入一台需要安装的设备，取得的增值税专用发票列明价款为 300 000 元，增值税额为 39 000 元。3 月 12 日，设备安装，支付安装费并取得增值税专用发票，注明的安装费为 8 000 元，税率 9%，增值税税额 720 元。款项全部以银行存款支付。该机器安装完毕达到预定可使用状态。乙企业该如何编制会计分录？

3. 自建的固定资产

企业自行建造的固定资产是指自行建造房屋、建筑物、各种设施，以及进行大型机器设备的安装工程（如大型生产线的安装工程）等，其成本由建造该项资产达到预定可使用状态前所发生的必要支出构成。

自建固定资产主要有自营工程和出包工程两种。采用的方式不同，其会计处理也不同，这里只介绍自营工程（动产），其主要包括以下几个方面：

(1)购入为工程准备的物资，按已认证的增值税专用发票上注明的价款和运杂费等，借记“工程物资”账户，按增值税专用发票上注明的增值税额，借记“应交税费——应交增值税（进项税额）”账户，按支付的价税款和运杂费用等，贷记“银行存款”等账户。

(2)领用工程物资时借记“在建工程”账户，贷记“工程物资”账户。

(3)发生的其他费用（如应负担的职工薪酬等），按实际发生额，借记“在建工程”账户，贷记“银行存款”（或“应付职工薪酬”）等账户。

(4)工程完工达到预定可使用状态时，企业应计算固定资产的实际成本，借记“固定资产”账户，贷记“在建工程”账户。

## 二、材料采购业务的核算

原材料是指企业在生产过程中经过加工改变其形态或性质并构成产品主要实体的各种原材料、主要材料和外购半成品，以及不构成产品实体但有助于产品形成的辅助材料。具体包括原料及主要材料、辅助材料、外购半成品（外购件）、修理用备件（备品备件）、包装材料、燃料等。

原材料的日常收发及结存，既可以采用实际成本核算，也可以采用计划成本核算。本节只介绍原材料采用实际成本核算的账务处理。原材料属于存货的一种，在入账价值的确定和发出的计量上是相同的，这里我们先介绍存货的相关知识。

（一）存货概述

1. 存货的定义

存货是指企业在日常活动中持有以备出售的产成品或商品、处在生产过程中的在产品、在生产过程或提供劳务过程中耗用的材料物料等。企业的存货通常包括原材料、在产品、半成品、产成品、商品以及周转材料、委托代销商品等。

2. 存货的入账价值的确定

按照《企业会计准则第1号——存货》中的规定，企业取得的存货应当按照成本进行初始计量。存货成本包括采购成本、加工成本和其他成本。

(1)外购存货的成本

外购存货的采购成本一般包括采购价格、进口关税和其他税金、运输费、装卸费、保险费以及其他可直接归属于存货采购的费用。

(2)加工存货的成本

存货的加工成本是指企业在进一步加工存货的过程中发生的追加费用，包括直接人工以及按照一定方法分配的制造费用。

(3)投资者投入存货的成本

投资者投入存货的成本，应按照投资合同或协议约定的价值确定，但合同或协议约定价值不公允的除外。

(4)盘盈存货的成本

盘盈的存货应当按照同类或类似存货的重置成本作为实际成本。

此外，存货按来源分还有委托加工的存货、接受捐赠的存货、债务重组取得的存货以及非货币性资产交换换入的存货等，应按相关会计准则的规定正确确定其入账价值，这里不做介绍。

(二)外购原材料的成本

根据上述存货入账价值的确定，外购原材料的成本构成如下：

(1)买价，即销货单位开出的发票价格。

(2)运杂费，即从销货单位运达企业仓库所发生的包装、运输、搬运、整理等费用。

(3)按规定计入成本的税金，如资源税、消费税和进口关税等，但不包括可以抵扣的增值税进项税额。

(4)运输过程中的合理损耗和因挑选整理而发生的毁损费用。

采购人员的差旅费、零星市内的运杂费和企业仓库的保管费，一般作为企业管理费用处理，不计入原材料采购成本。

(三)材料核算的账户设置

1."原材料"账户

(1)账户性质：资产类账户。

(2)核算内容：核算和监督企业库存原材料的收入、发出和结存情况。

(3)账户结构：本账户按实际成本核算时，借方登记入库原材料的实际成本，贷方登记发出原材料的实际成本，期末余额在借方，表示库存原材料的实际成本(如图4—12所示)。

(4)明细账户：该账户按材料物资的种类、品名、规格设置明细账户，进行明细分类核算。明细分类账户采用数量、金额双重登记。

| 借方　　　　原材料 | 贷方 |
|---|---|
| 验收入库原材料的实际成本 | 发出原材料的实际成本 |
| 余额：库存原材料的实际成本 | |

**图4—12 "原材料"账户结构**

2.“在途物资”账户

(1)账户性质:资产类账户。

(2)核算内容:核算和监督企业购入尚未到达或尚未验收入库的各种材料物资的实际成本。

(3)账户结构:本账户借方登记企业购入材料物资但是尚未入库的实际成本,贷方登记验收入库的材料物资的实际成本,期末余额在借方,表示在途物资的实际成本(如图 4—13 所示)。

(4)明细账户:该账户按原材料的种类、品名、规格设置明细账户,进行明细分类核算。明细分类账户采用数量、金额双重登记。

| 借方 | 在途物资 贷方 |
| --- | --- |
| 企业购入材料物资但是尚未入库的实际成本 | 验收入库的材料物资的实际成本 |
| 余额:在途物资的实际成本 | |

**图 4—13 “在途物资”账户结构**

3.“应付账款”账户

(1)账户性质:负债类账户。

(2)核算内容:核算和监督企业因购买材料、商品和接受劳务等经营活动应支付的款项。

(3)账户结构:本账户贷方登记企业因购买材料、商品和接受劳务等经营活动尚未支付的款项,借方登记偿还的应付账款,期末余额一般在贷方,反映企业尚未支付的应付账款(如图 4—14 所示)。

(4)明细账户:该账户按各供应单位名称设置明细分类账户,进行明细分类核算。

| 借方 | 应付账款 贷方 |
| --- | --- |
| 企业偿还的应付账款 | 企业增加的尚未支付的应付账款 |
| | 余额:企业尚未支付的应付账款 |

**图 4—14 “应付账款”账户结构**

4.“应付票据”账户

(1)账户性质:负债类账户。

(2)核算内容:用来核算企业因采购材料、物资和接受劳务供应而开出、承兑的商业汇票的结算。

(3)账户结构:本账户贷方登记企业开出、承兑的应付票据的金额,借方登记应付票据已偿付金额,余额在贷方,表示企业尚未偿付的应付票据(如图 4—15 所示)。

(4)明细账户:该账户按债权人设置明细分类账户,进行明细分类核算。

| 借方 | 应付票据 贷方 |
| --- | --- |
| 应付票据已偿付金额 | 企业开出、承兑的应付票据的金额 |
| | 余额:企业尚未偿付的应付票据 |

**图 4—15 “应付票据”账户结构**

5.“预付账款”账户

(1)账户性质:资产类账户。

(2)核算内容:核算和监督企业因采购材料物资或接受劳务,而按照合同规定预付的款项。预付款项不多的,也可以不设置本账户,而将预付的款项直接记入“应付账款”账户的借方。

(3)账户结构:本账户的借方登记预付的款项及补付的款项,贷方登记收到所购物资是根据有关发票账单记入“原材料”账户的金额及收回多付款项的金额。如果期末余额在借方,反映企业实际预付的款项;如果期末余额在贷方,则反映企业应付或补付的款项(如图4—16所示)。

(4)明细账户:该账户按各供应单位名称设置明细分类账户,进行明细分类核算。

| 借方　　　　预付账款 | 贷方 |
|---|---|
| 预付或补付给供应单位的款项 | 结转所购材料物资的金额及退回多付的金额 |
| 余额:实际预付的款项 | 余额:企业应付或补付的款项 |

**图4—16 “预付账款”账户结构**

(四)材料采购业务的核算

企业从外部购入的材料,由于采用的结算方式不同,原材料入库的时间与付款的时间可能一致,也可能不一致,因此,在会计处理上也有所不同,主要存在以下4种情况:

1. 材料已验收入库,货款已经支付或已经开出、承兑商业汇票

**【例4—12】** 2022年6月5日,沪星公司购入甲材料一批,增值税专用发票上注明的价款为90 000元,增值税税额为11 700元,材料已验收入库,货款已通过转账支票付讫。

该项经济业务属于发票账单与材料同时到达的采购业务,材料已验收入库,应通过“原材料”账户核算。因此,一方面原材料增加90 000元,记入“原材料”账户的借方,取得的增值税专用发票上的税额11 700元作为进项税额,记入“应交税费——应交增值税(进项税额)”账户的借方;另一方面,银行存款减少101 700元,记入“银行存款”账户的贷方。会计分录如下:

借:原材料——甲材料　　90 000
　　应交税费——应交增值税(进项税额)　　11 700
　贷:银行存款　　101 700

2. 货款已经支付或已开出、承兑商业汇票,材料尚未到达或尚未验收入库

**【例4—13】** 2022年6月6日,沪星公司向A企业购入乙材料一批,取得的专用发票上注明价款税额为60 000元,增值税税额为7 800元,材料尚未到达,相关款项以一张6个月的商业承兑汇票结算。

该项经济业务属于已经付款或已开出、承兑商业汇票,但材料尚未到达或尚未验收入库的采购业务。材料尚未验收入库,应先通过“在途物资”账户核算。因此,一方面在途物资增加60 000元,记入“在途物资”账户借方,取得的增值税专用发票上的税额7 800元作为进项税额,记入“应交税费——应交增值税(进项税额)”账户的借方;另一方面,开出的6个月期限的商业承兑汇票导致企业应付票据增加67 800元,记入“应付票据”账户贷方。会计分录如下:

借:在途物资——乙材料　　60 000
　　应交税费——应交增值税(进项税额)　　7 800
　贷:应付票据　　67 800

**【例 4—14】** 承上例，2022 年 6 月 8 日，沪星公司上述购入的乙材料已收到，并验收入库。

该经济业务中，材料到货并验收入库，应通过“原材料”账户核算。因此，一方面原材料增加 60 000 元，记入“原材料”账户的借方；另一方面，在途物资减少 60 000 元，记入“在途物资”账户的贷方。会计分录如下：

借：原材料——乙材料　　60 000

　　贷：在途物资——乙材料　　60 000

3. 材料已验收入库，货款尚未支付

**【例 4—15】** 2022 年 6 月 8 日，沪星公司采用托收承付结算方式从 B 公司购入甲材料一批，增值税专用发票注明价款为 50 000 元，增值税税额为 6 500 元。银行的结算凭证已到，款项尚未支付，材料已验收入库。

这项经济业务中，一方面原材料增加 50 000 元，记入“原材料”账户的借方，增值税税额 6 500 元作为进项税额，记入“应交税费——应交增值税(进项税额)”账户的借方；另一方面，由于货款未付导致应付账款增加 56 500 元，记入“应付账款”账户的贷方。会计分录如下：

借：原材料——甲材料　　50 000

　　应交税费——应交增值税(进项税额)　　6 500

　　贷：银行存款　　56 500

**【例 4—16】** 2022 年 6 月 9 日，沪星公司从 C 公司购入丙材料一批，材料已验收入库，月末发票账单尚未收到，暂估价为 55 000 元。

对这类经济业务，因发票账单未到难以确定实际成本，期末应按照暂估价先入账。在下月月初，用红字冲销原暂估入账金额，待收到发票账单后再按照实际金额入账。因此，该经济业务中，一方面原材料按照暂估价入账，增加 55 000 元，记入“原材料”账户借方；另一方面，货款未付，暂估应付账款增加 55 000 元，贷记“应付账款——暂估应付账款”账户贷方。会计分录如下：

借：原材料——丙材料　　55 000

　　贷：应付账款——暂估应付账款　　55 000

下月月初，用红字冲销原暂估金额：

借：原材料——丙材料　　[55 000]

　　贷：应付账款——暂估应付账款　　[55 000]

**【例 4—17】** 承上例，上述沪星公司购入的丙材料于次月收到发票账单，增值税专用发票注明价款为 51 000 元，增值税税额为 6 630 元，已用银行存款付讫。

该经济业务中，沪星公司丙材料已验收入库，发票账单也收到了，业务同前第一种情况，会计分录如下：

借：原材料——丙材料　　51 000

　　应交税费——应交增值税(进项税额)　　6 630

　　贷：银行存款　　57 630

4. 货款已经预付，材料尚未验收入库

**【例 4—18】** 2022 年 6 月 9 日，沪星公司与 B 企业(为增值税一般纳税人)签订购销合同，合同规定，公司为购买甲材料向B企业预付400 000元货款的60%，计240 000元，货款已通过汇兑方式汇出。

该项经济业务中，由于企业是通过预付款方式购买原材料，预先支付的货款应通过“预付账款”账户核算。一方面预付账款增加240 000元(400 000×60%)，记入“预付账款”账户借方；另一方面银行存款减少240 000元，记入“银行存款”账户贷方。会计分录如下：

借：预付账款——B企业　　240 000
　贷：银行存款　　240 000

**【例4—19】** 承上例，2022年6月15日，沪星公司收到B企业发来的甲材料，已验收入库，取得的增值税专用发票注明的价款为400 000元，增值税税额为52 000元，所欠款项以银行存款付讫。

(1)材料验收入库时。这里要注意，由于本次材料是通过预付款方式购买的，因此在核算中，仍应通过“预付账款”账户核算。会计分录如下：

借：原材料——甲材料　　400 000
　　应交税费——应交增值税(进项税额)　　52 000
　贷：预付账款——B企业　　452 000

(2)补付货款时。该经济业务中，补付的款项为212 000元(452 000—240 000)，一方面冲销预付账款的贷方余额212 000元，记入“预付账款”账户借方；另一方面银行存款减少，记入“银行存款”账户贷方。会计分录如下：

借：预付账款——B企业　　212 000
　贷：银行存款　　212 000

## 思政链接

“减税降费”包括“税收减免”和“取消或停征行政事业性收费”两部分。具体地讲，“税收减免”就是减免相关增值税、所得税等税费或降低增值税、所得税等相关税种的税率，从而降低或免除纳税人的税收负担；“取消或停征行政事业性收费”，就是取消、停征和免征一批行政事业性收费，即取缔各种未经国务院和省级人民政府及其财政、价格主管部门批准，越权设立的行政事业性收费。通过“减税降费”能够促进企业生产发展，拉动市场消费，使国内经济继续保持增长动力。

2019年普惠性与结构性减税并重。1月1日，新个人所得税法全面实施。2019年个人所得税的免征额从3 500元提升到了5 000元，子女教育支出、继续教育支出、大病医疗支出、住房租金支出、住房贷款利息支出、赡养老人支出六个项目的费用在税前进行专项附加扣除。4月1日，深化增值税改革，将制造业等行业16%的税率降至13%，将交通运输业、建筑业等行业10%的税率降至9%，保持6%一档的税率不变，但通过采取对生产、生活性服务业增加税收抵扣等配套措施，确保所有行业税负只减不增，继续向推进税率三档并两档、税制简化方向迈进。5月1日，下调城镇职工基本养老保险单位缴费比例，各地可降至16%。这次减税，着眼“放水养鱼”、增强发展后劲并考虑财政可持续性，是减轻企业负担、激发市场活力的重大举措，是完善税制、优化收入分配格局的重要改革，是宏观政策支持稳增长、保就业、调结构的重大决策。2020年1月6日，国家税务总局表示，2019年全年，我国实现新增减税降费超过2万亿元。

2021年政府工作报告中涉减税政策主要有三项：一是将小规模纳税人增值税起征点从月销售额10万元提高到15万元；二是对小微企业和个体工商户年应纳税所得额不到100万元的部分，在现行优惠政策基础上，再减半征收所得税，该部分所得的税负仅为2.5%；三是延续执行企业研发费用加计扣除75%的政策，并将制造业企业加计扣除比例提高到100%。

2022年政府工作报告指出，2021年新增减税降费超过1万亿元，还对制造业中小微企业、煤电和供热企业实施阶段性缓缴税费。实践表明，减税降费是助企纾困直接有效的办法，实际上也是“放水养鱼”、涵养税源，2013年以来新增的涉税市场主体去年纳税达到4.76万亿元。

资料来源：根据网站相关资料整理。

**情景思考4—4**

甲企业为增值税一般纳税人，原材料按实际成本核算。2022年1月5日购入原材料5 000吨，取得的增值税专用发票注明买价200 000元，增值税额为26 000元，入库前发生的挑选整理费用为2 000元。全部款项已以转账支票支付，原材料运抵企业后验收入库4 990吨，运输途中合理损耗10吨。

情景思考4-4

要求：(1)确定验收入库原材料的成本，并编制相关会计分录。(2)计算验收入库原材料的单位成本。

## 任务三　生产过程的业务核算

生产过程即产品的制造过程，是从投入原材料要素、经过工人生产加工，到产品完工验收入库的全过程。生产过程实际是资源耗费的过程，既有劳动资料的耗费，又有劳动对象的耗费；既有物化劳动的耗费，又有活劳动的耗费。生产过程在发生各种耗费的同时，生产出产品。所以，生产过程是资源耗费过程与产品生产过程的统一。

企业在生产过程中发生的，用货币形式表现的生产耗费称作生产费用。生产费用按其计入产品成本的方式不同，可以分为直接费用和间接费用。直接费用是指企业生产产品过程中实际消耗的直接材料和直接人工。间接费用是指企业为生产产品和提供劳务而发生的各项间接支出，通常称为制造费用。

直接材料，是指企业在生产产品和提供劳务的过程中所消耗的，直接用于产品生产，构成产品实体的各种原材料、主要材料、外购半成品以及有助于产品形成的辅助材料等。

直接人工，是指企业在生产产品和提供劳务的过程中，直接从事产品生产的工人工资、津贴、补贴和福利费等薪酬内容。

制造费用，是指企业为生产产品和提供劳务而发生的各项间接费用，其构成内容比较复杂，包括间接的职工薪酬、折旧费、办公费、水电费、机物料消耗、季节性停工损失等。

## 一、领用材料业务核算

(一)发出存货的计量

企业会计准则规定,企业领用发出的存货,按照实际成本核算的,可以采用先进先出法、月末一次加权平均法、移动加权平均法、个别计价法等方法确定其实际成本。计价方法经选用,不得随意变更。

**【例4—20】** 宏瑞公司的甲材料在2022年6月1日的期初存货为300件,单价为20元,金额为6 000元。6月甲材料的收发情况如表4—1所示。

**表4—1** **甲材料收发数量一览表**

| 2022年 | | 购入、发出甲材料 | | |
|---|---|---|---|---|
| 月 | 日 | 数量(件) | 单价(元) | 金额(元) |
| 6 | 5 | 购入200 | 25 | 5 000 |
| 6 | 10 | 购入500 | 22 | 11 000 |
| 6 | 13 | 发出350 | | |
| 6 | 18 | 购入300 | 28 | 8 400 |
| 6 | 25 | 发出500 | | |

要求:分别采用先进先出法、月末一次加权平均法、移动加权平均法计算本期发出存货成本和期末结存存货成本。

1. 先进先出法

先进先出法是假定先收到的存货先发出,或先收到的存货先耗用,并根据这种假定的存货流转次序对发出存货和期末存货进行计价的方法。具体做法是:收到有关存货时,逐笔登记每一批存货的数量、单价和金额;发出存货时,按照先进先出法的原则计价,登记存货的发出成本和结存金额。需要说明的是,假定先入库的先发出,纯粹是为了计价,与存货实际入库和发生次序没有关系。

先进先出法的优点是在物价上涨或下跌时,期末库存存货的成本接近市价。缺点是一次发出存货涉及不同批次、不同单价的,需要按两个以上不同的单价计算存货的发出成本,计价较为复杂。

【例4—20】采用先进先出法的计算结果如表4—2所示。

**表4—2** **甲材料明细分类账**

(先进先出法) 金额单位:元

| 2022年 | | 凭证号码 | 摘要 | 收入 | | | 发出 | | | 结存 | | |
|---|---|---|---|---|---|---|---|---|---|---|---|---|
| 月 | 日 | | | 数量 | 单价 | 金额 | 数量 | 单价 | 金额 | 数量 | 单价 | 金额 |
| 6 | 1 | 略 | 期初余额 | | | | | | | 300 | 20 | 6 000 |
| 6 | 5 | | 购入 | 200 | 25 | 5 000 | | | | 300<br>200 | 20<br>25 | 6 000<br>5 000 |

续表

| 2022年 | | 凭证号码 | 摘要 | 收入 | | | 发出 | | | 结存 | | |
|---|---|---|---|---|---|---|---|---|---|---|---|---|
| 月 | 日 | | | 数量 | 单价 | 金额 | 数量 | 单价 | 金额 | 数量 | 单价 | 金额 |
| 6 | 10 | | 购入 | 500 | 22 | 11 000 | | | | 300<br>200<br>500 | 20<br>25<br>22 | 6 000<br>5 000<br>11 000 |
| 6 | 13 | | 发出 | | | | 300<br>50 | 20<br>25 | 6 000<br>1 250 | 150<br>500 | 25<br>22 | 3 750<br>11 000 |
| 6 | 18 | | 购入 | 300 | 28 | 8 400 | | | | 150<br>500<br>300 | 25<br>22<br>28 | 3 750<br>11 000<br>8 400 |
| 6 | 25 | | 发出 | | | | 150<br>350 | 25<br>22 | 3 750<br>7 700 | 150<br>300 | 22<br>28 | 3 300<br>8 400 |

本月发出存货的成本＝(300×20＋50×25)＋(150×25＋350×22)＝18 700(元)

月末结存存货成本＝6 000＋(5 000＋11 000＋8 400)－18 700＝11 700(元)

2. 月末一次加权平均法

月末一次加权平均法是以期初存货数量和本期收入存货数量为权数，于月末一次计算存货平均单价，据以计算当月发出存货和月末结存存货实际成本的方法，其计价公式为：

存货单位成本＝(月初结存存货成本＋本月收入存货成本)/(月初结存存货数量＋本月收入存货数量)

本月发出存货成本＝本月发出存货数量×存货单位成本

本月月末结存存货成本＝月末结存存货数量×存货单位成本

或：

本月月末结存存货成本＝月初结存存货成本＋本月收入存货成本－本月发出存货成本

【例4－20】采用月末一次加权平均法的计算结果如表4－3所示。

**表4－3** **甲材料明细分类账**

(月末一次加权平均法)

金额单位：元

| 2022年 | | 凭证号码 | 摘要 | 收入 | | | 发出 | | | 结存 | | |
|---|---|---|---|---|---|---|---|---|---|---|---|---|
| 月 | 日 | | | 数量 | 单价 | 金额 | 数量 | 单价 | 金额 | 数量 | 单价 | 金额 |
| 6 | 1 | 略 | 期初余额 | | | | | | | 300 | 20 | 6 000 |
| 6 | 5 | | 购入 | 200 | 25 | 5 000 | | | | 500 | | |
| 6 | 10 | | 购入 | 500 | 22 | 11 000 | | | | 1 000 | | |
| 6 | 13 | | 发出 | | | | 350 | | | 650 | | |
| 6 | 18 | | 购入 | 300 | 28 | 8 400 | | | | 950 | | |
| 6 | 25 | | 发出 | | | | 500 | | | 450 | | |
| 6 | 30 | | 本期发生额及余额 | 1 000 | | 24 400 | 850 | 23.38 | 19 873 | 450 | 23.38 | 10 521 |

存货单位成本＝(6 000＋24 400)/(300＋1 000)＝23.38(元)

本月发出存货成本＝850×23.38 ＝19 873(元)

月末结存存货成本＝6 000＋24 400－19 873＝10 527(元)

3. 移动加权平均法

移动加权平均法是指在每次收入存货以后就计算出新的平均单位成本的一种方法，即本批收入存货的成本加原有库存的成本，除以本批收入存货数量加原有库存数量，据以计算加权平均单价，并对发出存货进行计价。其计算公式为：

存货单位成本＝(原有结存存货成本＋本次收入存货的成本)/(原有结存存货数量＋本次收入存货数量)

本次发出存货成本＝本次发出存货数量×本次发货前存货的单位成本

本月月末结存存货＝月末结存存货的数量×本月月末存货单位成本

或：

本月月末结存存货成本＝月初结存存货成本＋本月收入存货成本－本月发出存货成本

【例 4－20】采用移动加权平均法的计算结果如表 4－4 所示。

**表 4－4** 甲材料明细分类账

（移动加权平均法）

金额单位：元

| 2022 年 | | 凭证号码 | 摘要 | 收入 | | | 发出 | | | 结存 | | |
|---|---|---|---|---|---|---|---|---|---|---|---|---|
| 月 | 日 | | | 数量 | 单价 | 金额 | 数量 | 单价 | 金额 | 数量 | 单价 | 金额 |
| 6 | 1 | 略 | 期初余额 | | | | | | | 300 | 20 | 6 000 |
| 6 | 5 | | 购入 | 200 | 25 | 5 000 | | | | 500 | 22.00 | 11 000 |
| 6 | 10 | | 购入 | 500 | 22 | 11 000 | | | | 1 000 | 22.00 | 22 000 |
| 6 | 13 | | 发出 | | | | 350 | 22 | 7 700 | 650 | 22.00 | 14 300 |
| 6 | 18 | | 购入 | 300 | 28 | 8 400 | | | | 950 | 23.89 | 22 696 |
| 6 | 25 | | 发出 | | | | 500 | 23.89 | 11 945 | 450 | 23.89 | 10 751 |
| 6 | 30 | | 本期发生额及余额 | 1 000 | | 24 400 | 850 | | 19 645 | 450 | 23.89 | 10 755 |

6 月 5 日购入存货后的平均单位成本＝(300×20＋200×25)/(300＋200)＝22(元)

6 月 10 日购入存货后的平均单位成本＝(500×22＋500×22)/(500＋500)＝22(元)

6 月 13 日发出存货成本＝350×22＝7 700(元)

6 月 18 日购入存货后的平均单位成本＝(650×22＋300×28)/(650＋300)＝23.89(元)

6 月 25 日发出存货成本＝500×23.89＝11 945(元)

本月月末结存存货成本＝6 000＋24 400－(7700＋11 945)＝10 755(元)

4. 个别计价法

个别计价法是以每一批存货的实际进价作为该批发出存货成本的一种方法。其计算公式为：

每批存货发出成本＝每批存货发出数量×该批存货实际进货单价

采用个别计价法，财会部门应按存货购进批次设置存货明细账，业务部门应在发货单上注明批次，仓库部门应按库存购进批次分别堆放。个别计价法便于逐笔结转发出存货成本，计算比较准确，但工作量较大，适用于进货批次少，能分清批次发货的品种。

（二）主要账户设置

企业购买的原材料主要用于生产。通常生产产品领用材料应计入产品的成本，但是企业中的其他部门，如行政管理部门或销售部门也可能领用原材料，这部分不应计入产品的成本，应记入企业的期间费用。

1."生产成本"账户

(1)账户性质：成本类账户。

(2)核算内容：核算和监督企业进行工业性生产所发生的各项生产成本，包括生产各种产品(产成品、自制半成品等)、自制材料、自制工具、自制设备等。

(3)账户结构：本账户借方登记月份内发生的直接生产费用和月末分配转入的间接生产费用，贷方登记结转生产完成并已验收入库的产成品以及入库的自制半成品成本。余额在借方，表示企业尚未加工完成的在产品成本(如图 4－17 所示)。

(4)明细账户：该账户可按基本生产成本和辅助生产成本进行明细核算。基本生产成本应当分别按照基本生产车间和成本核算对象(产品的品种、类别、订单、批别、生产阶段等)设置明细账(或成本计算单，下同)，并按照规定的成本项目设置专栏。

| 借方　　　　生产成本 | 贷方 |
|---|---|
| 发生的直接生产费用和分配转入的间接生产费用 | 产品完工结转的成本 |
| 余额：尚未完工的在产品成本 | |

**图 4－17　"生产成本"账户结构**

2."制造费用"账户

(1)账户性质：成本类账户。

(2)核算内容：核算和监督企业生产车间(部门)为生产产品和提供劳务而发生的各项间接费用。

(3)账户结构：本账户的借方登记生产车间发生的机物料消耗、管理人员的工资等职工薪酬、计提的固定资产折旧、支付的办公费、水电费等、发生季节性的停工损失等。贷方登记月末分配转入各种产品生产成本的金额，期末一般无余额(如图 4－18 所示)。

(4)明细账户：该账户可按不同的生产车间、部门和费用项目进行明细核算。

| 借方　　　　制造费用 | 贷方 |
|---|---|
| 本期发生的各项间接生产费用 | 分配转入生产成本的金额 |

期末结转后一般无余额

**图 4－18　"制造费用"账户结构**

3."管理费用"账户

(1)账户性质：损益类中的费用类账户。

(2)核算内容:核算管理费用的发生和结转情况,用来核算企业行政管理部门为组织和管理生产经营活动所发生的管理费用(如行政管理人员工资、行政管理部门领用的材料、管理部门的固定资产折旧费、修理费和办公费等)。

(3)账户结构:本账户借方登记企业发生的各项管理费用,贷方登记期末转入"本年利润"账户的管理费用,结转后该账户应无余额(如图 4—19 所示)。

(4)明细账户:该账户应按管理费用的费用项目进行明细核算。

| 借方 | 管理费用 贷方 |
| --- | --- |
| 本期发生的各项管理费用 | 分配转入的"本年利润"金额 |

期末结转后一般无余额

**图 4—19 "管理费用"账户结构**

(三)领用材料主要经济业务核算

**【例 4—21】** 2022 年 6 月 28 日,沪星公司根据当月领料凭证编制领料凭证汇总表(如表 4—5 所示)。生产 A 产品耗用甲材料 4 000 千克,单价 25 元;生产 B 产品耗用乙材料 2 000 千克,单价 30 元;车间管理一般耗用丙材料 2 000 千克,单价 20 元;管理部门领用甲材料 600 千克。

**表 4—5** **领料凭证汇总表**

2022 年 6 月 单位:元

| 项 目 | 甲材料 | 乙材料 | 丙材料 | 合 计 |
| --- | --- | --- | --- | --- |
| A 产品耗用 | 100 000 | | | 100 000 |
| B 产品耗用 | | 60 000 | | 60 000 |
| 车间一般耗用 | | | 40 000 | 40 000 |
| 管理部门 | 15 000 | | | 15 000 |
| 合 计 | 115 000 | 60 000 | 40 000 | 215 000 |

该经济业务为领用材料的业务,领用材料应按照受益原则记入相应的成本或费用类账户。本经济业务一方面耗用材料导致成本费用的增加,根据领用部门记入不同的成本费用账户的借方:(1)生产某种产品领用的应记入"生产成本"账户;(2)生产车间管理领用的应记入"制造费用";(3)管理部门领用的应记入"管理费用"账户。另一方面原材料的减少,应记入"原材料"账户的贷方。会计分录如下:

借:生产成本——A 产品 100 000
　　　　——B 产品 60 000
　制造费用 40 000
　管理费用 15 000
　贷:原材料——甲材料 115 000
　　　　——乙材料 60 000
　　　　——丙材料 40 000

## 二、职工薪酬的核算

(一)职工薪酬概述

职工薪酬，是指企业为获得职工提供的服务或解除劳动关系而给予的各种形式的报酬或补偿。职工薪酬包括短期薪酬、离职后福利、辞退福利和其他长期职工福利。企业提供给职工配偶、子女、受赡养人、已故员工遗属及其他受益人等的福利，也属于职工薪酬。这里所称的“职工”主要包括三类人员：

(1)与企业订立劳动合同的所有人员，含全职、兼职和临时职工。

(2)未与企业订立劳动合同，但由企业正式任命的企业治理层和管理层人员，如董事会成员、监事会成员等。

(3)在企业的计划和控制下，虽未与企业订立劳动合同或未由其正式任命，但向企业所提供服务与职工所提供服务类似的人员，也属于职工的范畴，包括通过企业与劳务中介公司签订用工合同而向企业提供服务的人员。

1. 短期薪酬

短期薪酬，是指企业在职工提供相关服务的年度报告期间结束后 12 个月内需要全部予以支付的职工薪酬，因解除与职工的劳动关系给予的补偿除外。短期薪酬具体包括：

(1)职工工资、奖金、津贴和补贴，是指企业按照构成工资总额的计时工资、计件工资、支付给职工的超额劳动报酬等和增收节支的劳动报酬，为了补偿职工特殊或额外的劳动消耗和因其他特殊原因支付给职工的津贴，以及为了保证职工工资水平不受物价影响支付给职工的物价补贴等。其中，企业按照短期奖金计划向职工发放的奖金属于短期薪酬，按照长期奖金计划向职工发放的奖金属于其他长期职工福利。

(2)职工福利费，是指企业向职工提供的生活困难补助、丧葬补助费、抚恤费、职工异地安家费、防暑降温费等职工福利支出。

(3)医疗保险费、工伤保险费和生育保险费等社会保险费，是指企业按照国家规定的基准和比例计算，向社会保险经办机构缴存的医疗保险费、工伤保险费和生育保险费。

(4)住房公积金，是指企业按照国家规定的基准和比例计算，向住房公积金管理机构缴存的住房公积金。

(5)工会经费和职工教育经费，是指企业为了改善职工文化生活、为职工学习先进技术和提高文化水平和业务素质，用于开展工会活动和职工教育及职业技能培训等相关支出。

(6)短期带薪缺勤，是指职工虽然缺勤但企业仍向其支付报酬的安排，包括年休假、病假、婚假、产假、丧假、探亲假等。长期带薪缺勤属于其他长期职工福利。

(7)短期利润分享计划，是指因职工提供服务而与职工达成的基于利润或其他经营成果提供薪酬的协议。长期利润分享计划属于其他长期职工福利。

(8)其他短期薪酬，是指除上述薪酬以外的其他为获得职工提供的服务而给予的短期薪酬。

2. 长期职工薪酬

(1)离职后福利，是指企业为获得职工提供的服务而在职工退休或与企业解除劳动关系后，提供的各种形式的报酬和福利，短期薪酬和辞退福利除外。离职后福利计划可以分为设定提存计划和设定受益计划。其中,设定提存计划,是指企业向独立的基金缴存固定费用后,不再承担进一步支付义务的离职后福利计划。设定受益计划,是指除设定提存计划以外的离职后福利计划。

(2)辞退福利,是指企业在职工劳动合同到期之前解除与职工的劳动关系,或者为鼓励职工自愿接受裁减而给予职工的补偿。

(3)其他长期职工福利,是指除短期薪酬、离职后福利、辞退福利之外所有的职工薪酬,包括长期带薪缺勤、长期残疾福利、长期利润分享计划等。

### (二)主要账户设置

职工薪酬的核算主要涉及“应付职工薪酬”“生产成本”“制造费用”“管理费用”“在建工程”“销售费用”等账户。这里主要介绍“应付职工薪酬”账户。

(1)账户性质:负债类账户。

(2)核算内容:核算和监督应付职工薪酬的提取、结算、使用等情况。

(3)账户结构:本账户贷方登记已分配计入有关成本费用项目的职工薪酬的数额,借方登记实际发放的职工薪酬的数额,包括扣还的款项等;该账户期末贷方余额,反映企业应付未付的职工薪酬(如图 4—20 所示)。

(4)明细账户:该账户应当按照“工资”“职工福利费”“社会保险费”“住房公积金”“工会经费”“职工教育经费”“非货币性福利”“带薪缺勤”“利润分享计划”“设定提存计划”“设定受益计划义务”“辞退福利”等职工薪酬项目设置明细账户,进行明细核算。

应付职工薪酬

| 借方 | 贷方 |
| --- | --- |
| 实际发放的各种职工薪酬 | 应付的各种职工薪酬 |
| | 余额:企业应付未付的职工薪酬 |

**图 4—20 “应付职工薪酬”账户结构**

### (三)职工薪酬的核算

企业应当在职工为其提供服务的会计期间将实际发生的短期薪酬确认为负债,并计入当期损益,其他相关会计准则要求或允许计入资产成本的除外。

1. 职工工资、奖金、津贴和补贴

对于工资、奖金、津贴和补贴,企业应当在职工为其提供服务的会计期间将实际发生的职工工资、奖金、津贴和补贴等货币性职工薪酬,根据职工提供服务的受益对象,将应确认的职工薪酬,借记“生产成本”“制造费用”“管理费用”等科目,贷记“应付职工薪酬——工资”科目。

职工薪酬按受益对象分配的具体情况为:分配给产品生产工人的计入“生产成本”账户;分配给车间管理人员的计入“制造费用”账户;分配给厂部管理部门人员的计入“管理费用”账户;分配给产品销售部门人员的计入“销售费用”账户;分配给工程建设部门人员的计入“在建工程”账户等。

**【例 4—22】** 2022 年 6 月 30 日,沪星公司本月应付职工工资总额为 700 000 元,编制的“工资费用分配汇总表”中列示生产车间生产 A 产品工人工资 200 000 元,生产 B 产品工人工资 160 000 元;生产车间管理人员工资 60 000 元;公司管理部门人员工资 160 000 元;公司专设销售机构人员工资 120 000 元。

该项经济业务一方面使薪酬费用增加700 000元，其中生产工人工资360 000元(200 000+160 000)记入"生产成本"账户借方，生产车间管理人员工资60 000元记入"制造费用"账户借方，公司管理部门人员工资160 000元记入"管理费用"账户借方；公司销售部门人员工资120 000元记入"销售费用"账户借方；另一方面应付而未付职工薪酬增加700 000元，记入"应付职工薪酬"账户贷方。会计分录如下：

| | | |
|---|---|---|
| 借：生产成本——A产品 | 200 000 | |
| 　　　　　——B产品 | 160 000 | |
| 　　制造费用 | 60 000 | |
| 　　管理费用 | 160 000 | |
| 　　销售费用 | 120 000 | |
| 　贷：应付职工薪酬——工资 | | 700 000 |

企业按照有关规定向职工支付工资、奖金、津贴、补贴等，借记"应付职工薪酬——工资"科目，贷记"银行存款"等科目。企业从应付职工薪酬中扣还的各种款项(代垫的家属药费、个人所得税等)时，借记"应付职工薪酬——工资"科目，贷记"其他应收款""应交税费——应交个人所得税"等科目。

**【例4—23】** 承上例，2022年6月30日，沪星公司根据编制的"工资结算汇总表"结算本月应付职工工资总额700 000元，其中企业代垫职工房租20 000元、代垫职工家属医药费8 000元，个人所得税12 000元，实发工资660 000元，企业通过银行发放工资和代扣款项。

发放工资时，一方面使应付职工薪酬减少660 000元，记入"应付职工薪酬"账户借方；另一方面银行存款减少660 000元，记入"银行存款"账户贷方。会计分录如下：

| | | |
|---|---|---|
| 借：应付职工薪酬——工资 | 660 000 | |
| 　贷：银行存款 | | 660 000 |

结转各种代扣款项时，一方面从职工薪酬中扣除代垫费用和代扣代缴的个人所得税，应付职工薪酬减少40 000元，记入"应付职工薪酬"账户借方；另一方面其他应收款减少28 000元(20 000+8 000)，记入"其他应收款"账户贷方，代扣代缴的个人所得税增加，记入"应交税费"账户贷方。会计分录如下：

| | | |
|---|---|---|
| 借：应付职工薪酬——工资 | 40 000 | |
| 　贷：其他应收款——职工房租 | | 20 000 |
| 　　　　　　——代垫医药费 | | 8 000 |
| 　　应交税费——应交个人所得税 | | 12 000 |

用银行存款支付代扣个税时，一方面应交税费减少12 000元，记入"应交税费"账户借方；另一方面银行存款减少12 000元，记入"银行存款"账户贷方。会计分录如下：

| | | |
|---|---|---|
| 借：应交税费——应交个人所得税 | 12 000 | |
| 　贷：银行存款 | | 12 000 |

2. 职工福利费

对于职工福利费，企业应当在实际发生时根据实际发生额计入当期损益或相关资产成本，借记"生产成本""制造费用""管理费用"等科目，贷记"应付职工薪酬——职工福利费"科目。

3. 国家规定计提标准的职工薪酬

企业为职工缴纳的医疗保险费、工伤保险费等社会保险费和住房公积金，以及按规定提取的工会经费和职工教育经费，应当在职工为其提供服务的会计期间，根据规定的计提基础和计提比例计算确定相应的职工薪酬金额，并确认相关负债，按照受益对象计入当期损益或相关资产成本，借记“生产成本”“制造费用”“管理费用”等科目，贷记“应付职工薪酬”科目。

**【例 4—24】** 承【例 4—22】，2022 年 6 月 30 日，沪星公司根据相关规定，分别按照职工工资总额的 2%和 8%的计提标准，确认应付工会经费和职工教育经费。

该项经济业务中，应确认的应付工会经费和职工教育经费为 70 000 元[700 000×(2%+8%)]，其中，工会经费为 14 000 元，职工教育经费为 56 000 元。按照受益原则应计入 A 产品成本 20 000 元[200 000×(2%+8%)]，B 产品成本 16 000 元[160 000×(2%+8%)]，记入制造费用 6 000 元[60 000×(2%+8%)]，记入管理费用 16 000 元[160 000×(2%+8%)]，记入销售费用 12 000 元[120 000×(2%+8%)]。会计分录如下：

| | | |
|---|---|---|
| 借：生产成本——A 产品 | 20 000 | |
| ——B 产品 | 16 000 | |
| 制造费用 | 6 000 | |
| 管理费用 | 16 000 | |
| 销售费用 | 12 000 | |
| 贷：应付职工薪酬——工会经费 | | 14 000 |
| ——职工教育经费 | | 56 000 |

**情境思考 4—5**

甲公司(增值税一般纳税人)为一家自行车生产企业，2022 年 2 月，公司决定以其生产的自行车作为福利发放给职工，每人发放一辆自行车。公司共有职工 200 人，其中生产工人 150 人，车间管理人员 20 人，厂部管理人员 30 人。该款自行车的每辆不含税售价为 1 200 元，单位成本为 800 元，增值税率为 13%。请编制该经济业务的相关会计分录。

**情景思考4-5**

## 三、制造费用的归集与分配

(一)主要账户设置

因“制造费用”账户已经在前面介绍过了，这里重点介绍“累计折旧”账户。

固定资产折旧是指在固定资产的使用寿命内，按照确定的方法对应计折旧额进行的系统分摊。固定资产系统分摊的这部分价值，形成折旧费用，在固定资产的有效使用年限内分摊计入各期成本费用。

(1)账户性质：资产类账户，属于固定资产的备抵调整账户。

(2)核算内容：核算和监督固定资产耗损价值(折旧)的增减变化情况。

(3)账户结构：本账户的贷方登记按期计提的固定资产折旧额，借方登记额因报废、出售、盘亏等原因转出的固定资产折旧减少额。余额一般在贷方，表示现有固定资产已计提的累计折旧额(如图 4—21 所示)。

(4)明细账户：该账户不进行明细分类核算，需要查明某项固定资产的已提折旧，可以根据固定资产卡片上所记载的该项固定资产的原价、折旧率和实际使用年数等资料计算。

| 借方　　　　　　　　累计折旧 | 贷方 |
|---|---|
| 因报废、出售、盘亏等原因转出的固定资产的折旧减少额 | 计提的固定资产折旧额 |
| | 余额：企业已计提的累计折旧额 |

**图 4—21　“累计折旧”账户结构**

(二)制造费用业务的核算

企业应当按月计提折旧，当月增加的固定资产，当月不计提折旧，从下月起计提折旧；当月减少的固定资产，当月仍计提折旧，从下月起不计提折旧。

企业计提的固定资产折旧应根据固定资产用途，分别计入有关成本费用。生产车间所使用的固定资产，其计提的折旧应计入制造费用；管理部门所使用的固定资产，其计提的折旧应计入管理费用；销售部门所使用的固定资产，其计提的折旧应计入销售费用等。

企业计提固定资产折旧时，应借记“制造费用”“管理费用”“销售费用”等科目，贷记“累计折旧”科目。

**【例 4—25】**　2022 年 6 月 30 日，沪星公司计提本月固定资产折旧，其中生产车间固定资产折旧额为 15 000 元，行政管理部门固定资产折旧额为 6 000 元，销售部门固定资产折旧额为 4 000 元。

计提折旧就是固定资产成本分期计入成本或费用。该项经济业务一方面使折旧费用增加 25 000 元，按照受益原则，分别记入“制造费用”账户借方 15 000 元，“管理费用”账户借方 6 000 元，“销售费用”账户借方 4 000 元；另一方面使固定资产账面价值减少 25 000 元，记入“累计折旧”账户的贷方。会计分录如下：

| | | |
|---|---|---|
| 借：制造费用 | 15 000 | |
| 　　管理费用 | 6 000 | |
| 　　销售费用 | 4 000 | |
| 　贷：累计折旧 | | 25 000 |

**【例 4—26】**　2022 年 6 月 30 日，沪星公司以银行存款支付本月应负担的生产车间水电费 5 000 元，管理部门水电费 1 500 元，销售部门水电费 1 000 元。

该项经济业务中生产车间耗用的水电费应计入制造费用，管理部门耗用的水电费应计入管理费用，销售部门耗用的水电费应计入销售费用。会计分录如下：

| | | |
|---|---|---|
| 借：制造费用 | 5 000 | |
| 　　管理费用 | 1 500 | |
| 　　销售费用 | 1 000 | |
| 　贷：银行存款 | | 7 500 |

## 四、结转制造费用业务核算

1. 制造费用的归集与分配

制造费用是企业为生产产品而发生的、不能直接归属于某种产品的各种间接费用，也是产品生产成本的组成部分。期末，企业要将“制造费用”结转入“生产成本”账户，但企业生产车间往往生产多种产品，因此要在月末按一定标准分配计入各种产品成本。分配的标准通常采用产品的生产工时或生产工人工资比例。其分配公式为：

制造费用的分配率＝本月发生的制造费用总额/各产品的分配标准合计

某种产品应分担的制造费用＝该种产品的分配标准×制造费用分配率

2. 结转制造费用业务核算

**【例 4—27】** 2022 年 6 月 30 日，沪星公司将本月发生的制造费用按照生产工时比例分配计入 A、B 产品成本。其中 A 产品生产工时 9 000 小时，B 产品生产工时 5 000 小时。

对于这项经济业务，首先归集本月发生的制造费用，即根据材料费用归集【例 4—21】，人工费用归集【例 4—22】、【例 4—24】，制造费用归集【例 4—25】、【例 4—26】等业务内容可确定公司本月发生的制造费用为 126 000 元(40 000＋60 000＋6 000＋15 000＋5 000)；然后按照生产工时比例分配，即：

制造费用分配率＝126 000÷(9 000 ＋5 000)＝9(元/工时)

A 产品应分配的制造费用＝9 000×9＝ 81 000(元)

B 产品应分配的制造费用＝5 000×9 ＝45 000(元)

将制造费用分配结果计入产品成本时，即将制造费用结转至对应的产品成本，一方面是 A 产品生产成本增加 81 000 元，B 产品生产成本增加 45 000 元，分别记入对应“生产成本”账户的借方；另一方面公司的制造费用减少 126 000 元，记入“制造费用”账户的贷方。会计分录如下：

借：生产成本——A 产品　　81 000

　　　　　　——B 产品　　45 000

　贷：制造费用　　126 000

## 五、结转完工产品业务核算

(一)主要账户设置

结转完工产品业务的核算主要涉及“生产成本”和“库存商品”两个账户，这里主要介绍“库存商品”账户。具体如下：

(1)账户性质：资产类账户。

(2)核算内容：核算和监督企业库存的各种商品的实际成本，包括外购商品、自制产品等。工业企业的库存商品主要表现为生产完工的产品；商品流通企业和库存商品主要表现为外购商品。

(3)账户结构：借方登记验收入库的库存商品成本，贷方登记发出的库存商品成本，期末余额在借方，反映各种尚未销售的库存商品的实际成本(如图 4—22 所示)。

(4)明细账户：按其品种、规格和类别设置明细账户。

| 借方　　库存商品 | 贷方 |
|---|---|
| 验收入库的库存商品成本 | 发出的库存商品成本 |
| 余额：尚未销售的库存商品的实际成本 | |

**图 4—22 “库存商品”账户结构**

(二)结转完工产品业务核算

**【例 4—28】** 2022 年 6 月 30 日,沪星公司生产车间本月生产完工 A、B 两种产品,其中 A 产品完工 3 000 件,完工总成本 360 000 元,B 产品完工 2 500 件,完工总成本 250 000 元。A、B 产品现已验收入库,结转完工产品成本。

该项经济业务中产品完工入库结转成本,一方面使得公司的库存商品成本增加,其中 A 产品成本增加 360 000 元,B 产品成本增加 250 000 元,分别记入对应"库存商品"账户的借方;另一方面由于结转入库商品实际成本而使生产过程中占用的资金减少,即对应的生产成本分别减少 360 000 元和 250 000 元,记入对应"生产成本"账户的贷方。会计分录如下:

借:库存商品——A 产品　　360 000
　　　　　　——B 产品　　250 000
　贷:生产成本——A 产品　　360 000
　　　　　　　——B 产品　　250 000

## 任务四　销售过程的业务核算

销售过程是企业生产经营过程的最后阶段,企业在销售过程中,通过销售产品,按销售价格收取产品价款,形成商品销售收入,计算相应的增值税销项税、结转的商品销售成本。在这个过程中,为了销售商品,企业还会发生包装费、运输费、广告费、销售人员工资福利、销售机构日常运营费用等销售费用。因此,销售业务主要涉及收入的确认、增值税销项税的计算、货款结算、结转已售产品(库存商品)成本、销售费用的处理。

### 一、主营业务收支的核算

(一)主要账户设置

1."主营业务收入"账户

(1)账户性质:损益类中的收入账户。

(2)核算内容:核算和监督企业销售商品、提供劳务等日常活动产生的收入。

(3)账户结构:本账户的贷方登记企业日常活动实现的主营业务收入,贷方登记销售折让、销售退回的收入,以及期末转入"本年利润"账户的金额。本账户期末结转后无余额(如图 4—23 所示)。

(4)明细账户:该账户按主营业务商品的种类设置明细账户,进行明细分类核算。

| 借方　　　　主营业务收入 | 贷方 |
| --- | --- |
| 1. 销售折让及销售退回<br>2. 期末转入"本年利润"的金额 | 企业实现的主营业务收入 |

期末结转后无余额

**图 4—23　"主营业务收入"账户结构**

2."应收账款"账户

(1)账户性质:资产类账户。

(2)核算内容:核算和监督企业因销售商品或提供劳务等,应向购货或接受劳务单位收取的款项,主要包括企业出售商品或材料、提供劳务等应向有关债务人收取的价税款及代购货方垫付的运杂费等。不单独设置“预收账款”账户的企业,预收的账款也在“应收账款”账户核算。

(3)账户结构:账户借方登记应收账款的增加数,贷方登记应收账款的收回及确认的坏账损失,期末余额一般在借方,表示尚未收回的应收账款数,如果期末余额在贷方,则反映企业预收的款项(如图 4—24 所示)。

(4)明细账户:该账户按不同的购货单位或接受劳务单位设置明细账,进行明细分类核算。

| 借方 应收账款 | 贷方 |
|---|---|
| 发生的应收款项 | 收回应收账款及确认的坏账损失 |
| 余额:期末尚未收回的应收款项 | 余额:期末预收款项(不设预收款项的) |

**图 4—24 “应收账款”账户结构**

3.“应收票据”账户

(1)账户性质:资产类账户。

(2)核算内容:核算和监督企业因销售商品、提供劳务等而收到的商业汇票,包括银行承兑汇票和商业承兑汇票。

(3)账户结构:本账户的借方登记企业收到的商业汇票,贷方登记到期汇票、贴现的汇票、背书转让的票据汇票等;余额在借方,表示企业持有的尚未到期的商业汇票(如图 4—25 所示)。

(4)账户明细:该账户按购货单位或接受劳务单位设置明细账户,进行明细分类核算。

| 借方 应收票据 | 贷方 |
|---|---|
| 收到的商业汇票 | 到期收回或贴现、背书转让的商业汇票应收款金额 |
| 余额:尚未到期的票据应收金额 | |

**图 4—25 “应收票据”账户结构**

4.“预收账款”账户

(1)账户性质:负债类账户。

(2)核算内容:核算和监督企业按照合同规定向购货单位预收的款项。

(3)账户结构:贷方登记预收货款的数额和购货单位补付货款的数额,借方登记企业向购货方发货后冲销的预收货款数额和退回购货方多付货款的数额,余额一般在贷方,表示已预收货款但尚未向购货方发货的数额(如图 4—26 所示)。

(4)明细账户:该账户可按购货单位设置明细账户,进行明细分类核算。

| 借方 预收账款 | 贷方 |
|---|---|
| 1. 实现销售收入冲减的预收款<br>2. 退回多收的预收款 | 1. 企业向购货单位预收的款项<br>2. 补收的货款 |
| 余额:企业应补收的款项 | 余额:企业预收的款项 |

**图 4—26 “预收账款”账户结构**

5."主营业务成本"账户

(1)账户性质:损益类中的费用账户。

(2)核算内容:核算和监督企业销售商品、提供劳务等经常性日常活动所发生的成本。

(3)账户结构:本账户借方登记销售商品、提供劳务应结转的主营业务成本;贷方登记销售退回及折让应退回的销售成本和期末转入"本年利润"账户的数额;期末结转后无余额(如图 4—27 所示)。

| 借方　　　　主营业务成本 | 贷方 |
| --- | --- |
| 销售商品、提供劳务应结转主营业务成本 | 1. 销售退回及折让应退回的销售成本<br>2. 期末转入"本年利润"账户的数额 |
| 期末结转后无余额 | |

**图 4—27　"主营业务成本"账户结构**

(二)主营业务收支的核算

1. 商品销售

本项目中所涉及商品销售属于一般商品销售,企业一般商品销售属于在某一时点履行的履约义务。对于在某一时点履行的履约义务,企业应当在客户取得相关商品控制权时点确认收入。在判断控制权是否转移时,企业应当综合考虑以下迹象:

(1)企业就该商品享有现时收款权利,即客户就该商品负有现时付款义务。

(2)企业已将该商品的法定所有权转移给客户,即客户已拥有该商品的法定所有权。

(3)企业已将该商品实物转移给客户,即客户已占有该商品实物。

(4)企业已将该商品所有权上的主要风险和报酬转移给客户,即客户已取得该商品所有权上的主要风险和报酬。

(5)客户已接受该商品。

(6)其他表明客户已取得商品控制权的迹象。

## 知识拓展

### 销售商品收入的确认和计量

销售过程的核算首先需要解决的就是销售收入的确认与计量的问题。收入的确认实际上就是解决收入在什么时间入账的问题,而收入的计量就是收入以多少金额入账的问题。按照《企业会计准则第 14 号——收入》(财会〔2017〕22 号)的相关规定,收入的确认与计量的基本步骤大致分为以下五步。

第一步,识别与客户订立的合同。合同,是指双方或多方之间订立有法律约束力的权利义务的协议。合同有书面形式、口头形式以及其他形式。由于合同的多样性,会计在确认收入时需要辨认该合同是否已获得交易双方的签字和盖章,是否具有商业实质,即履行该合同将改变企业未来现金流量的风险、时间分布或金额,是不是可执行的合同,交易对价是否很有可能收回等。

第二步,识别合同中的单项履约义务。履约义务是指合同中企业向客户转让可明确区分商品或服务的承诺。企业应当将向客户转让可明确区分商品(或者商品组合)的承诺以及向客户转让一系列实质相同且转让模式相同的、可明确区分商品的承诺作为单项履约义务。例如，电信公司推出的捆绑销售手机的业务，内含两个履约义务，一是交付手机，二是提供通信服务。

第三步，确定交易价格。交易价格是企业预期有权获得的作为交付商品和服务的对价总额。交易价格一般合同会有明确规定，但有些因素如折让、折扣、退货、奖励、罚金、礼券、明显的提前或者推迟付款等都会影响交易价格，如果提前或推迟的时间较长就具有融资性质，这些都会影响交易价格的最终确定。

第四步，将交易价格分摊至各单项履约义务。认定了履约义务和交易价格后，企业应当按照履约义务的单独销售价格将交易价格分配给每一项履约义务。单独售价，是指企业向客户单独销售商品或提供服务的价格。如果不能直接观测到单独销售价格，企业则需要采用一定的方法估计履约义务的价格。

第五步，履行各单项义务时确认收入。通过向客户转移商品和服务的控制权的方式履行了义务时，企业可以确认收入。也就是说，企业在客户取得资产控制权时确认收入。当客户有能力支配商品或使用服务并获得商品或服务几乎所有剩余利益时，客户获得了商品或服务的控制权。

**【例 4—29】** 2022 年 6 月 10 日，沪星公司向东方公司销售 A 产品 3 500 件，每件售价 300 元，开具的增值税专用发票上注明售价为 1 050 000 元，增值税税额为 136 500 元，收到一张东方公司签发的期限为 3 个月不带息银行承兑汇票，面值 1 186 500 元，东方公司已收到商品并验收入库。

这是一项赊销业务，这项经济业务一方面使应收票据增加 1 186 500 元，记入“应收票据”账户的借方；另一方面，销售商品收入增加 1 050 000 元，记入“主营业务收入”账户的贷方，企业因销售商品而向购货方收取的增值税增加 136 500 元，应记入“应交税费——应交增值税(销项税额)”账户的贷方。会计分录如下：

| | | |
|---|---|---|
| 借：应收票据——东方公司 | 1 186 500 | |
| 　贷：主营业务收入 | | 1 050 000 |
| 　　应交税费——应交增值税(销项税额) | | 136 500 |

**【例 4—30】** 2022 年 6 月 12 日，沪星公司向宏达公司销售 A 产品 1 000 件，每件售价 300 元，B 产品 1 500 件，每件售价 200 元，开具的增值税专用发票上注明售价为 600 000 元，增值税税额为 78 000 元，同时用银行存款代垫运费 5 000 元。双方约定一个月内付款，宏达公司已收到商品并验收入库。

这是一项赊销业务，这项经济业务一方面使企业应收账款增加 683 000 元，应记入“应收账款”账户的借方，应收账款入账价值包括销售货物或提供劳务的价款、增值税，以及代购货方垫付的包装费、运杂费等，这里的应收账款金额为 683 000 元[(1 000×300+1 500×200)×(1+13%)+5 000]。另一方面，销售收入增加 600 000 元，应记入“主营业务收入”账户的贷方，增值税销项税额 78 000 元，记入“应交税费——应交增值税(销项税额)”账户的贷方，银行存款减少 5 000 元，记入“银行存款”账户贷方。会计分录如下：

| | | |
|---|---|---|
| 借：应收账款——宏达公司 | 683 000 | |
| 　贷：主营业务收入 | | 600 000 |
| 　　应交税费——应交增值税(销项税额) | | 78 000 |
| 　　银行存款 | | 5 000 |

**【例 4－31】** 2022 年 6 月 20 日，收到宏达公司转账支票一张，抵付前欠货款 683 000 元。

借：银行存款　　683 000

　　贷：应收账款——宏达公司　　683 000

**【例 4－32】** 2022 年 6 月 20 日，沪星公司与正大公司签订供货合同，合同约定销售 A 产品 1 500 件，每件售价 200 元。正大公司先预付 100 000 元，款存入银行，余款交货后付清。

这是一项预付款销售业务。这项经济业务一方面使银行存款增加 100 000 元，记入“银行存款”账户借方；另一方面使公司承担了在约定时间交付商品的义务，形成企业的一项负债 100 000 元，记入“预收账款”账户的贷方。会计分录如下：

借：银行存款　　100 000

　　贷：预收账款——正大公司　　100 000

**【例 4－33】** 2022 年 6 月 28 日，沪星公司向正大公司交付 A 产品 1 500 件，开具的增值税专用发票上注明售价为 300 000 元，增值税税额 39 000 元。收到剩余款项 239 000 元，款存入银行。

这是一项预付款销售交付商品并收回余款的业务。这项经济业务一方面使银行存款增加 239 000 元，记入“银行存款”账户借方，使预收账款减少 100 000 元，记入“预收账款”账户借方；另一方面，销售收入增加 300 000 元，应记入“主营业务收入”账户的贷方，增值税销项税额 39 000 元，记入“应交税费——应交增值税(销项税额)”账户的贷方。会计分录如下：

借：银行存款　　239 000

　　预收账款——正大公司　　100 000

　　贷：主营业务收入　　300 000

　　　　应交税费——应交增值税(销项税额)　　39 000

2. 销售退回

企业售出商品发生的销售退回，应当分别按不同情况进行会计处理：一是尚未确认销售商品收入的售出商品发生销售退回的，应当冲减“发出商品”，同时增加“库存商品”；二是已确认销售商品收入的售出商品发生销售退回的，除属于资产负债表日后事项外，企业收到退回的商品时，应退回货款或冲减应收账款，并冲减主营业务收入和增值税销项税额，同时冲减当期销售商品成本。

**【例 4－34】** 2022 年 6 月 28 日，沪星公司于 6 月 12 日销售给宏达公司的 A 产品由于质量问题被退回 100 件，沪星公司同意退货，于退货当日通过银行支付了退货款，并收到退货，并按规定向购货方开具了增值税专用发票(红字)。

该经济业务属于商品销售退回业务，因沪星公司已确认该批售出商品的销售收入，但不属于资产负债表日后事项，因此应在发生时冲减当期销售商品收入 30 000 元(100×300)，记入“主营业务收入”账户借方，同时冲减已确认的应交增值税销项税额 3 900 元，记入“应交税费——应交增值税(销项税额)”账户借方。会计分录如下：

借：主营业务收入　　30 000

　　应交税费——应交增值税(销项税额)　　3 900

　　贷：银行存款　　33 900

3. 结转已售产品成本

企业一般在月末应将本月已出售产品成本作为主营业务成本记入当期损益，与相关收入进行配比，以便计算出当期利润。关于本月出售商品成本的确定，应考虑期初库存商品成本与本期入库的商品成本，可分别采用先进先出法、月末一次加权平均法、移动加权平均法和个别计价法确定。方法一经确定，不得随意变动。

**【例 4—35】** 2022 年 6 月 30 日，沪星公司在月末结转本月已销售的 A、B 产品的销售成本。其中 A 产品的单位成本为 120 元，总成本为 708 000 元，B 产品的单位成本为 100 元，总成本为 150 000 元。

这是一项结转已售商品成本的业务。公司出售产品后，在减少库存商品的同时，需要将已出售商品的成本结转至主营业务成本，与收入进行匹配。该经济业务中，一方面销售成本增加 858 000 元(708 000+150 000)，记入“主营业务成本”账户的借方；另一方面，产品实现销售表明库存商品减少 858 000 元，记入“库存商品”账户的贷方。会计分录如下：

| | | |
|---|---|---|
| 借：主营业务成本——A 产品 | 708 000 | |
| ——B 产品 | 150 000 | |
| 贷：库存商品——A 产品 | | 708 000 |
| ——B 产品 | | 150 000 |

**情景思考 4—6**

甲公司为增值税一般纳税人，适用的增值税税率为 13%。2022 年 1 月 20 日销售 A 商品 5 000 件并开具增值税专用发票，每件商品的标价为 200 元(不含税)；由于是成批销售，甲公司给予客户 10%的商业折扣，当日 A 商品发出，客户收到商品并验收入库，并以转账支票支付全部款项。请编制该经济业务的相关会计分录。

**情景思考4-6**

## 二、其他业务收支的核算

(一)主要账户设置

1.“其他业务收入”账户

(1)账户性质：损益类中的收入账户。

(2)核算内容：核算和监督企业确认的除主营业务活动以外的其他经营活动实现的收入。包括出租固定资产、出租无形资产、出租包装物和商品、销售材料等实现的收入。

(3)账户结构：本账户贷方登记本期各项其他业务收入的发生数，借方登记期末转入“本年利润”账户的数额，期末结转后无余额(如图 4—28 所示)。

(4)明细账户：该账户按其他业务收入的种类设置明细账户，进行明细分类核算。

| 借方　　　　其他业务收入 | 贷方 |
|---|---|
| 期末转入“本年利润”账户的数额 | 本期各项其他业务收入的发生数 |
| 期末结转后无余额 | |

**图 4—28　“其他业务收入”账户结构**

2."其他业务成本"账户

(1)账户性质:损益类中的费用账户。

(2)核算内容:核算和监督企业确认的除主营业务活动以外的其他经营活动所发生的支出,包括销售材料的成本、出租固定资产的折旧额、出租无形资产的摊销额和出租包装物的成本和摊销额。

(3)账户结构:本账户的借方登记本期各项业务成本的发生数,贷方登记期末转入"本年利润"账户的数额,期末结转后无余额(如图 4—29 所示)。

(4)明细账户:该账户按其他业务成本的种类设置明细账户,进行明细分类核算。

| 借方　　　　　　　　其他业务成本 | 贷方 |
|---|---|
| 本期发生各项其他业务成本 | 期末转入"本年利润"账户的数额 |
| 期末结转后无余额 | |

**图 4—29 "其他业务成本"账户结构**

**【例 4—36】** 2022 年 6 月 25 日,沪星公司出售剩余甲材料 1 000 千克给光明公司,每千克 30 元,成本价为每千克 25 元,增值税税率 13%,款项存入银行,光明公司收到原材料并验收入库。

该经济业务企业出售剩余材料,其取得的收入 30 000 元记入"其他业务收入",增值税 3 900 元记入"应交税费——应交增值税(销项税额)"账户的贷方,同时收到货款 33 900 元记入"银行存款"账户的借方。在结转销售材料成本时,材料成本 25 000 元记入"其他业务成本"账户的借方,出售的原材料 25 000 元记入"原材料"账户的贷方。会计分录如下:

(1)确认材料销售收入

| | | |
|---|---|---|
| 借:银行存款 | 33 900 | |
| 　　贷:其他业务收入 | | 30 000 |
| 　　　　应交税费——应交增值税(销项税额) | | 3 900 |

(2)结转材料销售成本

| | | |
|---|---|---|
| 借:其他业务成本 | 25 000 | |
| 　　贷:原材料——甲材料 | | 25 000 |

## 三、销售费用业务核算

(一)主要账户设置

主要设置"销售费用"账户,其特征如下。

(1)账户性质:损益类中的费用账户。

(2)核算内容:核算和监督销售费用的发生和结转情况,包括销售商品和材料、提供劳务过程中发生的各项费用,包括企业在销售商品过程中发生的包装费、保险费、展览费、广告费、商品维修费、预计产品质量保证损失、运输费、装卸费等费用,以及企业发生的为销售本企业商品而专设的销售机构的职工薪酬、业务费、折旧费、固定资产修理费等费用。

(3)账户结构:本账户借方登记企业所发生的各项销售费用,贷方登记期末转入"本年利润"账户的销售费用,期末结转后无余额(如图 4—30 所示)。

(4)明细账户:该账户应按销售费用的项目进行明细核算。

| 借方 | 销售费用　　　　贷方 |
|---|---|
| 企业所发生的各项销售费用 | 期末转入“本年利润”账户的销售费用 |

期末结转后无余额

**图 4—30 “销售费用”账户结构**

(二)销售费用业务核算

**【例 4—37】** 2022 年 6 月 7 日,沪星公司为促进新产品销售发生广告费,取得的增值税专用发票上注明的价款为 20 000 元,增值税税额为 1 200 元,价款用银行存款支付。

广告费属于产品销售费用,这项经济业务一方面使广告销售费用增加 20 000 元,记入“销售费用”账户借方,增值税进项税额增加 1 200 元,记入“应交税费——应交增值税(进项税额)”账户借方;另一方面使银行存款减少 21 200 元,记入“银行存款”账户贷方。会计分录如下:

借:销售费用　　20 000
　　应交税费——应交增值税(进项税额)　　1 200
　贷:银行存款　　21 200

**【例 4—38】** 2022 年 6 月 28 日,沪星公司因销售产品取得的增值税专用发票上注明的运输费为 2 000 元,增值税税额 180 元,取得的增值税普通发票上注明的装卸费价税合计为 500 元,上述款项均用银行存款支付。

该项经济业务中因销售商品产生的运输费 2 000 元和装卸费 500 元均应计入销售费用账户。因装卸费取得的是增值税普通发票,增值税不可抵扣,故记入“应交税费——应交增值税(进项税额)”的金额应为 180 元。会计分录如下:

借:销售费用　　2 500
　　应交税费——应交增值税(进项税额)　　180
　贷:银行存款　　2 680

## 知识拓展

### 计提坏账准备业务核算

企业的各项应收款项可能会因购货人拒付、破产、死亡等原因而无法收回。这类无法收回的应收款项就是坏账,因坏账而遭受的损失为坏账损失。企业应当在资产负债表日检查应收款项的账面价值,有客观证据表明该应收款项发生减值的,应当将该应收款项的账面价值减记至预计未来现金流量现值,减记的金额确认减值损失,计提坏账准备。坏账准备可按下列公式计算:

当期应计提的坏账准备=当期期末应收款项余额×坏账准备计提率－(或＋)计提本期坏账准备前“坏账准备”账户的贷方(借方)余额

坏账准备的账务处理应分为如下几种情况处理:

(1)企业计提坏账准备时,应按计提金额借记“信用减值损失——坏账准备”账户,贷记“坏账准备”账户。

(2)冲减多计提的坏账准备时，借记“坏账准备”账户，贷记“信用减值损失——坏账准备”账户。

(3)发生坏账损失时，借记“坏账准备”，贷记“应收账款”“其他应收款”等账户。

(4)已确认并转销的应收款项以后又收回时，借记“应收账款”“其他应收款”等账户，贷记“坏账准备”账户；同时，借记“银行存款”账户，贷记“应收账款”“其他应收款”等账户。也可以按照实际收回的金额，借记“银行存款”账户，贷记“坏账准备”账户。

甲公司对应收账款进行减值测试，甲公司确定按5%计提坏账准备。2019—2021年发生下列与坏账准备有关的经济业务如下：

(1)2019年12月31日，应收账款余额合计为90 000元，“坏账准备”账户余额为1 000元。

2019年年末，“坏账准备”账户应保持的余额(计提后)＝4 500元(90 000×5%)，则应计提的坏账准备＝3 500元(4 500－1 000)，根据上述企业计提坏账准备时的账务处理，其会计分录为：

借：信用减值损失　　3 500

　　贷：坏账准备　　3 500

(2)2020年8月，发生坏账(A公司)2 000元。

根据上述发生坏账损失时的账务处理，其会计分录为：

借：坏账准备　　2 000

　　贷：应收账款——A公司　　2 000

(3)2020年12月31日，甲公司应收账款余额为150 000元。

2020年年末，“坏账准备”账户贷方余额(计提前)＝2 500元(4 500－2 000)，“坏账准备”账户应保持的余额(计提后)＝7 500元(150 000×5%)，则应计提的坏账准备＝5 000元(7 500－2 500)，根据上述企业计提坏账准备时的账务处理，其会计分录为：

借：资产减值损失　　5 000

　　贷：坏账准备　　5 000

(4)甲公司2021年5月20日，接银行通知，收到2020年已转销的坏账(A公司)2 000元，已存入银行。

根据上述已确认并转销的应收款项以后又收回时的账务处理，其会计分录如下：

借：应收账款——A公司　　2 000

　　贷：坏账准备　　2 000

借：银行存款　　2 000

　　贷：应收账款——A公司　　2 000

或者：

借：银行存款　　2 000

　　贷：坏账准备　　2 000

# 任务五　财务成果形成与分配业务的核算

企业在一定时期内从事生产经营活动所取得的利润(或亏损)称为财务成果,它是考核企业经营情况的一个重要指标。通过采购、生产、销售过程取得的利润还不是企业最终的财务成果,还应包括企业发生的其他利得和损失。财务成果的计算和处理一般包括利润的计算、所得税的计算和缴纳、利润分配或亏损弥补等。

## 一、期间费用的核算

期间费用是指不能直接归属于某个特定的产品成本,而应直接计入当期损益的各种费用,包括管理费用、销售费用和财务费用。为了核算期间费用的发生情况,企业需要设置“管理费用”“销售费用”和“财务费用”账户,这三个账户的结构在前面已介绍,这里不再详述。

**【例4—39】** 2022年6月20日,沪星公司购入打印纸、墨盒等办公用品,供管理部门使用,取得的增值税专用发票注明的价款3 000元,增值税税额390元,价税款以银行存款支付。

这项经济业务一方面使办公成本增加2 000元,记入“管理费用”账户借方,增值税进项税额260元,记入“应交税费——应交增值税(进项税额)”借方;另一方面银行存款减少2 260元,记入“银行存款”账户贷方。

借:管理费用　　3 000
　　应交税费——应交增值税(进项税额)　　390
　贷:银行存款　　3 390

**【例4—40】** 2022年6月23日,沪星公司行政管理部门以现金支付接待客户的餐费,取得的增值税普通发票上注明的餐费为1 000元,增值税60元。

这项经济业务一方面因取得的是增值税普通发票,增值税额不可以抵扣,使业务招待费增加1 060元,记入“管理费用”账户借方;另一方面库存现金减少1 060元,记入“库存现金”账户贷方。

借:管理费用　　1 060
　贷:库存现金　　1 060

**【例4—41】** 2022年6月25日,沪星公司收到开户银行转来活期存款利息清单,金额为1 000元。

这项经济业务一方面银行存款增加1 000元,记入“银行存款”账户借方;另一方面取得活期存款利息使企业的财务费用减少1 000元,记入“财务费用”账户贷方。

借:银行存款　　1 000
　贷:财务费用　　1 000

## 二、投资收益业务核算

(一)主要账户设置

这里重点介绍“投资收益”账户,具体内容如下:

(1)账户性质:损益类中收入账户。

(2)核算内容：核算和监督企业在一定会计期间对外投资所取得的回报，包括对外投资所得的股利和收到的债券利息，企业持有交易性金融资产等实现的投资收益或损失，以及投资到期收回或到期前转让债权所得款高于其账面价值的差额等。

(3)账户结构：本账户借方登记投资发生的损失，贷方登记投资获得的收益，期末余额转入"本年利润"账户，结转后无余额(如图4—31所示)。

(4)明细账户：本账户可按投资项目设置明细账户。

| 借方　　投资收益 | 贷方 |
|---|---|
| 1. 投资发生的损失<br>2. 期末转入"本年利润"账户 | 投资获得的收益 |

期末结转后无余额

**图4—31　"投资收益"账户结构**

(二)主要业务核算

**【例10—42】** 2022年6月30日，沪星公司收到被投资单位A企业的分红30 000元，已存入银行。

这项经济业务一方面银行存款增加30 000元，记入"银行存款"账户借方；另一方面收到被投资单位的分红使投资收益增加30 000元，记入"投资收益"账户贷方。

借：银行存款　　30 000

　　贷：投资收益　　30 000

## 三、税金及附加的核算

税金及附加是指企业经营活动应负担的相关税费，包括消费税、城市维护建设税、教育费附加、资源税、土地增值税、房产税、环境保护税、城镇土地使用税、车船税、印花税等。

企业按规定计算确定的与经营活动有关的消费税、城市维护建设税、教育费附加、资源税、土地增值税、房产税、环境保护税、城镇土地使用税、车船税等税费，应借记"税金及附加"科目，贷记"应交税费"科目。

城市维护建设税和教育费附加是按企业当期实际缴纳的增值税、消费税两大流转税税额的一定比例计算的。

企业缴纳的印花税，不会发生应付未付税款的情况，不需要预计应纳税额，同时也不存在与税务机关结算或者清算的问题。因此购买印花税票时，直接借记"税金及附加"，贷记"银行存款"科目。

(一)主要账户设置

主要设置"税金及附加"账户，其特征如下。

(1)账户性质：损益类中费用账户。

(2)核算内容：核算和监督企业经营活动应负担的相关税费，包括除增值税以外的消费税、城市维护建设税、资源税和教育费附加等相关税费。

(3)账户结构：本账户借方登记按规定税率计算确认的与经营活动有关的应由企业负担的税金及附加，贷方登记期末转入"本年利润"账户的数额，期末结转后无余额(如图4—32所示)。

(4)明细账户:该账户按税费的内容设置明细账户,进行明细分类核算。

| 借方 税金及附加 | 贷方 |
|---|---|
| 应负担的税金及附加费 | 期末转入“本年利润”账户的数额 |
| 期末结转后无余额 | |

**图 4—32 “税金及附加”账户结构**

(二)主要业务核算

**【例 4—43】** 2022 年 6 月 30 日,沪星公司取得应纳消费税 B 商品销售收入 300 000 元,该商品适用的消费税税率为 25%,沪星公司计算并确认消费税。

计算确认应交消费税税额:

消费税税额=300 000×25%=75 000(元)

这项经济业务一方面企业按规定计算并确认的消费税增加 75 000 元,属于税金及附加费用的增加,记入“税金及附加”账户借方;另一方面企业应交而未交消费税增加 75 000 元,记入“应交税费——应交消费税”账户贷方。

借:税金及附加 75 000

  贷:应交税费——应交消费税 75 000

**【例 4—44】** 2022 年 6 月 30 日,沪星公司本月实际缴纳增值税 150 000 元,消费税 50 000 元,适用的城市维护建设税税率为 7%,教育费附加征收比率为 3%,沪星公司计算并确认城市维护建设税和教育费附加。

计算确认应交城市维护建设税和教育费附加:

城市维护建设税税额=(150 000+50 000)×7%=14 000(元)

教育费附加=(150 000+50 000)×3%=6 000(元)

借:税金及附加 20 000

  贷:应交税费——应交城市维护建设税 14 000

      ——应交教育费附加 6 000

## 四、营业外收支业务核算

(一)营业外收支概述

营业外收支是指企业发生的利得和损失,它是企业利润的组成部分。

1. 营业外收入

营业外收入是指企业确认的与其日常活动无直接关系的各项利得。营业外收入并不是企业经营资金耗费所产生的,实际上是经济利益的净流入,不需要与有关的费用进行配比。营业外收入主要包括非流动资产毁损报废收益、与企业日常经营活动无关的政府补助、盘盈利得、捐赠利得等。其中:

(1)非流动资产毁损报废收益,是指因自然灾害等发生毁损、已丧失使用功能而报废非流动资产所产生的清理收益。

(2)与企业日常活动无关的政府补助,是指企业从政府无偿取得货币性资产或非货币性资产,且与企业日常活动无关的利得。

(3)盘盈利得，指企业对于现金等资产清查盘点中发生盘盈，报经批准后计入营业外收入的金额。

(4)捐赠利得，指企业接受捐赠产生的利得。

2. 营业外支出

营业外支出是指企业发生的与其日常活动无直接关系的各项损失，主要包括非流动资产毁损报废损失、捐赠支出、盘亏损失、非常损失、罚款支出等。其中：

(1)非流动资产毁损报废损失，是指因自然灾害等发生毁损、已丧失使用功能而报废非流动资产所产生的清理损失。

(2)捐赠支出，指企业对外捐赠发生的支出。

(3)盘亏损失，主要指对于财产清查盘点中盘亏的资产，在查明原因处理时按确定的损失计入营业外支出的金额。

(4)非常损失，指企业对于因客观因素(如自然灾害等)造成的损失，在扣除保险公司赔偿后应计入营业外支出的净损失。

(5)罚款支出，指企业支付的行政罚款、税务罚款，以及其他因违反法律法规、合同协议等而产生的罚款、违约金、赔偿金等支出。

(二)主要账户设置

1.“营业外收入”账户

(1)账户性质：损益类中的收入账户。

(2)核算内容：核算和监督营业外收入的取得及结转情况。

(3)账户结构：贷方登记企业确认的各项营业外收入，借方登记期末结转入本年利润的营业外收入。结转后该账户应无余额(如图4—33所示)。

(4)明细账户：该账户应按照营业外收入的项目进行明细核算。

| 借方　　　营业外收入 | 贷方 |
|---|---|
| 期末结转入“本年利润”账户 | 企业确认的各项营业外收入 |
| 期末结转后无余额 | |

**图4—33　“营业外收入”账户结构**

2.“营业外支出”账户

(1)账户性质：损益类中的费用账户。

(2)核算内容：核算和监督营业外支出的发生及结转情况。

(3)账户结构：本账户借方登记企业发生的各项营业外支出，贷方登记期末结转入“本年利润”账户的营业外支出。结转后该账户应无余额(如图4—34所示)。

(4)明细账户：该账户应按照营业外支出的项目进行明细核算。

| 借方　　　营业外支出 | 贷方 |
|---|---|
| 企业发生的各项营业外支出 | 期末结转入“本年利润”账户 |
| 期末结转后无余额 | |

**图4—34　“营业外支出”账户结构**

（三）主要业务核算

**【例 4—45】** 2022 年 6 月 30 日，沪星公司收到供应商违约金收入 5 000 元，款存入银行。

这项经济业务，一方面银行存款增加 5 000 元，记入“银行存款”账户借方；另一方面企业收取的供应商违约金 5 000 元属于企业营业外收入，记入“营业外收入”账户贷方。

借：银行存款　　5 000

　　贷：营业外收入　　5 000

**【例 4—46】** 2022 年 6 月 30 日，沪星公司以银行存款向红十字会捐款 20 000 元。

一方面企业向红十字会捐款 20 000 元属于企业营业外支出增加，记入“营业外支出”账户借方；另一方面银行存款减少 2 000 元，记入“银行存款”账户贷方。

借：营业外支出　　20 000

　　贷：银行存款　　20 000

**情景思考 4—7**

甲公司为增值税一般纳税人，2022 年 2 月 28 日，出售一台由于性能等原因提前报废的生产设备，该设备原价为 100 000 元，已提折旧 40 000 元，未计提减值准备，出售给乙公司，开具的增值税专用发票上注明的价款为 20 000 元，增值税额为 2 600 元。报废清理过程中发生自行清理费用 3 500 元。有关收入、支出均通过银行办理结算。假定不考虑其他因素，请编制该经济业务相关会计分录。

**情景思考4-7**

## 五、利润形成业务核算

（一）利润计算概述

利润是指企业在一定会计期间的经营成果。利润包括收入减去费用后的净额、直接计入当期利润的利得和损失等。直接计入当期利润的利得和损失，是指应当计入当期损益、会导致所有者权益发生增减变动的、与所有者投入资本或者向所有者分配利润无关的利得或者损失。利润包括营业利润、利润总额和净利润。其计算公式分别是：

1. 营业利润

营业利润＝营业收入－营业成本－税金及附加－销售费用－管理费用－研发费用
　　－财务费用＋投资收益（－投资损失）＋公允价值变动收益
　　（－公允价值变动损失）－信用减值损失－资产减值损失
　　＋资产处置收益（－资产处置损失）

其中：

营业收入是指企业经营业务所确认的收入总额，包括主营业务收入和其他业务收入。

营业成本是指企业经营业务所发生的实际成本总额，包括主营业务成本和其他业务成本。

公允价值变动收益（或损失）是指企业交易性金融资产等公允价值变动形成的应计入当期损益的利得（或损失）。

信用减值损失是指企业计提各项金融资产信用减值准备所确认的信用损失。

资产减值损失是指企业计提有关资产减值准备所形成的损失。

2. 利润总额

利润总额＝营业利润＋营业外收入－营业外支出

3. 净利润

净利润＝利润总额－所得税费用

其中，所得税费用是指企业确认的应从当期利润总额中扣除的所得税费用。

(二)主要账户设置

1.“本年利润”账户

(1)账户性质：所有者权益类账户。

(2)核算内容：核算和监督企业当期实现的净利润或发生的净损失。

(3)账户结构：本账户贷方登记“主营业务收入”“其他业务收入”“营业外收入”等转入的余额和“公允价值变动损益”“投资收益”账户的净收益转入的余额；借方登记由“主营业务成本”“其他业务成本”“税金及附加”“销售费用”“管理费用”“财务费用”“营业外支出”“所得税费用”等账户转入的余额和“公允价值变动损益”“投资收益”账户的净损失转入余额；结转后，“本年利润”账户如为贷方余额，表示当年实现的净利润；如为借方余额，表示当年发生的净亏损。

年度终了，企业还应将“本年利润”账户的本年累计余额转入“利润分配——未分配利润”账户。如“本年利润”为贷方余额，借记“本年利润”账户，贷记“利润分配——未分配利润”账户；如为借方余额，做相反的会计分录。结转后，“本年利润”账户应无余额(如图 4—35 所示)。

| 借方　　　　本年利润 | 贷方 |
|---|---|
| 由费用账户转入数额 | 由收入账户转入数额 |
| 本年累计净亏损 | 本年累计净利润 |

**图 4—35　“本年利润”账户结构**

2.“所得税费用”账户

(1)账户性质：损益类中的费用账户。

(2)核算内容：核算和监督企业当期确认的所得税费用。

(3)账户结构：本账户借方登记本期确认的所得税费用，贷方登记期末转入“本年利润”账户的数额；结转后无余额(如图 4—36 所示)。

| 借方　　　　所得税费用 | 贷方 |
|---|---|
| 企业发生的所得税费用 | 期末转入“本年利润”账户的数额 |

期末结转后无余额

**图 4—36　“所得税费用”账户结构**

(三)利润形成业务的核算

1. 利润总额的核算

**【例 4—47】** 2022 年 6 月 30 日，沪星公司有关损益类账户的月末余额如表 4—6 所示：

**表 4—6　　沪星公司 2022 年 6 月损益类账户月末余额**　　单位：元

| 账户名称 | 结账前余额 | 余额方向 |
|---|---|---|
| 主营业务收入 | 1 920 000 | 贷 |

续表

| 账户名称 | 结账前余额 | 余额方向 |
|---|---|---|
| 其他业务收入 | 30 000 | 贷 |
| 投资收益 | 30 000 | 贷 |
| 营业外收入 | 5 000 | 贷 |
| 主营业务成本 | 858 000 | 借 |
| 其他业务成本 | 25 000 | 借 |
| 税金及附加 | 95 000 | 借 |
| 销售费用 | 159 500 | 借 |
| 管理费用 | 202 560 | 借 |
| 财务费用 | 8 000 | 借 |
| 营业外支出 | 20 000 | 借 |

(1)结转各项收入、利得类账户

这项经济业务的发生，一方面将收入、利得各类账户的发生额从借方转出，同时转入“本年利润”账户的贷方，其会计分录如下：

借：主营业务收入　　1 920 000
　　其他业务收入　　30 000
　　投资收益　　30 000
　　营业外收入　　5 000
　贷：本年利润　　1 985 000

(2)结转各项费用、损失类账户

这项经济业务的发生，一方面将费用、损失各类账户的发生额从贷方转出，同时转入“本年利润”账户的借方，其会计分录如下：

借：本年利润　　1 368 060
　贷：主营业务成本　　858 000
　　其他业务成本　　25 000
　　税金及附加　　95 000
　　销售费用　　159 500
　　管理费用　　202 560
　　财务费用　　8 000
　　营业外支出　　20 000

经过上述结转后，“本年利润”账户贷方发生额合计 1 985 000 元减去借方发生额合计 1 368 060 元(即税前会计利润 616 940 元)。

2. 所得税费用的核算

应纳税所得额是在企业税前会计利润(即利润总额)的基础上调整确定的。

应纳税所得额＝税前会计利润＋纳税调整增加额－纳税调整减少额

应交所得税＝应纳税所得额×所得税税率

**【例 4－48】** 承上例，沪星公司适用的所得税税率为 25%，该公司不存在纳税调整额，公司计算并确认本月所得税费用。

该经济业务中，沪星公司 2022 年 6 月的税前会计利润为 616 940 元，公司不存在纳税调整事项，故应纳税所得额为 616 940 元，应交所得税额为 154 235 元(616 940×25%)。

借：所得税费用　　　　154 235

　　贷：应交税费——应交所得税　　　　154 235

3. 净利润的核算

**【例 4－49】** 承上例，2022 年 6 月 30 日，沪星公司结转所得税费用。

(1)结转所得税费用

借：本年利润　　　　154 235

　　贷：所得税费用　　　　154 235

(2)结转本年净利润

本月净利润＝616 940－154 235＝462 705(元)

企业年度终了，企业还应将"本年利润"账户的本年累计余额(净利润)转入"利润分配——未分配利润"账户。

## 六、利润分配业务核算

(一)利润分配概述

利润分配是指企业根据国家有关规定和企业章程、投资者协议等，对企业当年可供分配的利润所进行的分配。利润分配的顺序依次是：

(1)弥补企业以前年度亏损。企业发生亏损，应由企业自行弥补。弥补亏损的渠道主要有三条：一是用以后年度的税前利润弥补；二是用以后年度的税后利润即净利润弥补；三是用盈余公积弥补。

(2)提取法定盈余公积。

(3)提取任意盈余公积。一般企业和股份有限公司的盈余公积包括法定盈余公积和任意盈余公积，法定盈余公积一般按税后净利润的 10%提取，按规定此项达到注册资本 50%时不可再提取。提取法定盈余公积的目的主要是为了培根固基，抵消物价变动的影响以及弥补亏损等；任意盈余公积经股东大会或类似机构批准，按照规定的比例从净利润中提取。盈余公积可以用于弥补亏损、转增资本(或股本)。符合条件的企业，也可以用盈余公积分派现金股利。

(4)向投资者分配利润。

(二)主要账户设置

1. "利润分配"账户

(1)账户性质：所有者权益类账户。

(2)核算内容：核算和监督企业利润分配(或亏损弥补)和历年分配(或补亏)后的积存余额。

(3)账户结构：本账户借方登记"本年利润"账户转入的亏损额和已发生的"利润分配"；贷

方登记“本年利润”账户转入的净利润和亏损的弥补情况，贷方余额表示历年累计未分配利润，借方余额表示历年累计未弥补的亏损(如图 4—37 所示)。

(4)明细账户：该账户按利润分配的去向，分别设置“提取法定盈余公积”“提取任意盈余公积”“应付现金股利或利润”“转作股本的股利”“盈余公积补亏”和“未分配利润”等明细账户，进行利润分配的明细分类核算。期末结转后，除“未分配利润”明细账外，其他明细账均无余额。

| 借方　　利润分配 | 贷方 |
| --- | --- |
| 1. 自“本年利润”账户转入的净亏损<br>2. 利润分配的去向 | 1. 自“本年利润”账户转入的净利润<br>2. 亏损的弥补情况 |
| 余额：历年累计未弥补的亏损 | 余额：历年累计未分配的利润 |

**图 4—37 “利润分配”账户结构**

2.“盈余公积”账户

(1)账户性质：所有者权益类账户。

(2)核算内容：核算和监督从净利润中提取的盈余公积。

(3)账户结构：本账户贷方登记提取的盈余公积，借方登记盈余公积弥补亏损或转增资本。期末贷方余额反映企业提取的盈余公积余额(如图 4—38 所示)。

(4)明细账户：该账户按盈余公积的种类，分别设置“法定盈余公积”“任意盈余公积”等明细账户，进行明细分类核算。

| 借方　　盈余公积 | 贷方 |
| --- | --- |
| 盈余公积弥补亏损或转增资本 | 企业提取的盈余公积余额 |
| | 余额：企业盈余公积的结存数 |

**图 4—38 “盈余公积”账户结构**

3.“应付股利”账户

(1)账户性质：负债类账户。

(2)核算内容：核算和监督企业经股东大会决议确定分配的现金股利或利润。

(3)账户结构：本账户贷方登记应付给投资者的股利和利润数，借方登记实际支付的股利和利润数；余额在贷方，表示尚未支付的股利(如图 4—39 所示)。

(4)明细账户：该账户可按投资者设置明细账户，进行明细分类核算。

| 借方　　应付股利 | 贷方 |
| --- | --- |
| 实际支付的股利和利润 | 应付给投资者的股利或利润 |
| | 余额：已经宣告但尚未支付的股利或利润 |

**图 4—39 “应付股利”账户结构**

(三)利润分配业务核算

1. 提取和使用盈余公积

**【例 4—50】** 沪星公司 2021 年度的净利润为 6 000 000 元，企业按净利润的 10%提取法定盈余公积，按 20%的比例提取任意盈余公积，假设以前年度无未弥补亏损，公司的盈余公积也尚未达到注册资本的50%。先将全年净利润结转至“利润分配”。分录为：

借：本年利润　　6 000 000

　　贷：利润分配——未分配利润　　6 000 000

企业应提取的法定盈余公积为600 000元(6 000 000×10%)，任意盈余公积为1 200 000元(6 000 000×20%)。该经济业务的发生，一方面表示利润分配减少1 800 000元，分别记入“利润分配——提取法定盈余公积”和“利润分配——提取任意盈余公积”账户的借方；另一方面表明盈余公积增加1 800 000元，分别记入“盈余公积——法定盈余公积”和“盈余公积——任意盈余公积”账户的贷方。

借：利润分配——提取法定盈余公积　　600 000

　　　　　　——提取任定盈余公积　　1 200 000

　　贷：盈余公积——法定盈余公积　　600 000

　　　　　　　　——任意盈余公积　　1 200 000

2. 向投资者分配利润

**【例4—51】** 承上例，沪星公司经股东大会决定，从税后利润中分配给投资者500 000元红利。

该经济业务的发生，一方面向投资者分红导致未分配利润减少500 000元，记入“利润分配——应付现金股利或利润”账户的借方，另一方面应付而未付投资者的利润增加500 000元，记入“应付股利”账户的贷方。

借：利润分配——应付现金股利或利润　　500 000

　　贷：应付股利　　500 000

3. 结转利润分配

**【例4—52】** 承上例，沪星公司2021年12月31日，将“利润分配”账户除“未分配利润”明细账户外的其他明细账户余额结转至“利润分配——未分配利润”账户。

借：利润分配——未分配利润　　2 300 000

　　贷：利润分配——提取法定盈余公积　　600 000

　　　　　　　　——提取任定盈余公积　　1 200 000

　　　　　　　　——应付现金股利或利润　　500 000

**情景思考4—8**

上述沪星公司在2021年12月31日提取盈余公积、利润分配后，利润分配账户为什么只剩下一个未分配利润明细账？

情景思考4-8

## 小结

1. 生产企业的经济业务核算主要包括筹资业务、供应过程的业务、生产过程的业务、销售过程的业务和利润形成及分配过程的业务核算五个方面。

2. 筹资业务包括投入资本与借入资金业务，其核算账户主要有“实收资本(股本)”“长期借款”“短期借款”“固定资产”“资本公积”“财务费用”等。

3. 供应过程购建固定资产和材料采购业务，其核算账户主要有“固定资产”“在建工程”“应交税费”“银行存款”“原材料”“在途物资”“应付账款”“预付账款”“应付票据”等。

4. 生产过程包括材料领用、职工薪酬的支付、制造费用归集与分配和结转完工产品等业务，其核算账户主要有“生产成本”“制造费用”“管理费用”“应付职工薪酬”“累计折旧”“库存商品”等。

5. 销售过程包括商品销售、材料销售、销售费用等业务，其核算账户主要有“主营业务收入”“其他业务收入”“应交税费”“主营业务成本”“其他业务成本”“销售费用”“应收账款”“预收账款”“应收票据”等。

6. 利润形成及分配过程包括期间费用、投资收益、税金及附加、营业外收支、投资收益、利润形成和分配等业务，其核算账户主要有“营业外收入”“营业外支出”“本年利润”“利润分配”“盈余公积”“应付股利”等。

## 职场体验

### 案例分析

张明原在某企业任职，月薪 5 000 元。2021 年年初辞职创业开了一家餐饮公司，该公司投资 200 000 元（其中 100 000 元为张明个人自有存款，另 100 000 元为张明以个人名义从银行借入的款项，年利率为 5%），2021 年年末，张明统计了公司开业 1 年有关收支项目的发生情况，具体如下：

（1）餐饮收入 800 000 元。

（2）出租场地的租金收入 120 000 元。

（3）兼营小食品零售业务收入 70 000 元。

（4）各种饮料食品的成本 500 000 元。

（5）支付各种税金 45 000 元。

（6）支付雇员工资 300 000 元。

（7）购置设备支出 320 000 元，其中本年应负担该批设备的磨损成本 60 000 元。

（8）张明的个人支出 50 000 元。

要求：确定该公司的经营成果，并运用你掌握的会计知识评价张明的辞职是否合适。

## 业务操作

宏大公司为增值税一般纳税人，适用的增值税税率为 13%，所得税税率为 25%，假定不考虑其他的相关税费。宏大公司主要生产和销售甲产品，原材料按实际成本核算，在销售产品时逐笔结转销售成本。2021 年度公司发生下列经济业务：

（1）3 月 1 日，公司销售甲产品一批，该批产品的实际成本 120 万元，增值税专用发票上注明的价款为 200 万元，增值税税额 26 万元，产品已经发出，提货单已交给买方，买方通过转账支票支付全部价税款 226 万元。

（2）4 月 5 日，销售甲产品，增值税专用发票上注明的价款为 1 300 万元，增值税 169 万元，产品已经发出，货款和增值税已经收到并存入银行，该批产品的实际成本为 650 万元。

（3）本年生产产品领用原材料 600 万元，生产车间一般耗用原材料 120 万元，企业管理部门领用原材料 40 万元。

（4）7 月 9 日，销售原材料一批，该批材料的实际成本为 36 万元，增值税专用发票上注明的货款为 40 万元，增值税税额为 5.2 万元，原材料已经发出，货款和税款已收到并存入银行。

（5）分配本年度工资费用，其中，生产工人工资 200 万元，车间管理人员工资 80 万元，企业管理人员工资 80 万元，在建工程人员工资 40 万元。

（6）按各自工资的 20%计提社会保险费、10%计提住房公积金，实际发生了职工福利费（占工资的 5%）。

(7)本年度用银行存款支付本期发生的广告费用15万元、销售产品过程中发生的运输费用30万元,发生的利息费用及银行手续费合计8万元。

(8)本年计提固定资产折旧200万元,其中,车间140万元,管理部门60万元。

(9)本年度用银行存款缴纳增值税120万元、消费税10万元。

(10)计算并确认本年的应交所得税,假定不存在所得税纳税调整因素。

(11)本年度的损益类账户结转至“本年利润”账户。

要求:编制上述经济业务的会计分录,并计算该公司本年的营业利润、利润总额和净利润。

## 学习评价

**一、单项选择题**

1. 企业收到投资人投入的资本时,应贷记(　　)。

A. 投资收益　　B. 资本公积　　C. 实收资本　　D. 盈余公积

2. 企业在生产经营过程中发生的短期借款利息支出应计入(　　)。

A. 财务费用　　B. 在建工程　　C. 管理费用　　D. 生产成本

3. 支付广告费时,应借记(　　)账户。

A. 管理费用　　B. 销售费用　　C. 营业外支出　　D. 其他业务成本

4.“生产成本”账户贷方登记(　　)。

A. 为生产产品发生的各项费用　　B. 已售产品的生产成本

C. 完工入库产品的生产成本　　D. 期末转入“本年利润”账户的成本

5. 下列账户中月末余额一般为零的是(　　)。

A. 预收账款　　B. 利润分配　　C. 投资收益　　D. 生产成本

6. 下列项目,不构成原材料实际成本的是(　　)。

A. 买价　　B. 采购费用　　C. 应负担的税金　　D. 可以抵扣的增值税

7. 已售产品的销售成本结转,应从(　　)账户转入主营业务成本账户。

A. 制造费用　　B. 生产成本　　C. 原材料　　D. 库存商品

8. 某企业为增值税一般纳税人。本期外购原材料一批,发票注明买价20 000元,增值税额为2 600元,入库前发生的挑选整理费用为1 000元。该批原材料的入账价值为(　　)。

A. 20 000元　　B. 22 600元　　C. 21 000元　　D. 23 600元

9. 下列不应计入“管理费用”账户的是(　　)。

A. 业务招待费　　B. 销售部门人员工资

C. 行政管理部门人员工资　　D. 生产车间生产设备的日常修理费

10. 工业企业领用原材料制造产品,应记入(　　)账户。

A. 生产成本　　B. 制造费用　　C. 销售费用　　D. 管理费用

11. 销售机构固定资产计提的折旧费应记入(　　)。

A. 制造费用　　B. 生产成本　　C. 销售费用　　D. 管理费用

12. 企业的净利润是指企业一定期间的利润总额,扣除(　　)后的财务成果。

A. 营业外收支净额　　B. 投资收益　　C. 所得税费用　　D. 以上全部

13. 企业收到的投资者投入作为资本金的非货币性资产,应按照(　　)入账。

A. 实际收到的投资净值　　B. 投资各方合同或协议确认的价值

C. 资产的账面原值　　D. 资产的市场价值

14. 某企业为增值税一般纳税人,以银行存款购入需要安装的设备一台,支付设备的买价6 000元,增值税税额 780 元，设备安装费用 500 元。该项业务应记入“固定资产”账户借方的金额为(　　)元。

A. 6 780　　B. 6 500　　C. 72 800　　D. 6 000

15. 某一般纳税企业从其他企业购入原材料一批，货款为 200 000 元，增值税为 26 000 元，对方代垫运杂费 6 000 元，该原材料已经验收入库，货款尚未支付。该购买业务所发生的应付账款的入账价值为(　　)元。

A. 232 000　　B. 226 000　　C. 206 000　　D. 200 000

16. 某企业年初未分配利润为 1 000 000 元，本年净利润为 10 000 000 元，按 10%计提法定盈余公积，按 5%计提任意盈余公积，宣告发放现金股利为 800 000 元，该企业期末未分配利润为(　　)元。

A. 8 550 000　　B. 8 670 000　　C. 8 700 000　　D. 8 740 000

17. 年末结账后，“利润分配”账户的贷方余额表示(　　)。

A. 本年实现的利润总额　　B. 本年实现的净利润额

C. 本年利润分配总额　　D. 年末未分配利润额

18. 下列内容不属于企业营业外支出的是(　　)。

A. 非常损失　　B. 坏账损失　　C. 公益性捐赠支出　　D. 固定资产盘亏损失

19. 某一般纳税人企业销售一批商品，增值税专用发票上标明的价款为 300 万元，适用的增值税税率为 13%，为购买方代垫运杂费 10 万元，款项尚未收回，该企业确认的应收账款为(　　)。

A. 300 万元　　B. 310 万元　　C. 339 万元　　D. 349 万元

20. 企业生产车间按月计提固定资产折旧时，应贷记(　　)。

A.“固定资产”账户　　B.“制造费用”账户

C.“累计折旧”账户　　D.“管理费用”账户

21. 企业购买材料时发生的途中合理损耗应(　　)。

A. 由供应单位赔偿　　B. 计入材料采购成本

C. 由保险公司赔偿　　D. 计入管理费用

22. 企业发生的下列税金中，与企业损益无关的是(　　)。

A. 消费税　　B. 一般纳税人企业的增值税

C. 所得税　　D. 城市维护建设税

23. 某企业 2022 年 1 月发生如下费用：计提车间用固定资产折旧 30 万元，发生车间管理人员薪酬 120 万元，支付销售产品广告费 90 万元，预提短期借款利息 60 万元，支付管理部门业务招待费 30 万元，支付公益性捐赠支出 20 万元，则该企业本期的期间费用总额为(　　)。

A. 150 万元　　B. 180 万元　　C. 300 万元　　D. 350 万元

24. 下列各项中，影响企业营业利润的项目是(　　)。

A. 营业外收入　　B. 营业外支出　　C. 投资收益　　D. 所得税费用

25. 由生产产品负担的职工薪酬，应计入(　　)。

A. 管理费用　　B. 期间费用　　C. 销售费用　　D. 生产成本

**二、多项选择题**

1. 下列项目中可以记入“制造费用”账户的是(　　)。

A. 车间一般耗用的材料　　B. 车间管理人员工资

C. 行政管理人员工资　　D. 车间计提的固定资产折旧

2. 下列属于其他业务收入的是(　　)。

A. 出租固定资产的收入　　B. 出售材料收入

C. 投资收益　　D. 清理固定资产的净收益

3. 下列项目中，属于“营业外支出”账户核算内容的是(　　)。

A. 公益性救济捐赠　　B. 罚款支出

C. 固定资产盘亏　　D. 支付的广告费

4.(　　)属于“利润分配”核算的内容。

A. 提取法定盈余公积　　B. 宣告优先股股利

C. 计提所得税　　D. 盈余公积补亏

5. 下列属于“应交税费”二级明细账户的有(　　)。

A. 应交增值税　　B. 进项税额　　C. 销项税额　　D. 未交增值税

6. 应计入“应付职工薪酬”账户的内容有(　　)。

A. 职工工资　　B. 职工福利费

C. 为职工缴纳社会保险　　D. 股利支付

7. 某公司按合同规定销售产品一批,开出的增值税专用发票上标明价款为 10 000 元,增值税为 1 300 元,产品已发出,原已经预收购货单位货款 8 000 元,预收款不足部分购货单位暂欠,则关于该交易或事项的会计处理,下列说法中正确的有(　　)。

A. 应贷记“主营业务收入”10 000 元　　B. 应借记“预收账款”11 300 元

C. 应贷记“应交税费”1 300 元　　D. 应借记“预收账款”8 000 元

8. 下列账户的余额在会计期末时应结转至“本年利润”账户的有(　　)。

A.“营业外收入”账户　　B.“制造费用”账户

C.“税金及附加”账户　　D.“管理费用”账户

9. 材料按实际成本核算时,应设置的账户有(　　)。

A. 原材料　　B. 在途物资　　C. 材料成本差异　　D. 材料采购

10. 下列各项中,应计入材料采购成本的有(　　)。

A. 材料买价　　B. 材料采购费用

C. 运输途中的合理损耗　　D. 入库前的挑选整理费

**三、判断题**

1. 固定资产账户余额反映固定资产的净值。(　　)

2. 预收账款不多的企业,可不设置“预收账款”账户,将预收的货款直接记入“应付账款”账户的贷方。(　　)

3. 企业销售商品、提供劳务和让渡资产使用权取得的收入都属于营业收入。(　　)

4. 期末“利润分配”所有明细账户期末均无余额。(　　)

5. 累计折旧账户属于资产类账户,但其期末余额在贷方。(　　)

6. 企业缴纳当月的增值税时,应借记“应交税费——应交增值税(已交税金)”账户,贷记“银行存款”账户。(　　)

7. 期末,结转完工入库产品的生产成本以后,“生产成本”总账及所属明细分类账户均应无余额。(　　)

8. 企业用支票支付购货款时,应通过“应付票据”账户核算。(　　)

9. 一般纳税人企业销售商品涉及的增值税额应作为销项税额核算。(　　)

10. 企业职工福利费可用于职工的抚恤费、困难补助以及防暑降温费等。(　　)

**四、简答题**

1. 企业资金筹集过程中主要涉及哪些账户?账户结构如何?

2. 固定资产的入账价值应如何确定?包括哪些内容?

3. 原材料的成本由哪些项目构成?

4. 企业生产过程和销售过程中核算的主要账户设置有哪些？

5. 财务成果核算的主要内容有哪些？利润是如何计算的？

6. 简述企业利润分配的顺序。

**五、实务题**

1. 筹资业务核算训练

大华公司为增值税一般纳税人，增值税税率为13%，2022年2月发生的经济业务如下：

(1)2月3日，收到甲企业向本公司的投资500 000元，款存入银行。

(2)2月5日，向银行申请3个月期限的短期借款200 000元，已获批准，款存入银行。

(3)2月10日，收到乙企业投入不需要安装的生产设备一台，取得的增值税专用发票注明的价款为150 000元，增值税额为19 500元。

(4)2月15日，收到丙企业投入的生产用原材料一批，取得的增值税专用发票注明的价款为100 000元，增值税额为13 000元，原材料验收入库。

(5)2月20日，收到丁企业专利权投资，价值300 000元。

要求：根据上述经济业务编制会计分录。

2. 固定资产购建业务核算训练

大华公司为增值税一般纳税人，增值税税率为13%，2022年3月发生的经济业务如下：

(1)3月1日，购入不需要安装生产设备一台，以银行存款支付价款300 000元及增值税额39 000元。

(2)3月12日，购入需要安装设备一台，以银行存款支付买价500 000元，增值税额65 000元，支付运输费并取得增值税专用发票，注明的运输费1 000元，增值税税额90元，款项全部以银行存款支付。

(3)3月15日，支付上述设备安装费并取得增值税专用发票，注明的安装费为10 000元，税率9%，增值税税额为900元。款项全部以银行存款支付。该机器安装完毕达到预定可使用状态。

要求：根据上述经济业务编制会计分录。

3. 材料采购过程业务核算训练

利华公司为增值税一般纳税人，增值税税率为13%，原材料按实际成本核算，2022年3月发生的经济业务如下：

(1)3月3日，从龙安公司购入A材料20千克，取得的增值税专用发票注明的价款为300 000元，增值税进项税额为39 000元，款未付，材料验收入库。

(2)3月6日，企业从宏达公司购入B材料1 000千克，取得的增值税专用发票注明的价款为200 000元，增值税进项税额为26 000元，取得的运输费增值税专用发票注明的价款为2 000元，增值税税额为180元，全部款项以转账支票支付，材料验收入库。

(3)3月9日，从五星公司购入C材料500千克，取得的增值税专用发票注明的价款为100 000元，增值税进项税额为13 000元，取得的运输费增值税专用发票注明的价款为1 000元，增值税税额为90元，全部款项以银行存款支付，材料尚未到达。

(4)3月16日，以银行存款支付前欠龙安公司货款。

(5)3月20日，上述向五星公司购买的C材料到达，并验收入库。

(6)3月31日，从宏达公司购入B材料2 000千克，材料已验收入库，月末发票账单尚未收到，材料暂估价为250 000元。

要求：根据上述经济业务编制会计分录。

4. 生产过程业务核算训练

利民公司为增值税一般纳税人，增值税税率为13%，2022年3月发生的经济业务如下：

(1)3月1日，生产甲产品领用A材料400千克，单价50元，领用C材料100千克，单价250元；生产乙产品领用B材料200千克，单价20元，领用D材料50千克，单价300元，生产车间一般性消耗领用A材料50千克，管理部门领用A材料30千克。

(2)3月3日，采购员王兵出差，预借差旅费3 000元，用现金支付。

(3)3月5日，用银行存款支付生产车间日常修理费，取得的增值税专用发票注明的修理费为2 000元，增值税税额为260元。

(4)3月6日，采购员王兵出差回来，报销差旅费3 800元，现金支付800元。

(5)3月8日，从银行提取现金50 000元"作为备用"。

(6)3月9日，以现金发放工资50 000元。

(7)3月10日，用银行转账支付本月电费35 000元；其中生产车间28 000元，管理部门7 000元。

(8)3月13日，计提本月的短期借款利息300元。

(9)3月13日，用银行存款支付本季度短期借款利息900元(已预提)。

(10)3月15日，用银行存款支付下半年销售网点租房的房租6 000元。

(11)3月18日，用现金购买办公用品860元，车间领用300元，其余归企业管理部门使用。

(12)3月20日，用银行存款支付业务招待费，取得的增值税专用发票注明的住宿费为5 000元，增值税税额为300元，取得的增值税普通发票上注明的餐费为3 000元，增值税税额180元。

(13)3月22日，以银行存款支付本月水费4 860元，其中车间生产甲产品耗用2 000元，生产乙产品耗用1 500元，车间非生产用水400元，企业管理部门耗用960元。

(14)3月25日，摊销本月应负担的企业财产保险费1 000元。

(15)3月31日，结转本月的工资费用56 000元，其中生产甲产品工人工资20 000元，生产乙产品工人工资15 000元，车间管理人员工资6 000元，企业管理人员工资15 000元。

(16)3月31日计提本月固定资产折旧3 800元，其中车间计提折旧2 300元，管理部门计提折旧1 500元。

(17)3月31日，按甲、乙产品生产工时比例分配并结转本月制造费用(已知甲产品生产工时为3 000小时，乙产品生产工时为2 000小时)。

(18)3月31日本月投产甲产品800件，乙产品400件，全部完工入库。计算并结转完工入库产品的生产成本。

要求：根据上述经济业务编制会计分录。

5. 销售过程业务核算训练

南方公司为增值税一般纳税人，增值税税率为13%，2022年3月发生的销售过程经济业务如下：

(1)3月2日，销售给五环工厂甲产品200件，开具的增值税专用发票注明的价款为40 000元，增值税税额为5 200元，款项已收，存入银行存款户。

(2)3月3日，用银行存款支付产品广告费，取得的增值税专用发票注明的价款为15 000元，增值税税额为900元。

(3)3月5日，销售给光明工厂乙产品600件，单价100元(不含增值税)，开具的增值税专用发票注明的价款为60 000元，增值税税额为7 800元，以银行存款支付代垫运杂费2 000元，全部款项尚未收到。

(4)3月12日，收到光明工厂前欠的乙产品货款69 800元，存入银行。

(5)3月17日，向光明工厂销售甲产品，商品已发出，开具的增值税专用发票注明的价款为100 000元，增值税税额为13 000元，收到光明公司开具的面值为113 000元的不带息商业汇票一张。

(6)3月19日，企业销售给W商场乙产品800件，单价100元，商品已发出。开具的增值税专用发票注明的价款为80 000元，增值税税额为10 400元，同时以银行存款1 200元支付代垫运杂费，款项及代垫运杂费均尚未收到。

(7)3月31日，结转本月销售甲产品成本80 000元和乙产品成本70 000元。

(8)3 月 31 日,假设甲产品属于应税消费品,适用消费税税率为 20%,计算确认本月应交消费税。

(9)3 月 31 日,公司本月实际交纳增值税 25 000 元、消费税 10 000 元。

(10)适用的城市维护建设税税率为 7%,教育费附加征收比率为 3%,分别计算并结转本月应缴纳的城市维护建设税和教育费附加。

(11)3 月 31 日,用银行存款缴纳城市维护建设税和教育费附加。

要求:根据上述经济业务编制会计分录。

6. 财务成果核算训练

资料:星东公司 2021 年 12 月 31 日各损益类账户余额如表 4—7 所示,企业发生下列经济业务:

**表 4—7　　星东公司 2021 年 12 月 31 日各损益类账户余额**　　单位:元

| 账户名称 | 结账前余额 | 余额方向 |
| --- | --- | --- |
| 主营业务收入 | 9 850 000 | 贷 |
| 其他业务收入 | 800 000 | 贷 |
| 投资收益 | 850 000 | 贷 |
| 营业外收入 | 70 000 | 贷 |
| 主营业务成本 | 6 980 000 | 借 |
| 其他业务成本 | 500 000 | 借 |
| 税金及附加 | 208 000 | 借 |
| 销售费用 | 750 000 | 借 |
| 管理费用 | 850 000 | 借 |
| 财务费用 | 560 000 | 借 |
| 营业外支出 | 370 000 | 借 |

(1)12 月 31 日,结转各损益类账户余额。

(2)12 月 31 日,按本月实现利润总额的 25%计算并结转应交所得税。

(3)12 月 31 日,结转全年实现的净利润 5 000 000 元。

(4)12 月 31 日,按全年净利润的 10%提取法定盈余公积。

(5)12 月 31 日,经研究决定向投资者分配利润 800 000 元。

要求:

(1)根据上述经济业务编制会计分录。

(2)开设并登记“本年利润”“利润分配”总分类账户(T 字形)。

# 项目五　填制和审核会计凭证

○ **知识目标**

◆ 了解会计凭证在会计工作中的重要性

◆ 掌握原始凭证和记账凭证的分类、基本内容和填制要求

◆ 掌握会计凭证的审核和错误更正

○ **能力目标**

◆ 能够独立完成会计凭证的填写

◆ 掌握会计凭证错误的更正方法

○ **思政目标**

◆ 引导学生合法合规合理地编制会计凭证

◆ 培养学生严谨做事、认真细致的工作作风

○ **重点难点**

◆ 原始凭证的种类、填制要求和错误更正

◆ 记账凭证的种类、填制要求和错误更正

### 任务引入

甲公司将全月的会计原始凭证快递给代理记账公司。但是快递途中,这个快递包不慎丢失。这里的原始凭证包括采购发票、销售发票、差旅费发票等。为此,该企业不得不逐一联系会计原始凭证原开出单位,要求原开出单位开出证明,证明经济业务的内容、原始凭证的号码、金额,并加盖单位公章。之后又由该企业会计机构负责人、会计主管人员和单位领导人办理批准手续。手续齐全后,才能代作原始凭证,再次报送代账公司。会计原始凭证为什么如此重要? 对公司的经济活动记载和持续运营有何重要意义?

## 任务一　会计凭证概述

会计主体在经济大潮里有兴衰轮回,经营管理者也会因工作需要等原因不断更替。无论人、事、物如何变化,会计主体的经济活动都被记录在各种经济业务往来的票据、凭证里。这些票据与凭证是会计原始凭证,是记录会计主体经济活动的载体,不会随着时间的变迁而有任何

变化，为查询提供最原始的资料。会计原始凭证是会计主体经济活动的载体，对会计主体的持续经营、稳定发展起到链条、纽带、衔接的作用。没有会计原始凭证的记载和传递，会计主体的经营和发展如同“盲人摸象”。

## 一、会计凭证的含义和作用

会计凭证是记录经济业务事项发生或完成情况的书面证明，是登记账簿的依据。填制和审核会计凭证是会计核算工作的起点和基本环节，也是登记账簿的前提和依据。会计凭证具有监督经济活动，控制经济运行的作用。

会计管理工作要求会计核算提供真实的会计资料，强调记录的经济业务必须有凭有据。任何单位每发生一项经济业务（如现金的收付、物资的进出、往来款项的结算），经办业务有关人员都必须按照规定的程序和要求取得或填制会计凭证，记录经济业务发生或完成的日期、经济业务的内容，并在会计凭证上签名盖章（有的凭证还需要加盖公章），以对会计凭证的真实性和正确性负责。例如，购买商品、材料由供货方开出发票；支出款项由收款方开出收据；接收商品、材料入库要有收货单；发出商品要有发货单；发出材料要有领料单等。这些发票、收据、收货单、发货单、领料单都是会计凭证。一切会计凭证都必须经过有关人员的严格审核，只有经过审核无误的会计凭证，才能作为登记账簿的依据。

填制和审核会计凭证是会计核算方法之一，也是会计核算工作的基础。会计凭证不但真实地记载了业务活动的情况，而且经过顺序编号、依次装订，可以使会计核算工作有条不紊。会计凭证的填制和审核，对于保证会计核算的质量，有效地进行会计监督，提供真实可靠的会计信息等都具有十分重要的作用。

### （一）为会计核算提供原始依据

任何经济业务发生都必须取得或填制会计凭证，如实地反映经济业务发生或完成的情况。各单位日常发生的业务，如资金的取得和运用，生产经营过程中材料物资的耗费，销售收入的取得，财务成果的形成和分配等，既有货币资金的收付，又有财产物资的收发。会计凭证上记载了经济业务发生的时间和内容，从而为会计核算提供了原始凭据，保证了会计核算的客观性与真实性，克服了主观随意性，使会计信息的质量得到了可靠保障。

### （二）发挥会计监督作用

经济业务是否合法、合理，是否客观真实，在记账前都必须经过财务部门审核。审核会计凭证，可以充分发挥会计监督作用。检查每笔经济业务是否符合有关政策、法令、制度、计划和预算的规定，有无铺张浪费和违纪行为，可以促进各单位和经办人树立遵纪守法的观念，促使各单位建立健全各项规章制度，确保财产安全完整。

### （三）加强岗位责任制

每一笔经济业务发生或完成都要填制和取得会计凭证，并由相关单位和人员在凭证上签名盖章，这样能促使经办人员严格按照规章制度办事。一旦出现问题，就可分清责任，及时采取措施，有利于岗位责任制的落实。

## 二、会计凭证的种类

经济业务的纷繁复杂决定了会计凭证是多种多样的。为了正确地使用和填制会计凭证，必须对会计凭证进行分类。会计凭证按照编制的程序和用途不同，分为原始凭证和记账凭证。原始凭证和记账凭证又可以进一步按照一定的标准分类。

原始凭证又称单据，是在经济业务发生或完成时取得或填制的，用以记录或证明经济业务的发生和完成情况，并作为记账原始依据的会计凭证。原始凭证是在经济业务发生的过程中直接产生的，是经济业务发生的最初证明，具有法律效力，是会计核算的重要资料，如发票、收据、材料入库单、领料单等。

记账凭证又称记账凭单，是会计人员根据审核无误的原始凭证，按照经济业务的内容加以归类，并据以确定会计分录后所填制的会计凭证。记账凭证应记载经济业务的简要内容，明确会计分录，它是登记账簿的直接依据。记账凭证根据复式记账的基本原理，确定了应借、应贷的会计科目及其金额，将原始凭证中的一般数据转化为会计语言，是介于原始凭证与账簿之间的中间环节，是登记总分类账和明细分类账的依据。之所以要编制记账凭证，是因为原始凭证来自不同的单位，种类繁多，数量庞大，格式不一，不能清楚地表明应记入的会计科目的名称和方向。通过填制统一格式的记账凭证，就可以将不同经济业务的原始凭证归类和整理，不仅有利于简化记账工作、减少差错，而且有利于原始凭证的保管，便于对账和查账，保证会计工作的质量。

# 任务二　原始凭证

## 一、原始凭证的种类

原始凭证的种类繁多，形式多样，为方便使用，通常按其来源、用途、填制手续和内容及格式分类。

(一)按照来源分类

按其来源不同，原始凭证可以分为外来原始凭证和自制原始凭证两种。

1. 外来原始凭证

外来原始凭证指在经济业务发生或完成时，从其他单位或个人直接取得的原始凭证。例如，由供货单位开具的增值税专用发票(如图 5—1 所示)、普通发票(如图 5—2 所示)及对外支付款项时收到的收据(如表 5—1 所示)都是外来原始凭证。此外，一些定额发票，如火车票、轮船票，也是外来原始凭证。

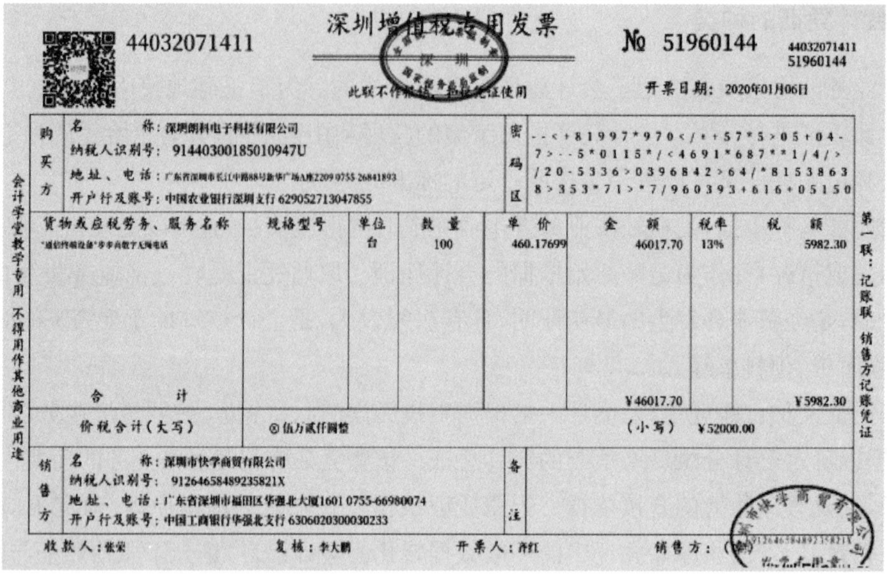

深圳增值税专用发票

44032071411

№ 51960144

44032071411
51960144

此联不作报销、扣税凭证使用

开票日期：2020年01月06日

| 购买方 | |
|---|---|
| 名称 | 深圳朗科电子科技有限公司 |
| 纳税人识别号 | 91440300185010947U |
| 地址、电话 | 广东省深圳市长江中路88号新华广场A座2209 0755 26841893 |
| 开户行及账号 | 中国农业银行深圳支行 629052713047855 |

密码区：
--<+81997*970</++57*5>05+04-
7>--5*0115*/<4691*687**1/4/>
/20-5336>0396842>64/*8153863
8>353*71>*7/960393+616+05150

| 货物或应税劳务、服务名称 | 规格型号 | 单位 | 数量 | 单价 | 金额 | 税率 | 税额 |
|---|---|---|---|---|---|---|---|
| *通信终端设备*步步高数字无绳电话 | | 台 | 100 | 460.17699 | 46017.70 | 13% | 5982.30 |
| 合计 | | | | | ¥46017.70 | | ¥5982.30 |
| 价税合计（大写） | ⊗伍万贰仟圆整 | | | | （小写） | ¥52000.00 | |

| 销售方 | |
|---|---|
| 名称 | 深圳市快学商贸有限公司 |
| 纳税人识别号 | 91264658489235821X |
| 地址、电话 | 广东省深圳市福田区华强北大厦1601 0755-66980074 |
| 开户行及账号 | 中国工商银行华强北支行 6306020300030233 |

备注

收款人：张荣　复核：李大鹏　开票人：齐红　销售方：（章）

会计学堂教学专用 不得用作其他商业用途

第一联：记账联 销售方记账凭证

图 5—1　增值税专用发票

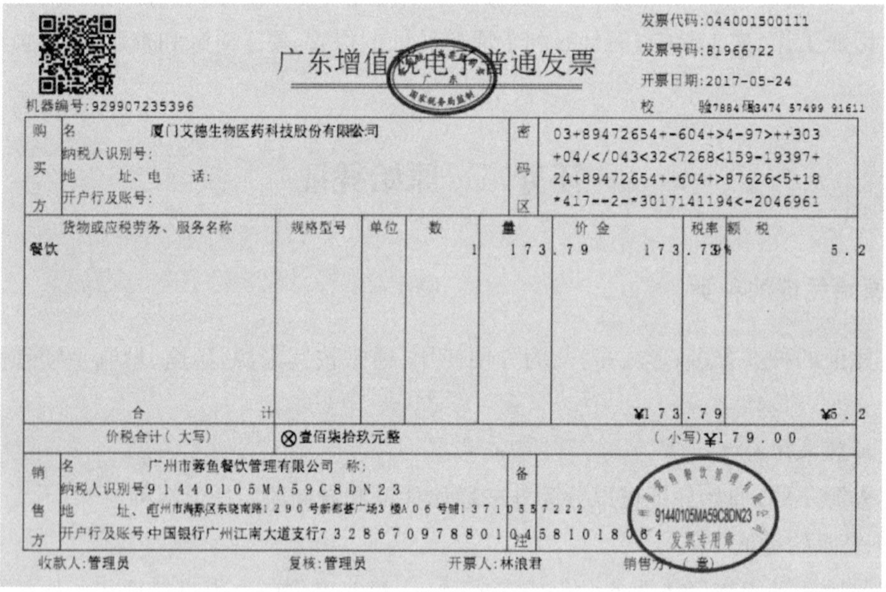

广东增值税电子普通发票

发票代码:044001500111
发票号码:81966722
开票日期:2017-05-24
校验码:7884 8474 57499 91611

机器编号:929907235396

| 购买方 | |
|---|---|
| 名称 | 厦门艾德生物医药科技股份有限公司 |
| 纳税人识别号 | |
| 地址、电话 | |
| 开户行及账号 | |

密码区：
03+89472654+-604+>4-97>++303
+04/</043<32<7268<159-19397+
24+89472654+-604+>87626<5+18
*417--2-*3017141194<-2046961

| 货物或应税劳务、服务名称 | 规格型号 | 单位 | 数量 | 单价 | 金额 | 税率 | 税额 |
|---|---|---|---|---|---|---|---|
| 餐饮 | | | 1 | 173.79 | 173.79 | 3% | 5.2 |
| 合计 | | | | | ¥173.79 | | ¥5.2 |
| 价税合计（大写） | ⊗壹佰柒拾玖元整 | | | | （小写） | ¥179.00 | |

| 销售方 | |
|---|---|
| 名称 | 广州市毒鱼餐饮管理有限公司 |
| 纳税人识别号 | 91440105MA59C8DN23 |
| 地址、电话 | 广州市海珠区东晓南路1290号新都荟广场3楼A06号铺 37103557222 |
| 开户行及账号 | 中国银行广州江南大道支行732867097880104581018064 |

备注

收款人:管理员　复核:管理员　开票人:林浪君　销售方:（章）

图 5—2　增值税电子普通发票

## 温馨提醒

**表 5－1**　　　　**收　据**

编号：

年　月　日

| 客　户 | | | | | | | | | |
|---|---|---|---|---|---|---|---|---|---|
| 项　目 | 数　量 | 金　额 | | | | | | | 备　注 |
| | | 万 | 千 | 百 | 十 | 元 | 角 | 分 | |
| | | | | | | | | | |
| | | | | | | | | | |
| | | | | | | | | | |
| | | | | | | | | | |
| | | | | | | | | | |
| 人民币 | | | | | | | | | |

第一联　存根
第二联　收据
第三联　登账

外来凭证都是一次凭证。销售发票不是外来凭证。

## 思政链接

### 代账会计虚开普票依法被追究刑事责任

雍某 2013 年在湖南长沙注册某财务代账公司，2017 年注销了公司。2016 年 10 月，其多次帮助客户公司购买其他公司虚开的增值税普通发票合计 30 份，价税合计 1 822 765 元，犯虚开发票罪，判处有期徒刑 1 年，缓刑 2 年，并处罚金人民币 2 万元。

2. 自制原始凭证

自制原始凭证是指由本单位内部经办业务的部门和人员，在执行或完成某项经济业务时填制的、仅供本单位内部使用的原始凭证，如产品入库时的产品入库单（如表 5－2 所示）、领发材料时的领料单（如表 5－3 所示）。

**表 5－2**　　　　**产品入库单**　　　　编号：19

交库单位：二车间　　　　2021 年 6 月 30 日　　　　产品仓库：2

| 产品编号 | 产品名称 | 规格 | 单位 | 交付数量 | 检验结果 | | 实收数量 | 单价 | 金额 |
|---|---|---|---|---|---|---|---|---|---|
| | | | | | 合格 | 不合格 | | | |
| DJ60 | 水泵 | | 台 | 20 | √ | | 20 | 60 | 1 200 |
| | | | | | | | | | |

记账：刘宇　　　　检验：李梅　　　　仓库：方菲　　　　经手：王成

**表 5—3** **领料单**

领料部门：一车间　　　　凭证编号：045

用途：产品生产　　　　2021 年 9 月 10 日　　　　发料仓库：3

| 材料编号 | 材料规格及名称 | 计量单位 | 数　量 | | 价　格 | |
|---|---|---|---|---|---|---|
| | | | 请领 | 实领 | 单价 | 金额 |
| 0084 | A 种钢材 | 千克 | 200 | 200 | 5 | 1 000 |
| | | | | | | |
| 备　注 | | | | | 合计 | 1 000 |

记账：曲鸣　　　　发料：高阳　　　　审批：刘海　　　　领料：王成

### 温馨提醒

凡是不能证明经济业务已经完成的文件或证明，都不能作为会计核算的依据。例如，经济合同、材料请购单、生产通知单，还有银行对账单等，都不属于原始凭证。未经对方单位签章，不具备法律效力的凭证，或不具备凭证基本内容的白条，也同样不能算作会计凭证。

（二）按用途分类

按其用途不同，原始凭证可以分为通知凭证、执行凭证和计算凭证。

1. 通知凭证

通知凭证是指要求、指示或命令企业进行某项经济业务的原始凭证，如“罚款通知书”“付款通知书”。

2. 执行凭证

执行凭证是证明某项经济业务已经完成的原始凭证，如“销货发票”“材料验收单”“领料单”。

3. 计算凭证

计算凭证是对已发生或完成的经济业务进行计算而编制的原始凭证，如“产品成本计算单”“制造费用分配表”“应付职工薪酬计算表”。

（三）按填制手续及内容分类

按其填制手续及内容不同，原始凭证可以分为一次凭证、累计凭证和汇总凭证。

1. 一次凭证

一次凭证是指一次填制完成，只反映一项经济业务，或者同时反映若干项同类性质的经济业务的原始凭证。一次凭证是一次有效的凭证，如收据、发货票、借款单、收料单、领料单等。

2. 累计凭证

累计凭证是指一定时期内多次记录发生的同类型经济业务的原始凭证。其特点是，在一张凭证内可以连续重复登记相同性质的经济业务，随时结出累计数及结余数，并按照费用限额控制费用，期末按实际发生额记账。工业企业用的限额领料单（如表 5—4 所示）就是一种典型的累计凭证。累计凭证是多次有效的原始凭证。

**表 5－4**　　　　**限额领料单**

领料部门:第二车间　　　　　　　　　　领字第 04 号

用途:产品生产　　　2021 年 8 月　　　仓库 03 号

| 材料编号 | 材料名称 | 材料规格 | 计量单位 | 领用限额 | 实发 | | | 计划投产量(米) | 消耗定额 |
|---|---|---|---|---|---|---|---|---|---|
| | | | | | 数量 | 实际或计划单价 | 金额 | | |
| 1053 | 略 | | 千克 | 1 500 | 1 500 | 18元/千克 | 27 000 | 10 000 | 0.15 千克/米 |
| 日期 | 领用 | | | 扣除代领数量 | 退料 | | | 限额结余 | |
| | 数量 | 发料人 | 领料人 | | 数量 | 收料人 | 退料人 | | |
| 1 | 100 | 郑明 | 马遥 | | | | | 1 400 | |
| 6 | 150 | 郑明 | 马遥 | | | | | 1 250 | |
| 10 | 300 | 郑明 | 马遥 | | | | | 950 | |
| 15 | 350 | 郑明 | 马遥 | | | | | 600 | |
| 20 | 300 | 郑明 | 马遥 | | | | | 300 | |
| 28 | 300 | 郑明 | 马遥 | | | | | 0 | |
| 合计 | 1 500 | | | | | | | | |

生产计划部门:沈洋　　　　供销部门:贾萍　　　　仓库:郑明

使用累计凭证,可以简化核算手续,能对材料消耗、成本管理起到事先控制的作用,是企业进行计划管理的手段之一。

3. 汇总凭证

汇总凭证是指对一定时期内反映经济业务内容相同的若干张原始凭证,按照一定标准综合填制的原始凭证。在实际工作中,对发生笔数较多的原始凭证可以汇总,编制原始凭证汇总表,如发料凭证汇总表(如表 5－5 所示)、收料凭证汇总表、现金收入汇总表、工资结算汇总表、差旅费报销单等。

**表 5－5**　　　　**发料凭证汇总表**

2021 年 4 月　　　　总字第 3 号

| 日期 | 领料单张数 | 贷方科目 | 借方科目 | | |
|---|---|---|---|---|---|
| | | 原材料 | 生产成本 | 制造费用 | …… |
| 4 | 50 张 | 85 000 | 50 000 | 35 000 | |
| 7 | 30 张 | 28 000 | 28 000 | | |
| 15 | 20 张 | 10 000 | | 10 000 | |
| …… | …… | …… | …… | …… | |
| 合计 | 230 张 | 250 000 | 180 000 | 70 000 | |

会计主管:林淼　　　记账:何丽　　　审核:黄岚　　　制单:赵峥

汇总凭证合并了同类经济业务,可以简化记账凭证的编制,提高工作效率,使核算资料更为系统，核算过程更为条理，能直接为管理提供某些综合指标，在大中型企业使用非常广泛。

(四)按格式分类

按其格式不同，原始凭证可以分为通用原始凭证和专用原始凭证两种。

1. 通用原始凭证

通用原始凭证是指由有关部门统一印制、在一定范围内使用的具有统一格式和使用方法的原始凭证。通用原始凭证的使用范围，因制作部门不同而异，可以是某一地区、某一行业，也可以是全国通用，如某省(市)印制的发货票、收据等，在该省(市)通用；由中国人民银行印制的银行结算凭证，在全国通用等。

2. 专用原始凭证

专用原始凭证是指由单位自行印制、仅在本单位使用的原始凭证，如领料单、差旅费报销单、折旧计算表、工资费用分配表等。

原始凭证的各种分类之间互有交叉，同一原始凭证按不同标准分属于不同种类。例如，采购发票：外来、一次、通用的；限额领料单：自制、多次、专用的；工资汇总表：自制、一次、专用的。

## 二、原始凭证的基本内容

由于不同经济业务内容和经济管理的要求不同，因此原始凭证的名称、格式和内容也是多种多样的。但是，所有的原始凭证，不管是自制原始凭证，还是外来原始凭证，作为经济业务的原始证据，都必须详细载明有关经济业务的发生或完成情况，都必须明确经办单位和人员的经济责任，而且作为会计记账的依据，还必须具有金额。因此，各种原始凭证都应具有一些共同的基本内容。

原始凭证所包括的基本内容通常称为凭证要素，主要有：(1)原始凭证的名称。(2)原始凭证的日期及编号。(3)接受原始凭证单位或个人的名称。(4)经济业务的基本内容(数量、单价及金额等)。(5)填制单位名称或填制人姓名。(6)经办部门及有关人员的签章。(7)原始凭证附件。

为了加强企业管理，充分发挥原始凭证在明确经济责任、加强内部控制方面的作用，原始凭证除了应当具备上述基本内容外，还应当符合下列要求：

(1)购买实物的原始凭证，必须附有验收证明，目的是为了明确经济责任，保证账物相符，防止盲目采购，避免物资短缺和流失。实物验收工作由经管实物的人员负责办理，会计人员通过有关的原始凭证监督检查。需要入库的实物，必须填写入库验收单，由实物保管人员验收入库后在入库单上如实填写实收数额，并加盖印章。不需要入库的实物，除经办人员在凭证上签章外，必须交给实物保管人员或使用人员验收后在凭证上签章。也就是说，企业购买实物，必须由购买人以外的第三者查证核实后，会计人员才能据以入账。

(2)为防止舞弊行为的发生，支付款项的原始凭证，必须有收款单位和收款人的收款证明，不能仅以支付款项的有关证明(如银行汇款凭证)代替。

(3)发生销货退回的，除填制退货发票外，还必须有退货验收证明；退款时，必须取得对方的收款收据或汇款银行的凭证，不能以退货发票代替收据。在实际工作中，有些单位发生销货退回，收到的退货没有验收证明，造成退货流失；在办理退款时，要开出红色发票，并以红字发票副本作为本单位付款的原始凭证，既不经对方单位盖章收讫，也未附有对方单位收到退款的收据。这种做法容易发生舞弊行为，漏洞很大。因此，发生销货退回及退回款项时，必须填制退货发票并附有退货验收证明和对方的收款收据。如果遇到特殊情况，可先用银行的有关凭证作为临时收据，待收到收款单位的收款证明后，再将其附在原付款凭证后，作为正式原始凭证。

(4)职工因公出差借款凭据，必须附在记账凭证之后。收回借款时，应当另开收据或者退还借款副本，不得退还原借款收据，因为借款和归还借款是互有联系的两项经济业务。在借款和归还借款时，应当分别在会计账目上独自反映。因此，不再将原借款收据退还借款人，否则，将会使会计资料失去完整性。

(5)经上级有关部门批准的经济业务，应当将批准文件作为原始凭证附件。如果批准文件需要单独归档的，应当在凭证上注明文件的批准机关名称、日期和文号，以便确认经济业务的审批情况，方便查阅核对。

此外，为了满足计划、业务、统计等职能部门管理的需要，有的原始凭证还需要列入计划、定额、合同号码等项目，这样可以更加充分地发挥原始凭证的作用。对于涉及范围较大、宏观管理要求较高且经常发生的同类经济业务，一般由国家职能部门制定统一的凭证格式。例如，由中国人民银行或者各商业银行统一印制的各种结算凭证，由税务部门统一印制的各种发票等。印制统一的原始凭证，既可以加强企业、行政事业等单位经济活动的管理，又可以通过大批量印制而节约印制成本。

### 三、原始凭证的填制要求

由于各种凭证的内容和格式千差万别，因此，原始凭证的具体填制方法也不同。一般来说，自制原始凭证通常有三种形式。一是根据经济业务的执行和完成的实际情况直接填列，如根据实际领用的材料品名和数量填制领料单等；二是根据账簿记录对某项经济业务进行加工整理填列，如月末计算产品成本时，先要根据“制造费用”账户本月借方发生额填制“制造费用分配表”，将本月发生的制造费用按照一定的分配标准分配到有关产品成本中，然后再计算出某种产品的生产成本；三是根据若干张反映同类业务的原始凭证定期汇总填列，如发出材料汇总表。外来原始凭证是由其他单位或个人填制的。它同自制原始凭证一样，也要具备能证明经济业务完成情况和明确经济责任所必须的内容。

为了正确、完整、及时地记录各项经济业务，填制原始凭证必须遵循统一要求，并在工作中认真贯彻。概括起来，填制原始凭证有以下七项基本要求：

#### (一)记录真实

记录真实，是指实事求是地填写经济业务，原始凭证填制日期、业务内容、数量、金额等必须与实际情况相一致，不得歪曲经济业务真相、弄虚作假。对于实物数量、质量和金额的计算，要准确无误，不得匡算或估计，确保凭证所记录的内容真实可靠。

#### (二)内容完整

原始凭证上各项内容要逐项填制齐全，不得遗漏和简略。年、月、日要按照原始凭证的实际日期填写；名称要齐全，不能简化；品名或用途要填写明确，不能含糊其词；需要填写一式数联的原始凭证，必须用复写纸套写，各联的内容必须完全相同，联次不得缺少；业务经办人员必须在原始凭证上签名或盖章，对凭证的真实性和正确性负责。从个人取得的原始凭证，必须有填制人员的签名盖章。

（三）填制及时

每笔经济业务发生或完成时，经办人员必须及时取得或填制原始凭证，并按照规定的程序及时送交会计部门审核、记账，不能提前，也不能事后补办，做到不积压、不误时、不事后补制。

（四）书写清楚

填写原始凭证要字迹清晰，易于辨认，不得使用未经国务院公布的简化汉字。大小写金额必须相符且填写规范。原始凭证数字及文字填写应注意以下几点：

(1)中文大写金额数字应用正楷或行书填写，如壹、贰、叁、肆、伍、陆、柒、捌、玖、拾、佰、仟、万、亿、元、角、分、零、整(正)等字样。不得用一、二(两)、三、四、五、六、七、八、九、十、毛、另(或0)填写，不得自造简化字。

(2)中文大写金额到元或角为止的，后面要写"整"或"正"字，大写金额数字有"分"的，"分"后面不写"整"或"正"字。

(3)中文大写金额数字前应标明"人民币"字样，大写数字应紧接"人民币"字样填写。未印"人民币"字样的，应添加"人民币"三个字。

(4)小写金额用阿拉伯数字逐个填写。小写金额阿拉伯数字前面，均应填写人民币符号"￥"，不得写连笔字。人民币符号"￥"与阿拉伯数字之间不得留有空白。金额数字一律填写到角分，无角分的，写"00"或符号"－"；有角无分的，分位写"0"，不得用符号"－"。

(5)阿拉伯数字中间有"0"时，中文大写金额要写"零"字。如小写金额为￥2 509.40，应写成"人民币贰仟伍佰零玖元肆角正"；小写金额为￥1 703.05，大写金额应写成"人民币壹仟柒佰零叁元零伍分"。

(6)阿拉伯数字中间连续有几个"0"时，中文大写金额中间可以只写一个"零"字。如小写金额为￥8 004.14，大写金额应写成"人民币捌仟零肆元壹角肆分"。但如果阿拉伯数字万位或元位是"0"而千位和角位不是"0"时，中文大写金额可只写一个零，也可以不写"零"字。如小写金额为￥1 680.49，大写金额可写成"人民币壹仟陆佰捌拾元零肆角玖分"，或者写成"人民币壹仟陆佰捌拾元肆角玖分"；小写金额￥107 000.53，大写金额写成"人民币壹拾万柒仟元零伍角叁分"，或者写成"人民币壹拾万柒仟元伍角叁分"。

(7)现行结算票据的出票日期必须使用中文大写。为防止改写票据的出票日期，在填写月、日时，月为壹、贰和壹拾的，日为壹至玖和壹拾、贰拾和叁拾的，应在其前加"零"，日为拾壹至拾玖的，应在其前加"壹"。如1月15日，应写成"零壹月壹拾伍日"；10月20日，应写成"零壹拾月零贰拾日"。票据的出票日期使用小写填写的，银行不予受理。

（五）手续完备

单位自制的原始凭证必须附有经办单位领导人或其他指定人员签名盖章；对外开出的原始凭证必须加盖本单位公章；从外部取得的原始凭证，必须盖有填制单位的公章；从个人取得的原始凭证，必须有填制人员的签名盖章。这里所说的"公章"，是指具有法律效力和特定用途，能够证明单位身份和性质的印鉴，包括业务公章、财务专用章、发票专用章、结算专用章等。总之，取得的原始凭证必须符合手续完备的要求，以明确经济责任，确保凭证的合法性和真实性。

（六）编号连续

各种原始凭证要连续编号，以便查考。有些凭证已预先印定编号，特别是涉及现金、银行存款收付的原始凭证，如发票、收据、支票都有连续编号，应按照编号连续使用。这类凭证如有填写错误，应予作废并重填，并在填错的凭证上加盖“作废”戳记，与存根一起保存，不得任意销毁。

（七）不得涂改、刮擦、挖补

原始凭证发生差错要按规定的方法更正，不得涂改、刮擦、挖补。原始凭证有错误的，应当由出具单位重开或更正，更正处应当加盖出具单位印章。原始凭证金额有错误的应当由出具单位重开，不得在原始凭证上更正。

## 四、原始凭证的审核

为了正确反映和监督各项经济业务，财务部门对取得的原始凭证，必须严格审核和核对，保证核算资料的真实、合法、完整。只有经过审查无误的凭证，才可作为编制记账凭证和登记账簿的依据。原始凭证的审核，是会计监督工作的一个重要环节，一般应从以下两方面进行：

（1）审查原始凭证所反映经济业务的合理性、合法性和真实性。这种审查是以有关政策、法规、制度和计划合同等为依据，审查凭证所记录的经济业务是否符合有关规定，有无贪污盗窃、虚报冒领、伪造凭证等违法乱纪现象，有无不讲经济效益、违反计划和标准的要求等。对于不合理、不合法及不真实的原始凭证，财务人员应拒绝受理。如发现伪造或涂改凭证弄虚作假、虚报冒领等不法行为，除拒绝办理外，还应立即报告有关部门，提请严肃处理。

（2）审核原始凭证的填制是否符合规定的要求。首先审查所用的凭证格式是否符合规定，凭证的要素是否齐全，是否有经办单位和经办人员签章；其次审查凭证上的数字是否完整，大、小写是否一致；最后审查凭证上数字和文字是否有涂改、污损等不符合规定之处。如果通过审查发现凭证不符合要求，那么凭证本身就失去作为记账依据的资格，会计部门应把那些不符合规定的凭证退还给原编制凭证的单位或个人，要求重新补办手续。

原始凭证的审核，是一项细致而且严肃的工作。要做好原始凭证的审核，充分发挥会计监督的作用，会计人员应该做到精通会计业务；熟悉有关的政策、法令和各项财务规章制度；对本单位的生产经营活动有深入的了解；同时还要求会计人员具有维护国家法令、制度和本单位财务管理的高度责任感，敢于坚持原则，才能在审核原始凭证时正确掌握标准，及时发现问题。

原始凭证经过审核后，对于符合要求的原始凭证，及时编制记账凭证并登记账簿；并对于手续不完备、内容记载不全或数字计算不正确的原始凭证，应退回有关经办部门或人员补办手续或更正；对于伪造、涂改或经济业务不合法的凭证，应拒绝受理，并向本单位领导汇报；对于弄虚作假、营私舞弊、伪造涂改凭证等违法乱纪行为，必须及时揭露并严肃处理。

## 五、原始凭证错误的更正

为了规范原始凭证的填制，明确相关人员的经济责任，防止利用原始凭证舞弊，《会计法》第 14 条规定了更正原始凭证的具体要求。

（1）原始凭证所记载的各项内容均不得涂改。随意涂改的原始凭证即为无效凭证，不能作为填制记账凭证或登记会计账簿的依据。

（2）原始凭证所记载的内容有错误的，应当由开具单位重开或更正，并在更正处加盖出具单位的公章。原始凭证开具单位应当依法开具准确无误的原始凭证，对填制有误的原始凭证负有更正和重新开具的法律义务,不得拒绝。

(3)原始凭证金额出现错误的,不得更正,只能由原始凭证开具单位重开。

### 六、原始凭证填制与审核实例

一般在经济业务发生或完成时,由经办人员填制原始凭证。下面以“收料单”的填制为例,介绍原始凭证的填制。

“收料单”是企业购进材料验收入库时,由仓库保管员根据购入材料的实际验收情况填制的一次性原始凭证。企业外购材料,都应履行入库手续,由仓库保管员根据供货单位开来的发票账单,严格审核,对运达入库的材料认真计量,并按实收数量认真填制“收料单”。收料单一式三联:一联留存仓库,据以登记材料物资明细账和材料卡片;一联随发票账单到会计部门报账;一联交采购人员存查。

**【例 5—1】** 2021 年 7 月 3 日,宇豪钢铁有限公司向全顺公司购入 B 种钢材 1 000 千克,每千克单价为 30 元,另付购入钢材运费 2 300 元。当日,宇豪钢铁有限公司收料人杨浩验收后,交仓库保管员刘春保管。根据上述业务填制的“收料单”,其格式与内容如表 5—6 所示。

**表 5—6　　宇豪钢铁有限公司收料单**

| 供货单位:全顺公司 | | | | | | | 凭证编号:0016 | | |
|---|---|---|---|---|---|---|---|---|---|
| 发票编号:11—19—012 | | | 2021 年 7 月 3 日 | | | | 收料仓库:3 | | |
| 材料编号 | 材料类别 | 名称及规格 | 计量单位 | 数　量 | | 金　额 | | | |
| | | | | 应收 | 实收 | 单价 | 买价 | 运费 | 合计 |
| 21 | 原材料 | B 种钢材 | 千克 | 1 000 | 1 000 | 30 | 30 000 | 2 300 | 32 300 |
| | | | | | | | | | |
| | | | | | | | | | |
| 合　计 | | | | | | | | | 32 300 |

第2联

仓库主管:高盛　　仓库保管:刘春　　收料人:杨浩

## 任务三　记账凭证

### 一、记账凭证的种类

(一)按经济业务内容分类

按经济业务内容不同,记账凭证可以分为收款凭证、付款凭证和转账凭证。

1. 收款凭证

收款凭证是指用于记录库存现金和银行存款收款业务的记账凭证。收款凭证又可以分为现金收款凭证和银行存款收款凭证,分别根据现金或银行存款收入业务的原始凭证填制,是登记库存现金日记账、银行存款日记账以及有关明细账和总账等账簿的依据。收款凭证的一般格式如表 5—7 所示。

**表 5—7**　　　　　　　　　　　　　　**收款凭证**

借方科目:库存现金　　　　　　　　2021 年 5 月 4 日　　　　　　　　收字第 3 号

| 摘　要 | 贷方总账科目 | 明细科目 | 金　额 | | | | | | | | √ |
|---|---|---|---|---|---|---|---|---|---|---|---|
| | | | 十 | 万 | 千 | 百 | 十 | 元 | 角 | 分 | |
| 收回余款 | 其他应收款 | 李　静 | | | | 5 | 8 | 0 | 0 | 0 | |
| | | | | | | | | | | | |
| | | | | | | | | | | | |
| | | | | | | | | | | | |
| | | | | | | | | | | | |
| 合　　计 | | | | | ¥ | 5 | 8 | 0 | 0 | 0 | |

附件 1 张

会计主管:博文　　记账:江南　　审核:王敏　　出纳:赵峰　　制单:赵峥

2. 付款凭证

付款凭证是指用于记录现金和银行存款付款业务的记账凭证。付款凭证又可分为现金付款凭证和银行存款付款凭证,分别依据现金或银行存款付出业务的原始凭证填制,是登记库存现金日记账、银行存款日记账以及有关明细账和总账等账簿的依据。付款凭证的格式一般如表 5—8 所示。

**表 5—8**　　　　　　　　　　　　　　**付款凭证**

贷方科目:银行存款　　　　　　　　2021 年 5 月 5 日　　　　　　　　付字第 30 号

| 摘　要 | 借方总账科目 | 明细科目 | 金　额 | | | | | | | | √ |
|---|---|---|---|---|---|---|---|---|---|---|---|
| | | | 十 | 万 | 千 | 百 | 十 | 元 | 角 | 分 | |
| 支付前欠账款 | 应付账款 | A 公司 | | 1 | 2 | 0 | 0 | 0 | 0 | 0 | |
| | | | | | | | | | | | |
| | | | | | | | | | | | |
| | | | | | | | | | | | |
| | | | | | | | | | | | |
| 合　　计 | | | ¥ | 1 | 2 | 0 | 0 | 0 | 0 | 0 | |

附件 1 张

会计主管:博文　　记账:江南　　审核:王敏　　出纳:赵峰　　制单:赵峥

## 温馨提醒

为避免重复,对现金和银行存款两类货币资金之间的划转业务(如从银行取现金或将现金送存银行),一般只编制付款凭证,不编制收款凭证。

3. 转账凭证

转账凭证是指用于记录不涉及现金和银行存款业务的记账凭证。转账凭证应根据有关转账业务的原始凭证编制,作为登记有关明细账和总账等会计账簿的依据。转账凭证的一般格式如表 5—9 所示。

**表 5—9** **转账凭证**

2021 年 5 月 8 日 转字第 3 号

| 摘 要 | 总账科目 | 明细科目 | √ | 借方金额 | | | | | | | | 贷方金额 | | | | | | | |
|---|---|---|---|---|---|---|---|---|---|---|---|---|---|---|---|---|---|---|---|
| | | | | 十 | 万 | 千 | 百 | 十 | 元 | 角 | 分 | 十 | 万 | 千 | 百 | 十 | 元 | 角 | 分 |
| 领用材料投入生产 | 生产成本 | 乙产品 | | | 1 | 4 | 0 | 0 | 0 | 0 | 0 | | | | | | | | |
| | 原材料 | A 材料 | | | | | | | | | | | 1 | 4 | 0 | 0 | 0 | 0 | 0 |
| | | | | | | | | | | | | | | | | | | | |
| | | | | | | | | | | | | | | | | | | | |
| | | | | | | | | | | | | | | | | | | | |
| 合 计 | | | | ¥ | 1 | 4 | 0 | 0 | 0 | 0 | 0 | ¥ | 1 | 4 | 0 | 0 | 0 | 0 | 0 |

附件 1 张

会计主管:博文 记账:江南 审核:王敏 制单:赵峥

收款凭证、付款凭证和转账凭证,都是按照交易或事项的某种特定属性定向使用的记账凭证,因此都属于专用记账凭证。此外,业务比较单纯、业务量比较少的单位,也可以采用通用记账凭证。通用记账凭证是各类交易或事项(包括收款、付款和转账业务)共同使用的记账凭证。通用记账凭证的一般格式如表 5—10 所示。

**表 5—10** **记账凭证**

2021 年 5 月 18 日 记字第 75 号

| 摘 要 | 总账科目 | 明细科目 | 账页 | 借方金额 | | | | | | | | 贷方金额 | | | | | | | |
|---|---|---|---|---|---|---|---|---|---|---|---|---|---|---|---|---|---|---|---|
| | | | | 十 | 万 | 千 | 百 | 十 | 元 | 角 | 分 | 十 | 万 | 千 | 百 | 十 | 元 | 角 | 分 |
| 结转完工产品成本 | 库存商品 | 甲产品 | √ | | 2 | 6 | 0 | 0 | 0 | 0 | 0 | | | | | | | | |
| | 生产成本 | 甲产品 | √ | | | | | | | | | | 2 | 6 | 0 | 0 | 0 | 0 | 0 |
| | | | | | | | | | | | | | | | | | | | |
| | | | | | | | | | | | | | | | | | | | |
| 合计 | | | | ¥ | 2 | 6 | 0 | 0 | 0 | 0 | 0 | ¥ | 2 | 6 | 0 | 0 | 0 | 0 | 0 |

附件 1 张

会计主管:博文 记账:江南 出纳:赵峰 复核:王敏 制单:赵峥

(二)按用途分类

按用途不同,记账凭证可以分为分录凭证、汇总凭证和联合凭证。

1. 分录凭证

分录凭证是直接根据原始凭证编制,载明会计科目、记账方向和金额的凭证(如表 5—7、表 5—8、表 5—9 和表 5—10 所示)。

2. 汇总凭证

汇总凭证是为了简化记账工作，对分录凭证加以汇总，据以登记分类账的记账凭证，如记账凭证汇总表（如表 5—11 所示）。

**表 5—11**　　**记账凭证汇总表**

2021 年 4 月 9 日　　汇字第 4 号

| 会计科目 | 借方金额 | 记　账 | 贷方金额 | 记　账 |
|---|---|---|---|---|
| 库存现金 | 5 800 | | | |
| 应收账款 | 26 000 | | | |
| 短期借款 | | | 22 000 | |
| …… | | | | |
| 实收资本 | | | 300 000 | |
| 合　计 | 980 000 | | 980 000 | |

附件 35 张

会计主管：博文　　记账：江南　　出纳：吴晗　　审核：何君　　制单：赵峥

3. 联合凭证

联合凭证是既有原始凭证或原始凭证汇总表的内容，同时又具备记账凭证内容的凭证，它在自制原始凭证或原始凭证汇总表的基础上同时印有对应科目，作为记账的依据，如发料凭证汇总表（如表 5—5 所示）。

（三）按填制方法分类

按填制方法不同，记账凭证可以分为单式凭证和复式凭证。

1. 单式凭证

单式凭证又叫单科目记账凭证，是指每一张记账凭证只填列经济业务事项所涉及的一个会计科目及其金额的记账凭证（如表 5—12、表 5—13 所示）。填列借方科目的称为借项凭证，填列贷方科目的称为贷项凭证，对应科目不作为记账依据。某项经济业务涉及几个会计科目，就编制几张单式记账凭证。单式凭证反映内容单一，便于汇总计算每一个会计科目的发生额，便于分工记账。缺点是制证工作量大，一张凭证不能反映一笔经济业务的全貌，不便于检查会计分录的准确性。

**表 5—12**　　**借项凭证汇总表**

对应科目：应付账款　　2021 年 4 月 7 日　　编号 $1\frac{1}{2}$

| 摘　要 | 总账科目 | 明细科目 | 金　额 | 记　账 |
|---|---|---|---|---|
| 购入原材料货款暂欠 | 原材料 | A 材料 | 4 500 | |
| | | | | |
| | | | | |
| | | | | |

附件 3 张

会计主管：博文　　记账：江南　　出纳：吴晗　　审核：何君　　制单：赵峥

**表 5—13** **贷项凭证汇总表**

对应科目:原材料 2021 年 4 月 7 日 编号 1 $\frac{2}{2}$

| 摘　要 | 总账科目 | 明细科目 | 金　额 | 记　账 |
|---|---|---|---|---|
| 购入原材料货款暂欠 | 应付账款 | 甲公司 | 4 500 | |
| | | | | |
| | | | | |
| | | | | |

附件 1 张

会计主管:博文 记账:江南 出纳:吴晗 审核:何君 制单:赵峥

2. 复式凭证

复式凭证是指将每一笔经济业务或事项所涉及的全部会计科目及其发生额均在同一张记账凭证中反映的一种记账凭证(如表 5—7 至表 5—10 所示)。上述收款凭证、付款凭证和转账凭证都属于复式记账凭证。复式记账凭证全面反映了经济业务的账户对应关系,便于了解有关经济业务的全貌,了解资金的来龙去脉,有利于检查会计分录的正确性,减少凭证张数。在实际工作中,绝大多数单位都使用复式凭证。复式凭证的缺点是不便于汇总计算科目的发生额,也不便于不同会计岗位的分工记账。

## 二、记账凭证的基本内容

记账凭证种类繁多,格式不一,但其主要作用都在于对原始凭证进行分类整理,按照复式记账的要求,运用会计科目,编制会计分录,据以登记会计账簿。因此,无论采用何种格式,记账凭证都必须具备以下基本内容:(1)记账凭证的名称。(2)填制记账凭证的日期。(3)记账凭证的编号。(4)经济业务事项的内容摘要。(5)经济业务事项所涉及的会计科目(包括一级会计科目、二级会计科目或明细科目),记账方向和金额。(6)记账标记。(7)所附原始凭证的张数。(8)会计主管审核、制单、记账人员的签章以及出纳人员在收付款凭证上的签章。

## 三、记账凭证的填制要求

各种记账凭证必须按照规定及时、准确、完整地填制。填制记账凭证的依据,必须是经过审核无误的原始凭证。记账凭证的书写应清楚、规范,相关要求同原始凭证。记账凭证基本要素的填写要求如下:

(1)日期的填写。记账凭证的日期,一般为编制记账凭证的当天日期。分配工资、计提折旧、结转损益类科目等月末结转的业务,记账凭证的填制日期为当月的最后一天。

(2)摘要的填写。记账凭证的摘要栏既是对经济业务的简要说明,又是登记账簿的需要,应正确地填写,不可漏写或错填。填写的摘要,一要真实准确,其内容与经济业务的内容和所附原始凭证的内容相符;二要简明扼要,书写规范。

(3)会计科目的填写。会计科目应填写会计科目的全称或会计科目的名称和编号,不得简写或只填写会计科目的编号而不填名称。需填写明细科目的,应在"明细科目"栏填写明细科目的名称。

(4)金额的填写。记账凭证的金额必须与原始凭证的金额相符。“合计”行要填列合计金额。阿拉伯数字的书写要规范；在合计数字前应填写货币符号，不是合计数字前不应填写货币符号。货币符号和金额数字之间不留空白。一笔经济业务因涉及会计科目较多，需填写多张记账凭证，只在最后一张记账凭证的“合计”行填写合计金额。记账凭证中的文字、数字和货币符号的书写要求，与原始凭证相同。

(5)记账凭证附件张数的计算。填制记账凭证时，可以根据每一份原始凭证单独填制，也可以根据同类经济业务的多份原始凭证汇总填制，还可以根据汇总的原始凭证填制。为了简化记账凭证的填制手续，对于转账业务，可以用自制的原始凭证或汇总原始凭证代替记账凭证。应当指出的是，不同类型业务的原始凭证，不能混同编制一份记账凭证。附件张数的计算方法有两种：一种是按照构成记账凭证金额的原始凭证(或原始凭证汇总表)计算张数，如转账业务原始凭证的张数计算；另一种是以所附原始凭证的自然张数为准，即凡是与经济业务内容相关的每一张凭证，都作为记账凭证的附件。凡属于收付款业务的，原始凭证张数计算均以自然张数为准。但对差旅费、市内交通费、医疗费等报销单据，可全部黏贴在报销清单上，作为一张原始凭证(报销清单)附件。

除结转和更正错误的记账凭证可以不附原始凭证之外，其他记账凭证必须附有原始凭证。

附件张数应用阿拉伯数字填写。对简单的转账业务，可以在摘要栏注明计算依据，而不经过分摊或计算的属于单纯结转性业务的记账凭证可不附原始凭证。

当一张或几张原始凭证涉及几张记账凭证时，可将原始凭证附在其中一张主要的记账凭证后面，在摘要栏说明“本凭证附件包括××号记账凭证业务”的字样，在其他记账凭证上注明“原始凭证在××号记账凭证后面”的字样。记账凭证上应注明所附的原始凭证张数，以便核查。如果根据同一原始凭证填制数张记账凭证，则应在未附原始凭证的记账凭证上注明“附件××张，见第××号记账凭证”。如果原始凭证需另行保管，则应在附件栏目中注明。

如果一张原始凭证所列支的需要几个单位共同负担，应根据其他单位负担的部分开给对方原始凭证分割单(如表5－14所示)进行结算，并将该原始凭证及分割单副本附在记账凭证后面。

**表5－14　　　　原始材料凭证分割单**

<table>
<tr><td colspan="2">接受单位名称</td><td></td><td>地　址</td><td colspan="2"></td></tr>
<tr><td rowspan="2">原始凭证</td><td>单位</td><td rowspan="2"></td><td>地址</td><td rowspan="2"></td><td rowspan="2">编号：</td></tr>
<tr><td>名称</td><td>日期</td></tr>
<tr><td>总金额</td><td colspan="2">人民币(大写)</td><td colspan="3">人民币(小写)</td></tr>
<tr><td>分割金额</td><td colspan="2">人民币(大写)</td><td colspan="3">人民币(小写)</td></tr>
<tr><td colspan="2">原始凭证主要内容、分割原因</td><td></td><td></td><td colspan="2"></td></tr>
<tr><td colspan="2">备注</td><td colspan="4">该原始凭证在本单位　　年　月　日　第　　号记账凭证</td></tr>
</table>

单位名称(公章)：　　　　会计：(签章)　　　　制单：(签章)

(6)会计分录的填制。填制记账凭证时，应按照会计制度统一规定的会计科目，根据经济业务的性质编制会计分录，以保证核算的口径一致，便于综合汇总。应用借贷记账法编制会计分录,便于从账户对应关系中反映经济业务的情况。

在记账凭证中,除填明应借、应贷的会计科目及金额(即会计分录)外,还应填明一级科目或总账科目所属的明细科目。不同类型的经济业务不得填制在一张记账凭证中,也不得对同类经济业务采取大汇总的办法填制记账凭证。转账凭证和通用记账凭证应按先"借"后"贷"的顺序填列,不得填制"有借无贷"或"有贷无借"的记账凭证。

(7)记账凭证的编号。记账凭证无论是全部统一编号,还是按收、付、转分类编号,均应按月从"1"开始顺序编号,不得跳号、重号。业务量大的单位,还可使用"记账凭证编号销号单",在装订凭证时应将其放在记账凭证汇总表之后,使记账凭证的编号、张数一目了然,以便查考。在使用通用凭证时,可按经济业务发生的顺序依次编号。采用收款凭证、付款凭证和转账凭证的,可采用"字号编号法",即按凭证类别顺序编号,如收字第×号、付字第×号、转字第×号等;也可以采用"双重编号法",即按总字顺序编号与按类别顺序编号相结合,如某收款凭证为"总字第×号,收字第×号"。一笔经济业务,需要编制多张记账凭证时,应按顺序采用"带分数编号法",两张凭证之间不要填写"过次页""承前页",如编号为 $1\frac{1}{2}$ 的记账凭证,前面的整数"1"表示业务顺序,分母表示该业务共有 2 张凭证,分子表示该记账凭证是两张记账凭证中的第 1 张。

归纳起来,记账凭证编号方法主要有三种:

①统一编号,即不分收款、付款、转账业务,把全部记账凭证进行统一编号。

②分三类编号,即区别现金和银行存款收入、现金和银行存款付出以及转账业务,分别按"收字第×号""付字第×号""转字第×号"三类编号。

③分五类编号。即区别现金收入、银行存款收入、现金付出、银行存款付出和转账业务,分别用"现收字第×号""银收字第×号""现付字第×号""银付字第×号""转字第×号"编号。

记账凭证的编号,可以在填写凭证的当日编写,也可以在月末记账时填写。

(8)签名或盖章。记账凭证应签章齐全,以明确责任。财务人员较少的单位,在收、付款记账凭证上,至少应有两人(会计和出纳)签章。一张记账凭证涉及几个会计记账时,凡是记账的会计均应在"记账"签章处签章。会计主管对未审阅过的记账凭证,可以不签章,但仍应对其合法性、准确性负责。收、付款记账凭证还应由出纳人员签章。实行会计电算化的单位,其机制记账凭证应当符合对记账凭证的基本要求,打印出来的机制凭证上,要加盖制单人员、审核人员、记账人员和会计主管人员印章或者签字,以明确责任。

(9)对空行的要求。记账凭证不准跳行或留有空行。填制完毕的记账凭证如有空行的,应在金额栏画一斜线或"S"形线注销。划线应从金额栏最后一笔金额数字下面的空行划到合计数行的上面一行,并注意斜线或"S"形线两端都不能划到有金额数字的行次。

(10)在采用收款凭证、付款凭证和转账凭证等复式凭证的情况下,凡涉及现金和银行存款的收款业务,填制收款凭证;凡涉及现金和银行存款的付款业务,填制付款凭证;所有转账凭证业务均应填制转账凭证。

涉及现金和银行存款之间的划转业务,按规定只填制付款凭证,以免重复记账。在同一经济业务中,如果既有现金或银行存款的收付业务,又有转账业务时,应相应地分别填制收款凭证(或付款凭证)和转账凭证。例如,王敏出差回来,报销差旅费 800 元,出差前预借差旅费 1 000 元,剩余款项交回现金。对于这项经济业务,应根据收款收据的记账联填制现金收款凭证，同时根据差旅费报销凭单填制转账凭证。

(11)填制记账凭证可用蓝黑墨水或碳素墨水笔。金额按规定需要红字表示的，数字可用红色墨水笔填写，但不得以“负数”表示。下列两种情况下，金额可用红色墨水笔填写(即红色记账凭证)：记账后发现记账凭证有错误，采用红字更正的；会计核算制度规定应采用红字填制记账凭证的特定会计业务。

(12)记账凭证填写完毕，应复核与检查。

(13)填制记账凭证时若发生差错，应重新填制。已登记入账的记账凭证，在当年内发现填写错误的，可以用红字填写一张与原内容相同的记账凭证，在摘要栏注明“注销某月某日第某号凭证”字样，同时再用蓝字重新填制一张正确的记账凭证，在摘要栏注明“订正某月某日第某号凭证”字样。如果会计科目没有错误，只是金额错误，也可以将正确数字与错误数字之间的差额另编写一张记账凭证，用蓝字调增金额，用红字调减金额。

## 四、记账凭证的审核

为了正确登记账簿和监督经济业务，除编制记账凭证的人员应认真负责、正确填制、加强自审以外，同时还应建立专人审核制度。只有经过审核无误的记账凭证，才能据以登记账簿。对记账凭证的审核，除了需要对原始凭证进行复审外，还应注意审核以下几点：

(1)内容是否真实。记账凭证是否附有原始凭证，原始凭证是否齐全、内容是否合法，记账凭证所记录的经济业务与所附原始凭证所反映的经济业务是否相符。

(2)项目是否齐全。记账凭证各项目的填写是否齐全，如日期、凭证编号、摘要、会计科目、金额、所附原始凭证张数及有关人员签章等。

(3)科目是否正确。记账凭证的应借、应贷会计科目是否正确，账户对应关系是否清晰，所使用的会计科目及其核算内容是否符合国家统一的会计制度的规定等。

(4)金额是否准确。记账凭证与原始凭证的有关金额是否一致，计算是否准确，记账凭证汇总表的金额与记账凭证的金额是否相符等。

(5)书写是否正确。文字、数字是否工整、清晰，是否按规定更正等。

在审核过程中，如果记账前发现记账凭证填制有错误，或者不符合要求，则需要由填制人员重新填制。若已记账，应查明原因，按规定的方法及时更正。

对会计凭证进行审核，是保证会计信息质量、实施会计监督的重要手段，专业性和政策性很强。要做好会计凭证的审核、正确发挥会计的监督作用，会计人员既要掌握国家政策、法令、规章制度和计划、预算的有关规定，又要熟悉本单位的经营情况。只有这样才能明辨是非，准确判断哪些经济业务合理、合法，哪些经济业务不合理、不合法。与此同时，会计人员还应自觉地执行政策、遵守制度，正确处理各种经济关系，既要依靠领导，向领导反映情况，提出建议，主动取得领导的支持，以利于凭证审核工作的顺利进行，又要经常向职工群众做好宣传，采取适当方式，及时、准确地传达、宣讲、解释财经纪律和规章制度，依靠广大职工群众开展广泛的群众监督。

## 五、记账凭证填制与审核实例

### (一)收款凭证的填制方法

收款凭证是根据审核无误的现金和银行存款收款业务的原始凭证编制的。收款凭证左上角的“借方科目”，按收款的性质填写“库存现金”或者“银行存款”；日期填写的是编制本凭证的日期；右上角填写编制收款凭证顺序号；“摘要栏”简明扼要地填写经济业务的内容梗概；“贷方科目”栏内填写与收入“库存现金”或“银行存款”科目相对应的总账科目及所属明细科目；各总账科目与所属明细科目的应贷金额，应分别填写于总账科目或明细科目同一行的“总账科目”或“明细科目”金额栏内；“金额栏”的合计数，只合计“总账科目”金额，表示借方科目“库存现金”或“银行存款”的金额；“记账栏”供记账人员在根据收款凭证登记有关账簿后做记号用，表示已经记账，防止经济业务事项的重记或漏记；该凭证右边“附件张”根据所附原始凭证的张数填写；凭证最下方有关人员签章处供有关人员在履行了责任后签名或签章，以明确经济责任。

**【例5—2】** 某企业2021年3月5日销售货物一批，价款20 000元，增值税款2 600元，收到购买单位支票一张，办妥相关手续后存入银行。出纳人员根据审核无误的原始凭证填制银行存款收款凭证，其内容与格式如表5—15所示。

**表5—15** **收款凭证**

借方科目：银行存款　　2021年3月5日　　收字第45号

| 摘　要 | 贷方科目 | | 金　额 | 记　账 | |
|---|---|---|---|---|---|
| | 总账科目 | 明细科目 | | | 附件2张 |
| 销售甲产品 | 主营业务收入<br>应交税费 | 甲产品<br>应交增值税 | 20 000<br>2 600 | | |
| 合　计 | | | 22 600 | | |

会计主管：宏伟　记账：牛金　填表：牧歌　出纳：陈根　审核：启明　交款人：陈平

(二)付款凭证的填制方法

付款凭证是用来记录现金和银行存款付款业务的凭证，它是由出纳人员根据审核无误的原始凭证付款后填制的，包括库存现金付款凭证和银行存款付款凭证。付款凭证左上方的“贷款科目”后，只能填写库存现金或银行存款科目；“金额”栏填列经济业务实际发生的数额；“记账”栏填写依据本记账凭证登记相关账簿后的记账符号(一般在该栏内打√)。另外，还应注明所附原始凭证张数并签名或盖章。

**【例5—3】** 某企业2021年2月12日购入A材料一批，价款10 000元，增值税进项税额1 300元，共计11 300元，开出支票一张支付购料款。出纳人员根据审核无误的原始凭证填制银行存款付款凭证，其内容与格式如表5—16所示。

**表5—16** **付款凭证**

贷方科目：银行存款　　2021年2月12日　　付字第15号

| 摘　要 | 借方科目 | | 金　额 | 记　账 | |
|---|---|---|---|---|---|
| | 总账科目 | 明细科目 | | | 附件1张 |
| 购买材料 | 在途物资<br>应交税费 | A材料<br>应交增值税 | 10 000<br>1 300 | | |
| 合　计 | | | 11 300 | | |

会计主管：宏伟　记账：牛金　填表：牧歌　出纳：陈根　审核：启明　领款人：林君

（三）转账凭证的填制方法

转账凭证是用以记录与货币资金收付无关的转账业务的凭证，应由会计人员根据审核无误的转账业务原始凭证填制。在“总账科目”和“明细科目”栏内，应填列经济业务所涉及的相应总账科目和明细科目，借方科目在先，贷方科目在后；在“借方金额”和“贷方金额”栏内，应分别填写各会计科目应借、应贷的相应金额，借、贷金额合计数应该相等。另外，还应注明所附原始凭证张数并签名或盖章。

**【例5—4】** 某企业2021年2月15日领用钢材生产甲产品，领用材料金额10 000元，会计人员填制转账凭证，其内容与格式如表5—17所示。

**表5—17**　　**转账凭证**

2021年2月15日　　转字第36号

| 摘　要 | 总账科目 | 明细科目 | 借方金额 | 贷方金额 | 记　账 |
|---|---|---|---|---|---|
| 生产领用材料 | 生产成本<br>原材料 | 甲产品<br>钢材 | 10 000 | <br>10 000 | |
| 合　计 | | | 10 000 | 10 000 | |

附件1张

会计主管：宏伟　记账：牛金　填表：牧歌　出纳：陈根　审核：启明

# 任务四　会计凭证的传递与保管

## 一、会计凭证的传递与保管

会计凭证的传递是指从会计凭证的取得或填制到归档保管时止，会计凭证在单位内部各有关部门和人员之间的传送程序。科学地组织会计凭证传递，对于及时地反映和监督经济业务的发生和完成情况，合理地组织经济活动，加强经济管理责任制都具有重要意义。科学、合理地组织凭证的传递，既能及时、真实地反映和监督经济业务的发生和完成情况，把有关部门和人员合理组织起来，分工协作地处理经济业务，也有利于考核经办业务的有关部门和人员是否按照规定的凭证传递手续办事，强化责任制，提高效率。企业应根据经济业务的特点、内部管理的要求、组织结构和人员分工情况，合理确定会计凭证的传递程序。会计凭证传递程序的设计原则，要求能够满足内部控制制度的要求，使传递程序合理、有效，同时尽量节约传递时间，减少传递的工作量。

科学的传递程序应该使会计凭证沿着最迅速、最合理的流向运行。因此，在制定会计凭证传递程序时，应当注意考虑下列三个问题：

（1）制定科学合理的传递路线。要根据经济业务的特点、企业内部机构设置和人员分工情况，以及经营管理需要，恰当地规定各种会计凭证所流经的必要环节，做到既能使各有关部门和人员利用凭证了解经济业务的情况，按照规定手续处理和审核，又要避免凭证传递通过不必要的环节，影响传递速度。

（2）确定合理的停留处理时间。要根据有关部门和人员对经济业务办理必要手续（如计量、检验、审核、登记等）的需要，确定凭证在各个环节停留的时间，保证业务手续的完成，但又要防止不必要的耽搁，使会计凭证以最快的速度传递，以充分发挥及时传递经济信息的作用。

(3)建立凭证交接签收制度。为了确保会计凭证的安全和完整,在各个环节中都应指定专人办理交接手续,做到责任明确,手续完整、严密、简便易行。

## 二、会计凭证的保管

会计凭证的保管是指对会计凭证记账后的整理、装订、归档和存查工作。

1. 会计凭证应定期装订成册,防止散失

会计凭证装订前的准备,是指对会计凭证进行排序、粘贴和折叠。因为原始凭证的纸张面积与记账凭证的纸张面积不可能全部一样,需要会计人员在制作会计凭证时对原始凭证加以适当整理,以便下一步装订成册。对于纸张面积大于记账凭证的原始凭证,可按记账凭证的面积尺寸,先自右向后,再自下向后两次折叠。注意应把凭证的左上角或左侧面让出来,以便装订后,还可以展开查阅。

对于纸张面积过小的原始凭证,一般不能直接装订,可先按一定次序和类别排列,再粘在一张同记账凭证大小相同的白纸上,粘贴时宜用胶水。票证应分张排列,同类、同金额的单据尽量粘在一起;同时,在一旁注明张数和合计金额。如果是板状票证,可以将票面票底轻轻撕开,厚纸板弃之不用。

对于纸张面积略小于记账凭证的原始凭证,可先用回形针或大头针别在记账凭证后面,待装订时再抽去回形针或大头针。有的原始凭证不仅面积大,且数量多,可以单独装订,如工资单、耗料单等,但在记账凭证上应注明保管地点。原始凭证附在记账凭证后面的顺序应与记账凭证所记载的内容顺序一致,不应按原始凭证的面积大小排序。会计凭证经过上述的加工整理后再装订。

会计凭证的装订是指把定期整理完毕的会计凭证按照编号顺序,外加封面、封底,装订成册,并在装订线上加贴封签。在封面上,应写明单位名称、年度、月份、记账凭证的种类、起讫日期、起讫号数,以及记账凭证和原始凭证的张数,并在封签处加盖会计主管的骑缝图章。如果采用单式记账凭证,在整理装订凭证时,必须保持会计分录的完整。为此,应按凭证号码顺序还原装订成册,不得按科目归类装订。对各种重要的原始单据,以及各种需要随时查阅和退回的单据,应另编目录,单独登记保管,并在有关的记账凭证和原始凭证上相互注明日期和编号。

会计凭证装订要求美观大方,便于翻阅。在装订时要先设计好装订册数及每册的厚度。一般来说,一本凭证,厚度以 1.5 至 2.0 厘米为宜,太厚了不便于翻阅核查,太薄了又不利于戳立放置。凭证装订册数可根据凭证多少来定,原则上以月份为单位装订,每月订成一册或若干册。有些单位业务量小,凭证不多,把若干个月份的凭证合并订成一册,在凭证封面注明本册所含的凭证月份即可。

为了使装订成册的会计凭证外形美观,在装订时要考虑到凭证的整齐均匀,特别是装订线的位置,如果太薄时可用纸折一些三角形纸条,均匀地垫在此处,以保证它的厚度与凭证中间的厚度一致。

采用角订法装订会计凭证简单易行。它的具体操作步骤如下:

(1)将凭证封面和封底裁开,分别附在凭证前面和后面,护角纸裁好包在凭证左上角。

(2)在凭证的左上角画一边长为 5 厘米的等腰三角形,用夹子夹住,用装订机在底线上分布均匀地打两个孔。

(3)用大针引线绳穿过两个孔。

(4)在凭证的背面打线结。线绳最好在凭证中端系上。

(5)将护角向左上侧折,并将一侧剪开至凭证的左上角,然后抹上胶水。

(6)向后折叠,并将侧面和背面的线绳扣粘死。

(7)待晾干后,在凭证本的脊背上面写上"某年某月第几册共几册"的字样。装订人在装订线封签处签名或者盖章。现金凭证、银行凭证和转账凭证最好依次顺序编号,一个月从头编一次序号,如果单位的凭证少,可以全年顺序编号。

2. 保管

每年装订成册的会计凭证,在年度终了时可暂时由单位会计机构保管一年,期满后应当移交本单位档案机构统一保管;未设立档案机构的,应当在会计机构内部指定专人保管。

## 温馨提醒

1. 出纳人员不得兼管会计档案。
2. 要严格遵守会计凭证的保管期限要求,期满前不得任意销毁。

## 小结

1. 会计凭证按其用途和填制程序的不同可以分为原始凭证和记账凭证两类。

2. 原始凭证又称单据,是在经济业务发生或完成时取得或填制的,用以记录或证明经济业务的发生和完成情况,是经济业务发生的最初证明,如发票、收据、材料入库单、领料单等。

3. 记账凭证又称记账凭单,是会计人员根据审核无误的原始凭证,据以确定会计分录后所填制的会计凭证。它是登记账簿的直接依据。

4. 按照来源分类,原始凭证分为外来原始凭证和自制原始凭证。由供货单位开具的增值税专用发票、普通发票、火车票、轮船票以及取得的收据都是外来原始凭证。自制原始凭证如产品入库时的产品入库单、领料单等。

5. 按用途分类,原始凭证分为通知凭证、执行凭证和计算凭证。通知凭证如"罚款通知书""付款通知书";执行凭证如"销货发票""材料验收单""领料单";计算凭证如"产品成本计算单""制造费用分配表""应付职工薪酬计算表"。

6. 按填制手续及内容分类,原始凭证分为一次凭证、累计凭证和汇总凭证。一次凭证如收据、发货票、借款单、收料单、领料单等;具有代表性的累计凭证是限额领料单;汇总凭证如收料凭证汇总表、现金收入汇总表、工资结算汇总表、差旅费报销单等。

7. 按格式分类,原始凭证分为通用原始凭证和专用原始凭证两种。通用原始凭证如某省(市)印制的发货票、收据等,中国人民银行印制的银行结算凭证等;专用原始凭证如领料单、差旅费报销单、折旧计算表、工资费用分配表等。

8. 原始凭证所包括的基本内容通常称为凭证要素,主要有:(1)原始凭证的名称;(2)原始凭证的日期及编号;(3)接受原始凭证单位或个人的名称;(4)经济业务的基本内容(数量、单价及金额等);(5)填制单位名称或填制人姓名;(6)经办部门及有关人员的签章;(7)原始凭证附件。

9. 原始凭证的填制要求:记录真实、内容完整、填制及时、书写清楚、手续完备、编号连续、不得涂改、刮擦、挖补。

10. 原始凭证的审核包括真实性审核、合理性审核、合法性审核、完整性审核、正确性审核、及时性审核。

11. 原始凭证错误的更正:(1)原始凭证所记载的各项内容均不得涂改;(2)原始凭证所记载的内容有错误的,应当由开具单位重开或更正,并在更正处加盖出具单位的印章;(3)原始凭证金额出现错误的,不得更正,只能由原始凭证开具单位重开。

12. 记账凭证按经济业务内容分类,分为收款凭证、付款凭证和转账凭证。收款凭证是指用于记录现金和银行存款收款业务的记账凭证。付款凭证是指用于记录现金和银行存款付款业务的记账凭证。转账凭证是指用于记录不涉及现金和银行存款业务的记账凭证。为避免重复,对两类货币资金之间的划转业务(如从银行取现金或将现金送存银行),一般只编制付款凭证,不编制收款凭证。

13. 按用途分类,记账凭证分为分录凭证、汇总凭证和联合凭证。

14. 按填制方法分类,记账凭证分为单式凭证和复式凭证。

15. 无论采用何种格式,记账凭证都必须具备以下基本内容:(1)记账凭证的名称;(2)填制记账凭证的日期;(3)记账凭证的编号;(4)经济业务事项的内容摘要;(5)经济业务事项所涉及的会计科目(包括一级会计科目、二级会计科目或明细科目),记账方向和金额;(6)记账标记;(7)所附原始凭证的张数;(8)会计主管、审核、制单、记账人员的签章以及出纳人员在收付款凭证上的签章。

16. 对记账凭证的审核,除了需要对原始凭证进行复审外,还应注意审核以下几点:内容是否真实;项目是否齐全;金额是否准确;书写是否正确;文字、数字是否工整、清晰,错误的记账凭证及时重新填制或更正。

17. 在制定会计凭证传递程序时,应当注意考虑三个问题:(1)制定科学合理的传递路线;(2)确定合理的停留处理时间;(3)建立凭证交接签收制度。

18. 会计凭证应定期装订成册,防止散失。每年装订成册的会计凭证,由单位会计机构保管一年,期满后移交本单位档案机构统一保管。未设立档案机构的,应当在会计机构内部指定专人保管。出纳人员不得兼管会计档案。要严格遵守会计凭证的保管期限要求,期满前不得任意销毁。

## 职场体验

### 业务操作

前程公司 2021 年 6 月发生下列经济业务:

1. 6 月 11 日,购入 A 材料 2 500 千克,买价 50 000 元,增值税进项税额 6 500 元。价税款通过银行付讫,材料验收入库。

2. 6 月 12 日,收到投资者追加投资 100 000 元,存入银行。

3. 6 月 14 日,通过银行向天津 A 公司预付购料款 40 000 元。

4. 6 月 15 日,仓库发出材料,其中生产甲产品耗料 5 000 元,车间一般耗料 4 000 元,厂部行政、管理部门耗料 6 000 元。

5. 6 月 16 日,采购员李某预借差旅费 1 000 元,用现金付讫。

6. 6 月 17 日,从银行提取现金 40 000 元作为备用。

7. 6 月 17 日,以银行转账 40 000 元发放本月工资。

8. 6 月 19 日,收到上海金城工厂预付的购买产品款 50 000 元,并存入银行。

9. 6 月 20 日,售出甲产品 275 件,售价 200 000 元。增值税销项税额 26 000 元。款已预收 100 000 元,不足部分款项收到,并存入银行。

10. 6 月 21 日,李某出差回来,报销差旅费 800 元,现金余款交回财务。

要求:根据以上企业经济业务,编制会计分录、填制记账凭证并审核。发现错误,及时更正。

## 学习评价

**一、填空题**

1. 一次凭证只是反映________或________的凭证。

2. 会计凭证按其________可分为原始凭证和记账凭证。

3. 原始凭证是________的依据，而记账凭证是________的依据。

4. 一般外来原始凭证都是________；自制原始凭证既有________，也有________。

5. 记账凭证按编制的方法不同，可分为________和________。

6. 除________和________的记账凭证可以不附原始凭证外，其他记账凭证必须附有原始凭证。

7. ________是全部汇总的记账凭证。

8. 为了保证原始凭证内容的真实性，应从________和________两方面对原始凭证进行严格的审查和核对。

9. 会计凭证的传递一般包括规定合理的________、________及凭证在传递过程中的________等。

10. 会计凭证的保管，是指会计凭证登账之后的________、________和________。

**二、单项选择题**

1. 下列原始凭证中，属于外来原始凭证的是（　　）。

A. 差旅费报销单　B. 工资结算表　C. 入库单　D. 收到的收款收据

2.“工资结算汇总表”属于（　　）。

A. 累计凭证　B. 一次凭证　C. 转账凭证　D. 外来凭证

3．会计机构和会计人员对真实、合法、合理但内容不准确、不完整的原始凭证，应当（　　）。

A. 予以纠正　B. 予以退回，要求更正、补充

C. 不予受理　D. 予以受理

4. 经济业务发生或完成时取得或填制的凭证是（　　）。

A. 记账凭证　B. 原始凭证　C. 付款凭证　D. 收款凭证

5. 出纳人员在办理收款或付款后，应在（　　）上加盖“收讫”或“付讫”的戳记，以避免重收重付。

A. 付款凭证　B. 原始凭证　C. 收款凭证　D. 记账凭证

6 下列凭证中，既是一次凭证，也是专用凭证的是（　　）。

A. 现金收据　B. 工资计算表　C. 限额领料单　D. 付款通知书

7. 下列原始凭证中，属于通用凭证的是（　　）。

A. 差旅费报销单　B. 银行对账单　C. 增值税专用发票　D. 折旧计算表

8. 企业因销售商品收到客户转账支票一张，金额为100万元，存入银行。该企业编制收款凭证时，左上角的会计科目应为（　　）。

A. 库存商品　B. 主营业务收入　C. 银行存款　D. 应收账款

9. 会计核算工作的中心环节是（　　）。

A. 进行财产清查　B. 设置和登记会计账簿

C. 合法地取得、正确地填制和审核会计凭证　D. 编制财务报表

10. 从银行提现金，应编制（　　）。

A. 现金收款凭证　B. 现金付款凭证

C. 银行存款收款凭证　D. 银行存款付款凭证

11. 限额领料单属于（　　）。

A. 记账凭证　B. 汇总凭证　C. 一次凭证　D. 累计凭证

12. 会计日常核算工作的起点是(　　)。

A. 登记会计账簿　　B. 设置会计科目和账户

C. 填制和审核会计凭证　　D. 财产清查

13. 会计机构和会计人员对于经审核完全符合要求的原始凭证,应当(　　)。

A. 向单位负责人报告后登记入账　　B. 月末结账时登记入账

C. 月末结账时据以编制记账凭证　　D. 及时据以编制记账凭证登记入账

14. 佳飞公司于 2021 年 10 月 12 日开出一张现金支票,出票日期的正确填写方法是(　　)。

A. 贰零贰壹年拾月壹拾贰日　　B. 贰零贰壹年零壹拾月壹拾贰日

C. 贰零贰壹年壹拾月拾贰日　　D. 贰零贰壹年零拾月壹拾贰日

15. 在会计实务中,记账凭证按其所反映的经济内容不同,可以分为(　　)。

A. 一次凭证、累计凭证和汇总凭证　　B. 单式凭证和复式凭证

C. 收款凭证、付款凭证和转账凭证　　D. 通用凭证和专用凭证

16. 只反映一项经济业务,或同时反映若干项同类经济业务,凭证填制手续是一次完成的自制原始凭证,称为(　　)。

A. 累计凭证　　B. 一次凭证　　C. 汇总凭证　　D. 单式记账凭证

17. 下列做法中,符合《会计基础工作规范》规定的是(　　)。

A. 外来原始凭证金额错误,可在原始凭证上更正但需签名或盖章

B. 凡是账簿记录金额错误,都可以采用“划线更正法”予以更正

C. 自制原始凭证无须经办人签名或盖章

D. 销售商品 1 000.84 元,销货发票大写金额为:壹仟元零捌角肆分

18. 下列不属于原始凭证的是(　　)。

A. 发货票据　　B. 经济合同　　C. 借款借据　　D. 运费结算凭证

19. 记账凭证与所附的原始凭证的金额(　　)。

A. 可能相等　　B. 可能不相等

C. 有时相等,有时不相等　　D. 必须相等

20. 启刚公司销售产品一批,产品已经发出,发票已经交给购货方,货款尚未收到。启刚公司会计人员应根据有关原始凭证编制(　　)。

A. 收款凭证　　B. 转账凭证　　C. 汇总凭证　　D. 付款凭证

21. 在每项经济业务发生或完成时取得或填制的会计凭证是(　　)。

A. 收款凭证　　B. 转账凭证　　C. 付款凭证　　D. 原始凭证

**三、多项选择题**

1. 以下项目中,属于原始凭证的填制要求的有(　　)。

A. 填制及时　　B. 内容完整　　C. 书写清楚　　D. 记录真实

2. 记账凭证审核的主要内容有(　　)。

A. 科目是否正确　　B. 项目是否齐全　　C. 内容是否真实　　D. 数量是否正确

3. 原始凭证作为会计凭证之一,其作用是可以(　　)。

A. 作为编制报表的依据　　B. 明确经济责任

C. 作为登账的依据　　D. 记录经济业务

4. 下列说法中正确的有(　　)。

A. 会计凭证具有监督经济活动,控制经济运行的作用

B. 从个人取得的原始凭证,必须有填制人员的签名盖章

C. 外来原始凭证遗失时，只需取得原签发单位盖有公章的证明，可代作原始凭证

D. 对于已预先印有编号的原始凭证在写坏时不需进行任何处理，但不得撕毁

5. 下列凭证中属于汇总原始凭证的有(　　)。

A. 收料凭证汇总表　　B. 限额领料单

C. 工资汇总表　　D. 汇总付款凭证

6. 以下凭证可能在库存现金日记账的收入栏登记的有(　　)。

A. 银行存款付款凭证　　B. 现金付款凭证

C. 银行存款收款凭证　　D. 现金收款凭证

7. 下列项目中，属于会计凭证的是(　　)。

A. 领用材料时填制的领料单　　B. 付款凭证

C. 供货单位开具的发票　　D. 财务部门编制的开支计划

8. 企业的领料单属于(　　)。

A. 汇总凭证　　B. 累计凭证　　C. 一次凭证　　D. 原始凭证

9. 下列各项可以作为记账原始依据的有(　　)。

A. 银行存款余额调节表　　B. 材料采购成本计算表

C. 盘盈、盘亏报告表　　D. 现金盘点报告表

10. 下列原始凭证中，属于单位自制原始凭证的有(　　)。

A. 购料收到的增值税专用发票　　B. 限额领料单

C. 领料单　　D. 收料单

11. 填制原始凭证时，符合书写要求的是(　　)。

A. 币种符号与阿拉伯金额数字之间不得留有空白

B. 大写金额有分的，分字后面要写“整”或“正”字

C. 阿拉伯金额数字前面应当书写货币币种符号

D. 汉字大写金额可以用简化字代替

12. 记账凭证按其反映的经济业务内容不同，通常分为(　　)。

A. 收款凭证　　B. 转账凭证　　C. 付款凭证　　D. 原始凭证

13. 下列属于原始凭证的有(　　)。

A. 购货发票　　B. 领料单　　C. 收料单　　D. 职工名册

14. 会计凭证按其编制的程序和用途不同，可分为(　　)。

A. 自制凭证　　B. 原始凭证　　C. 记账凭证　　D. 外来凭证

15. 以下属于汇总原始凭证的有(　　)。

A. 限额领料单　　B. 汇总收款凭证

C. 发料凭证汇总表　　D. 收料凭证汇总表

16. 原始凭证按其取得的来源不同，可分为(　　)。

A. 一次凭证　　B. 自制原始凭证

C. 外来原始凭证　　D. 累计凭证

17. 收款凭证和付款凭证是用来记录货币资金收付业务的凭证，它们是(　　)。

A. 根据库存现金和银行存款收付业务的原始凭证填制的

B. 登记明细账和总账等有关账簿的依据

C. 登记库存现金日记账、银行存款日记账的依据

D. 出纳员收付款项的依据

18. 下列属于原始凭证的有(　　)。

A. 经济合同　　　　B. 生产工序进程单
C. 工资费用分配表　　　　D. 入库单

19. 记账凭证的填制必须做到记录真实、内容完整、填制及时、书写清楚外，还必须符合(　　)要求。

A. 连续编号
B. 除另有规定外，应该有附件并注明附件张数
C. 如有空行，应当在空行处划线注销
D. 发生错误应该按规定的方法更正

20. 下列属于记账凭证的有(　　)。

A. 发料凭证汇总表　　　　B. 科目汇总表
C. 收款凭证　　　　D. 转账凭证

**四、判断题**

1. 凡是现金或银行存款增加的经济业务必须填制收款凭证。(　　)

2. 对于经济业务较少的单位可以采用通用记账凭证记录所有经济业务。(　　)

3. 记账凭证填制完成后，如有空行，应当自金额栏最后一笔金额数字下的空行处至合计数上的空行处画线注销。(　　)

4. 限额领料单属于汇总原始凭证。(　　)

5. 发票、购货合同、收据等都是原始凭证。(　　)

6."借款单"是企业内部员工向企业借款时填制的一次原始凭证。(　　)

7. 对于库存现金和银行存款之间相互划转的收、付款业务，为避免重复记账，只填付款凭证不填收款凭证。(　　)

8. 对于真实、合法、合理但内容不够完整、填写有错误的原始凭证，应退回给有关经办人员，由其负责将有关凭证补充完整、更正错误或重开后，再办理正式会计手续。(　　)

9. 会计部门应于记账之后，定期对各种会计凭证进行分类整理，并将各种记账凭证按编号顺序排列，连同所附的原始凭证一起加具封面，装订成册。(　　)

10. 实行会计电算化的单位，记账凭证可由计算机自动编制，无须经过会计人员审核。(　　)

11. 累计凭证是在一定期间内根据多张相同的原始凭证累积而成。(　　)

12. 复式凭证是指将每一笔经济业务事项所涉及的全部会计科目及其发生额均在同一张记账凭证中反映的一种凭证，该凭证至少涉及三个会计科目。(　　)

13. 经过审核无误的会计凭证才能够作为登记账簿的依据。(　　)

14. 填制原始凭证，汉字大写金额数字一律用正楷或行书字书写，汉字大写金额数字到元位或角位为止的，后面必须写"正"或"整"，分位后面不写"正"或"整"。(　　)

15. 所有外来原始凭证均为一次凭证，累计凭证和汇总凭证一般为自制凭证。(　　)

16. 如果原始凭证已预先印定编号，在写坏作废时，应加盖"作废"戳记，妥善保管，不得撕毁。(　　)

17. 原始凭证是具有法律效力的文件。(　　)

18. 外来原始凭证是由本单位的业务经办人填制，用以证明经济业务发生或完成情况的书面证明。(　　)

19. 由于自制原始凭证的名称、用途、内容、格式不同，因而不需要对其真实性、合法性审核。(　　)

20. 在证明经济业务的发生以及据以编制记账凭证的作用方面，自制原始凭证与外来原始凭证具有同等效力。(　　)

## 五、简答题

1. 企业遇到涉及现金和银行存款之间的划转业务时应填写何种凭证？
2. 如何对原始凭证中出现的金额或业务内容的错误进行更正？
3. 简述原始凭证和记账凭证的区别与联系。

# 项目六　登记会计账簿

○ **知识目标**

- 掌握会计账簿分类、格式和登记方法
- 了解会计账簿启用与登记规则
- 了解会计账簿的更换与保管

○ **能力目标**

- 掌握对账、错账查找与更正方法
- 掌握结账的方法

○ **思政目标**

- 引导学生树立大局观
- 加强对会计从业人员遵纪守法、诚实守信的职业素养的培养

○ **重点难点**

- 会计账簿的分类、格式和登记方法
- 对账、错账的查找与更正
- 结账的方法

### 任务引入

学生根据在项目五中学习的会计凭证梳理原始凭证和记账凭证。思考企业有了原始凭证和记账凭证记录经济业务后为什么还需要会计账簿呢？根据教师所发放的常见账簿账页分类及填写，通过把分散在会计凭证上的核算资料加以归类、整理、集中后记入会计账簿的这一过程，理解账簿如何全面、系统、连续地反映某一时期内的经济业务。

## 任务一　会计账簿概述

### 一、会计账簿的概念

（一）会计账簿的含义

会计账簿（简称账簿）是指由一定格式的账页组成的，以经过审核的会计凭证为依据，全面、连续、系统地记录各项经济业务的簿籍。会计账簿通过开设账户来序时、分类地反映和监督经济业务影响因素的增减变动情况及其结果。设置和登记会计账簿是会计核算工作的中心

环节之一，是会计核算的重要办法。

（二）会计账簿与账户

账簿与账户关系十分密切。账户是根据会计科目开设的，具有一定格式和结构，用于分类反映资产、负债、所有者权益、收入、费用、利润等会计要素增减变化情况及结果的载体。会计科目是账户的名称，账户是会计科目的具体应用。

账户存在于账簿之中，账簿的每一页就是会计账户的存在形式和载体。没有账簿，账户就无法存在。然而，账簿只是一个外在形式，账户才是它的真实内容。账簿序时、分类地记载经济业务，而开设于账页上的账户是这个整体中的个别部分。所以，账簿与账户的关系是形式与内容的关系。

## 二、会计账簿的作用

设置和登记会计账簿，是编制会计报表的基础，是连接会计凭证和会计报表的中间环节，在会计核算中具有重要意义。

（一）全面、系统地记载、存储会计信息

在会计核算中，通过填制和审核会计凭证，可以详细地记录每项经济业务，但填制的会计凭证都是零散地反映某一项或几项经济业务，所提供的信息是零散的、片段的、不连续的。通过设置账簿，并在账簿中登记，可以将分散的凭证资料进行整理、归类和汇总，从而能系统、全面地反映一定时期内经济业务的发生情况及其结果。

（二）分类、汇总会计信息

账簿由账户构成，这些账户虽不相同却相互关联。登记账簿，一方面可以对各项会计信息分类反映，提供一定时期内经济活动的详细情况；另一方面，可以通过发生额、余额计算，提供各方面所需要的总体会计信息，反映企业财务状况及经营成果的综合价值指标。

（三）为会计报表的编制提供综合、翔实的数据资料

企业定期编制的会计报表所需的数据资料，有的是直接来源于账簿记录，有的是在账簿记录的基础上经过分析、计算填列的。因此，会计账簿是编制会计报表主要且可靠的数据来源，账簿的设置和登记的准确性、真实性、完备性，会直接影响会计报表的质量，进而直接影响企业所披露的会计信息的真实性及准确性。

（四）为单位考核经营成果、分析经济活动，确保财产物资安全、完整提供重要依据

通过登记账簿，有关各方可以随时了解单位经济活动的运行情况，了解其经营成果和财务状况，及时发现问题，改善管理；账簿中有关资金、费用、收入等核算资料的记录，有利于人们分析经济活动，为加强经营管理和提高经济效益提供重要依据；在账簿中连续、系统地反映各种财产物资的增减变动及结存情况，并通过财产清查确定财产物资的实存情况，可以帮助人们控制实存财产物资，保证财产物资的安全、完整。

## 三、会计账簿的种类

依据不同的划分标准，会计账簿有不同的分类方法。

（一）按用途分类

会计账簿按照用途可以分为序时账簿、分类账簿和备查账簿三类。

1. 序时账簿

序时账簿又称日记账,在古代会计中也称"流水账",是根据经济业务发生或完成时间的先后顺序逐日、逐笔连续登记的账簿。日记账按记录的内容不同又可以分为普通日记账和特种日记账两种。

普通日记账是逐日序时登记特种日记账以外经济业务的账簿。在不设特种日记账的企业,则要序时逐笔登记企业的全部经济业务,因此,普通日记账也称分录簿。普通日记账是用来登记全部经济业务发生情况的日记账,具有格式统一,使用方便等特点。

特种日记账是按时间先后顺序专门登记某类经济业务发生情况的日记账,通常用来记录某一类比较重要的经济业务。我国的会计制度规定,那些发生频繁,要求严格管理和控制的业务,应设置特种日记账。企业一般必须设置库存现金和银行存款日记账,对库存现金和银行存款的收付和结存情况进行序时登记,其格式如表 6—1 和表 6—2 所示。当然,各单位还可以根据自身的业务特点和管理的需要确定是否设置其他特种日记账,如为登记采购业务而设置的采购日记账,为登记产品销售业务而设置的销售日记账等。

**表 6—1** **库存现金日记账** 第 页

| 2022 年 | | 凭证号码 | | 对方科目 | 摘 要 | 收 入 | 支 出 | 结 余 |
|---|---|---|---|---|---|---|---|---|
| 月 | 日 | 字 | 号 | | | | | |
| 3 | 1 | | 略 | | 月初余额 | | | 1 500 |
| 3 | 2 | 银付 | | 银行存款 | 从银行提现 | 500 | | 2 000 |
| 3 | 2 | 现付 | | 其他应收款 | 预支差旅费 | | 300 | 1 700 |
| 3 | 2 | 现付 | | 管理费用 | 购买办公用品 | | 50 | 1 650 |
| 3 | 3 | 现收 | | 其他应收款 | 交回差旅费差额 | 18 | | 1 668 |
| 3 | 3 | 现收 | | 其他业务收入 | 出售废旧物资 | 20 | | 1 688 |

**表 6—2** **银行存款日记账** 第 页

| 2021 年 | | 凭证号码 | | 对方科目 | 摘 要 | 收 入 | 支 出 | 结 余 |
|---|---|---|---|---|---|---|---|---|
| 月 | 日 | 字 | 号 | | | | | |
| 3 | 1 | | 略 | | 期初余额 | | | 38 000 |
| 3 | 2 | 现付 | | 库存现金 | 存入销货款 | 2 500 | | 40 500 |
| 3 | 2 | 银付 | | 材料采购 | 物资采购款 | | 23 000 | 17 500 |
| 3 | 2 | 银付 | | 应交税费 | 付进项增值税 | | 391 | 17 109 |
| | | | | | 本日合计 | 2 500 | 23 391 | 17 109 |
| 3 | 3 | 银收 | | 应收账款 | 收回应收款 | 10 000 | | 27 109 |
| 3 | 4 | 银付 | | 应付账款 | 偿还欠款 | | 5 000 | 22 109 |

2. 分类账簿

分类账簿,是指按照分类账户设置登记的账簿。分类账簿是会计账簿的主体,也是编制财务报表的主要依据。分类账簿按其反映内容的详细程度和范围可分为总分类账簿和明细分类账簿两种。

总分类账簿简称总账，是根据总分类（一级）科目开设账户，总括反映会计主体经济业务的情况的账簿。总分类账簿主要为编制会计报表提供直接数据资料，主要采用三栏式，其格式如表 6—3 所示。

**表 6—3**　　**总分类账**　　第　页

| 年 | | 凭证 | | 摘　要 | 借　方 | 贷　方 | 借或贷 | 余　额 |
|---|---|---|---|---|---|---|---|---|
| 月 | 日 | 种类 | 编号 | | | | | |
| | | | | | | | | |
| | | | | | | | | |
| | | | | | | | | |
| | | | | | | | | |

明细分类账簿又称明细分类账，简称明细账，是根据二级或明细科目设置账户，详细记录某一类经济业务情况，提供明细核算资料的账簿。明细分类账簿可采用的格式主要有三栏式明细账（格式与三栏式总分类账相同，如表 6—3 所示）、数量金额式明细账（如表 6—4 所示）和多栏式明细账（如表 6—5 所示）等。

**表 6—4**　　**原材料明细分类账**

会计科目：原材料　　第 1 页

类别：钢材　　品名及规格：普通圆钢　计量单位：千克　　存放地点：3 号库

| 2022 年 | | 凭证号码 | 摘要 | 收　入 | | | 支　出 | | | 结　存 | | |
|---|---|---|---|---|---|---|---|---|---|---|---|---|
| 月 | 日 | | | 数量 | 单价 | 金额 | 数量 | 单价 | 金额 | 数量 | 单价 | 金额 |
| 3 | 1 | 略 | 月初结存 | | | | | | | 1 000 | 100 | 100 000 |
| | 2 | | 购入 | 2 000 | 100 | 200 000 | | | | 3 000 | 100 | 300 000 |
| | 3 | | 领用 | | | | 500 | 100 | 50 000 | 2 500 | 100 | 250 000 |

**表 6—5**　　**制造费用明细分类账**

明细科目：一车间　　第 1 页

| 2022 年 | | 凭证号码 | 摘　要 | 借　方 | | | | | 贷　方 | 余　额 |
|---|---|---|---|---|---|---|---|---|---|---|
| 月 | 日 | | | 职工薪酬 | 折旧费 | 机物料消耗 | 办公费 | 水电费 | | |
| 3 | 2 | 略 | 分配工资 | 8 000 | | | | | | 8 000 |
| | 8 | | 领用材料 | | | 400 | | | | 8 400 |
| | 10 | | 支付办公费 | | | | 600 | | | 9 000 |
| | 20 | | 支付水电费 | | | | | 380 | | 9 380 |
| | 26 | | 计提折旧 | | 2 400 | | | | | 11 780 |
| | 31 | | 转入生产成本 | | | | | | 11 780 | 0 |

3. 备查账簿

备查账簿也称辅助登记簿或补充登记簿，是用来补充登记日记账簿和分类账簿等主要账簿中未记载或记载不全的经济业务的账簿。例如，反映企业租入固定资产的“租入固定资产登记簿”，反映为其他企业代管商品的“代管商品物资登记簿”等。备查账簿只是对其他账簿的一种补充，与其他账簿之间不存在严密的依存和钩稽关系。不一定在每个单位都设置，各单位根据具体需要而定。

备查账簿与序时账簿和分类账簿相比，存在以下不同之处：一是备查账簿不是根据会计科目设置的，而是根据表外科目设置的，与其他账户之间不存在密切的依存关系，登记时可能不需要记账凭证，甚至不需要一般意义上的原始凭证；二是备查账簿没有固定的格式，可以不用记录金额，注重用文字来表述某项经济业务的发生情况和来龙去脉。

(二)按外形特征分类

会计账簿按照外形特征可以分为订本式账簿、活页式账簿和卡片式账簿三类。

1. 订本式账簿

订本式账簿，简称订本账，是指在账簿启用之前就把账页固定装订成册，并编好页码的账簿。采用订本式账簿，有利于防止账页散失，防范非法抽换账页等舞弊行为的发生，保证账簿记录的安全、完整。但是，采用订本式账簿也存在缺点：一是由于账页序号和总数已经固定，不能增减，虽然开设账户时，凭借经验为每一账簿预留好了账页，但是在使用中可能会出现某些账户预留账页不足，而另外一些账户预留账页过多的情况，往往会造成短缺或浪费现象。二是订本式账簿在同一时间内只能由一人登账，不便于会计人员分工协作开展记账工作，也不利于使用计算机记账。

订本式账簿主要适用于比较重要、业务量较多的账簿，如总分类账和库存现金日记账、银行存款日记账等。

2. 活页式账簿

活页式账簿简称活页账，是指将一定数量的账页置于活页夹内，可根据记账内容的变化随时增加或减少部分账页的账簿。采用活页式账簿，账页不固定地装订在一起，可以根据实际需要，随时添加或减少账页，既方便由若干会计人员分工登账，也便于计算机记账，克服了订本式账簿的缺点。但是，活页式账簿的账页容易散失或被抽换。因此，为了保证账簿的安全、完整，空白账页在使用时必须按照顺序编号，保管在活页夹内，并编好目录由有关人员在账簿上签章。在账簿使用完毕后，还要装订成册或予以封扎，并妥善保管。活页式账簿主要适用于明细账。

3. 卡片式账簿

卡片式账簿简称卡片账，是指由具有一定格式的硬质卡片组成，并按照一定的规则编号，放置在卡片箱内，随时可以取用或添增的账簿。卡片账实际上是一种更为灵活的活页账。采用卡片式账簿的优缺点与活页式账簿基本相同。硬质卡片可以防止由于经常抽取而造成的破损，因此卡片式账簿可以长期使用。

卡片式账簿主要适用于记录内容比较复杂、业务量数不多的财产明细账，在我国，企业一般只对固定资产的核算采用卡片账形式，也有少数企业在材料核算中使用材料卡片。

(三)按账页格式分类

会计账簿按照账页格式可以分为三栏式账簿、多栏式账簿和数量金额式账簿三种。

1. 三栏式账簿

三栏式账簿是设有借方、贷方和余额三个基本栏目的账簿。特种日记账、总分类账以及资本、债权、债务明细账都可以采用三栏式账簿。三栏式账簿又分为设置对方科目和不设置对方科目两种,区别在于摘要栏和借方科目栏之间是否有一栏"对方科目"。有"对方科目"栏的,称为设对方科目的三栏式账簿;不设"对方科目"栏的,称为不设对方科目的三栏式账簿。其格式与总账的格式基本相同(如表 6—3 所示)。

2. 多栏式账簿

多栏式账簿是在账簿的两个基本栏目(即借方和贷方)下按需要再分设若干专栏的账簿,如多栏式日记账、多栏式明细账。在实际工作中,专栏设置在借方,还是设置在贷方,或是两方同时设专栏,设多少专栏,则根据需要确定。收入、费用明细账一般都采用这种格式的账簿(如表 6—5 所示)。

3. 数量金额式账簿

在数量金额式账簿的借方、贷方和余额三个栏目内,都分设数量、单价和金额三小栏,分别反映财产物资的实物数量和价值量。原材料、库存商品等明细账一般都采用数量金额式账簿(如表 6—4 所示)。

# 任务二　会计账簿的内容、启用与登记规则

## 一、会计账簿的基本内容

虽然会计主体的经济业务性质、特点不同,账簿的种类、形式和格式也不完全一样,但会计账簿一般都应包括以下基本内容:

(一)封面

封面上主要标明账簿名称,如总分类账、各种明细分类账、库存现金日记账、银行存款日记账等。

(二)扉页

扉页,主要用来列明会计账簿的使用信息,如科目索引、账簿启用和经管人员一览表等。格式如表 6—6 所示。

表 6—6 **账簿启用登记和经管人员一览表**

账簿名称：________ 单位名称：________

账簿编号：________ 账簿册数：________

账簿页数：________ 启用日期：________

会计主管：________ 记账人员：________

| 移交日期 | | | 移交人 | | 接管日期 | | | 接管人 | | 会计主管 | |
|---|---|---|---|---|---|---|---|---|---|---|---|
| 年 | 月 | 日 | 签名 | 签章 | 年 | 月 | 日 | 签名 | 签章 | 签名 | 签章 |
| | | | | | | | | | | | |
| | | | | | | | | | | | |
| | | | | | | | | | | | |

（三）账页

账页是账簿的主要构成部分。根据记载的具体经济业务不同，账页可以采用不同的格式，但一般都应包括以下基本内容：

（1）账户名称。包括一级科目、明细分类科目。

（2）登记日期栏。

（3）凭证种类和号数栏。

（4）摘要栏。要求对记录的经济业务内容做简要说明。

（5）金额栏。主要记录经济业务的增减金额和余额方向、金额。

（6）总页次和分户页次。

## 二、会计账簿的启用交接及登记规则

会计账簿是记载会计信息的重要经济档案。为保证会计账簿记录的合法性和严肃性，保证会计核算资料的完整性，启用账簿时必须按照相关规则办理手续。

（一）启用

（1）在账簿封面上写明单位名称和账簿名称，并在账簿扉页上附启用表，加盖单位公章和有关人员名章。

（2）启用订本式账簿，应当从第一页到最后一页顺序编订页码，不得跳页、缺号；使用活页式账页，应当按账户顺序编号，并须定期装订成册，装订后再按照实际使用的账页顺序编订页码，另加目录，记明每个账户的名称和页次。

（3）在账页上开设账户，即填列会计科目。

（4）粘贴印花税票。印花税票粘贴在账簿的右上角，并且画线注销。

（二）交接

记账人员调动工作或因故离职时，应严格办理交接手续，在“账簿启用登记和经管人员一览表”交接记录栏填明交接人员姓名、职别、交接日期，并由交接人员盖章，以分清责任。

（三）登记规则

为了保证账簿记录的正确性，必须根据审核无误的会计凭证登记会计账簿，并遵循以下规则：

(1)登记会计账簿时，应当将会计凭证日期、编号、业务内容摘要、金额和其他有关资料逐项记入账内，做到数字准确、摘要清楚、登记及时、字迹工整。账簿中的日期，应当填写记账凭证上的日期；以自制原始凭证，如收料单、领料单等作为记账依据的，账簿记录中的日期应按有关自制原始凭证上的日期填列。

(2)将每一记账凭证登记入账后，应在记账凭证上签名或者盖章，并注明已经登账的符号(一般是在记账凭证的“记账”栏中打“√”)，表示已经过账，防止重记或漏记。

(3)账簿中书写的文字和数字应紧靠底线，上面要留有适当空格，不要写满格，一般应占格距的二分之一。这样，一旦发生登记错误，就很容易更正，也方便查账。

(4)登记账簿时要用蓝黑墨水或者碳素墨水笔书写，不得使用圆珠笔(银行的复写账簿除外)或者铅笔书写。

(5)下列情况可以用红色墨水笔记账：

①按照红字冲账的记账凭证，冲销错误记录；

②在不设借贷等栏的多栏式账页中，登记减少数；

③在三栏式账户的余额栏前，如未印明余额方向的，在余额栏内登记负数余额；

④根据国家统一的会计制度规定可以用红字登记的其他事项。

(6)各种账簿应按页次顺序连续登记，不得跳行、隔页。如果发生跳行、隔页，应当将空行、空页画线注销，或者注明“此行空白”“此页空白”字样，并由记账人员签名或者盖章，不得将账页随意抽掉或销毁。

(7)凡是需要结出余额的账户，结出余额后，应当在“借或贷”栏内写明“借”或者“贷”字样。没有余额的账户，应当在借或贷栏内写“平”字，并在“余额”栏用“0”表示。库存现金日记账和银行存款日记账必须逐日结出余额。

(8)每一账页登记完毕结转下页时，应当结出本月合计数及余额，写在本页最后一行和下页的第一行有关栏内，并在摘要栏内注明“过次页”和“承前页”字样；也可以将本页合计数及金额只写在下页第一行有关栏内，并在摘要中注明“承前页”字样。对需要结计本页发生额的账户，结计“过次页”的本页合计数应当为自本月初起至本页末止的发生额合计数；对需要结计本年累计发生额的账户，结计“过次页”的本页合计数应当为自年初起至本页末止的累计数；对既不需要结计本月发生额，也不需要结计本年累计发生额的账户，可以只将每页末的余额结转次页。

(9)不得涂改、刮擦、挖补。如发生账簿记录错误，不得刮、擦、挖补或者用褪色药水更改字迹，而应采用规定的方法更正。

## 思政链接

**法盲会计隐匿会计凭证和账簿被判刑**

杨某系A运输服务有限公司汽车队会计。2021年10月，为了逃避查处，他将依法应当保存的该公司的收入、支出原始票据等会计资料，用铁箱子锁住藏匿到王某家中，将公司的银行现金缴款单等原始票据、记账凭证以及公司为应付年检而做的账目、记账凭证、明细账等会计资料，于2022年2月藏匿到自己家中，拒不向侦查机关提供。2022年3月，该资料被公安机关搜查时依法扣押。

经调查，当地人民法院认为，被告人杨某为逃避查处，将依法应当保存的会计凭证、会计账簿等会计资料故意隐匿，拒不交出，致使大部分会计资料不知去向，严重影响了公安机关的调查活动，属情节严重。依法判处杨某有期徒刑三年零六个月，并处罚金人民币50 000元。

资料来源："河南省：法盲会计隐匿会计凭证和账簿被判刑"，http://news.sohu.com，2022年2月25日。

# 任务三　会计账簿的格式和登记方法

## 一、日记账的格式和登记方法

会计核算中常用的日记账是特种日记账。特种日记账可以汇总登记同一类经济业务事项，汇总金额可以记入分类账，减少记账工作，并有利于会计人员分工记账，提高工作效率。常见的特种日记账主要是库存现金日记账和银行存款日记账。

（一）库存现金日记账

库存现金日记账，是用来核算和监督库存现金每天的收入、支出和结存情况的账簿，由出纳人员根据涉及现金收、付的记账凭证，按经济业务发生的先后顺序，逐日逐笔登记。根据现金收入凭证和与现金有关的银行存款付款凭证登记现金收入，根据现金付款凭证登记现金支出；根据"上日余额＋本日收入－本日支出＝本日金额"的计算公式，逐日结出现金余额，并与库存现金实存数核对，以检查每日现金收付是否有误。库存现金日记账主要的格式为三栏式。三栏式库存现金日记账的登记方法如下：

（1）日期栏。根据记账凭证的日期登记。

（2）凭证号码栏。登记入账的收、付款凭证的种类和编号。由于登记库存现金的日记账所依据的记账凭证主要是现金收款凭证、现金付款凭证和银行存款付款凭证，为简化登记工作，凭证号码往往简写为现收、现付等形式。

（3）对方科目栏。登记现金收入、支出对应的科目，作用在于了解经济业务的来龙去脉。如从银行提取现金，其对方科目即为"银行存款"。

（4）摘要栏。用以说明登记入账的经济业务的内容。要求文字简练，说明清楚。

（5）收入、支出和结余栏。分别登记现金收付的实际金额和余额。每日终了，应分别计算现金收入和付出的合计数，结出余额，同时将余额与实有库存现金核对，即通常所说的"日清"。如果账款不符，应查明原因，并记录备案。月终，同样要计算现金收付和结存的合计数，并与实有库存现金核对相符，通常称为"月结"。

多栏式库存现金日记账是在三栏式库存现金日记账的基础上发展起来的。这种日记账的借方（收入）和贷方（支出）金额栏都按对方科目再分设专栏，也就是按照收入的来源和支出的用途设专栏。月末结账时，可以结出各收入来源专栏和支出用途专栏的合计数，便于对现金收支的合理性、合法性进行审核分析，便于检查财务收支计划的执行情况，其全月发生额还可以作为登记总账的依据。多栏式库存现金日记账的格式如表6－7所示。

表 6—7 **库存现金日记账(多栏式)**

<table>
<tr><th colspan="2">年</th><th rowspan="3">凭证号码</th><th rowspan="3">摘要</th><th colspan="4">收 入</th><th colspan="4">支 出</th><th rowspan="3">结余</th></tr>
<tr><th rowspan="2">月</th><th rowspan="2">日</th><th colspan="4">应贷科目</th><th colspan="4">应借科目</th></tr>
<tr><th>银行存款</th><th>主营业务收入</th><th>……</th><th>合计</th><th>其他应收款</th><th>管理费用</th><th>……</th><th>合计</th></tr>
<tr><td></td><td></td><td></td><td></td><td></td><td></td><td></td><td></td><td></td><td></td><td></td><td></td><td></td></tr>
<tr><td></td><td></td><td></td><td></td><td></td><td></td><td></td><td></td><td></td><td></td><td></td><td></td><td></td></tr>
<tr><td></td><td></td><td></td><td></td><td></td><td></td><td></td><td></td><td></td><td></td><td></td><td></td><td></td></tr>
<tr><td></td><td></td><td></td><td></td><td></td><td></td><td></td><td></td><td></td><td></td><td></td><td></td><td></td></tr>
</table>

如果借、贷两方对应的科目太多,多栏式库存现金日记账的账页就会过长,不便于保管和记账。因此,在实际工作中,需要采用多栏式库存现金日记账时,通常把现金收入业务和支出业务分设“库存现金收入日记账”和“库存现金支出日记账”两本账。其中,库存现金收入日记账按对应的贷方科目设置专栏,另设“支出合计”栏和“结余”栏;库存现金支出日记账则只按支出的对方科目设专栏,不设“收入合计”栏和“结余”栏。登记方法是:根据有关现金收入业务的记账凭证登记库存现金收入日记账,根据有关现金支出业务的记账凭证登记库存现金支出日记账。每日终了,根据库存现金支出日记账结出的支出合计数,一笔转入库存现金日记账的“支出合计”栏中,并结出当日余额填入“结余”栏,然后与库存现金实有数核对。

(二)银行存款日记账

银行存款日记账是用来核算和监督银行存款每日的收入、支出和结余情况的账簿,应根据不同开户银行和币种分别设置,每个银行账户设置一本日记账。银行存款日记账应由出纳人员根据审核无误且涉及银行存款收、付的记账凭证按经济业务发生时间的先后顺序,逐日逐笔登记。根据银行存款收款凭证和有关的现金付款凭证登记银行存款收入栏,根据银行存款付款凭证登记支出栏,每日结出存款余额。

银行存款日记账的格式与库存现金日记账相同,可以采用三栏式,也可以采用多栏式。多栏式可以将收入和支出的核算在一本账上进行,也可以分设“银行存款收入日记账”和“银行存款支出日记账”两本账。其格式和登记方法与“库存现金收入日记账”和“库存现金支出日记账”基本相同。三栏式银行存款日记账的格式如表 6—5 所示,登记方法如下:

(1)日期栏。根据涉及银行存款收、付的记账凭证的日期登记。

(2)凭证号码栏。登记入账的收、付款记账凭证的种类和编号,与库存现金日记账的登记方法相同。

(3)对方科目栏。登记银行存款收入、支出所对应的科目,如开出支票一张支付购料款,其对方科目即为“原材料”或“在途物资”。

(4)摘要栏。用以说明登记入账的经济业务的内容,文字要简练、概括。

(5)收入、支出栏。登记银行存款实际收、付的金额。每日终了,应分别计算银行存款收入和支出的合计数,并结出余额;月终应结算出银行存款全月收入、支出的合计数,并结出月末余额,然后与开户银行对账。

在实际工作中,无论是设置三栏式还是多栏式,一般都应在银行存款日记账的适当位置增加一栏“结算凭证”，以便记账时表明每笔业务的结算凭证和编号，便于与银行核对账目。

## 二、分类账的登记方法

### （一）总分类账

总分类账应按照总分类科目设置，是对各项经济业务进行总分类核算的会计账簿，一般要求采用订本式账簿。

总分类账的格式一般采用借、贷、余三栏式账页，记账依据和登记方法取决于采用的财务处理程序。如表6－8所示，总分类账采用的是记账凭证财务处理程序；如表6－9所示，总分类账采用的是科目汇总表财务处理程序。

**表6—8** **总分类账**

会计科目：原材料

| 2022年 | | 凭证号码 | 摘　要 | 借　方 | 贷　方 | 借或贷 | 余　额 |
|---|---|---|---|---|---|---|---|
| 月 | 日 | | | | | | |
| 3 | 1 | | 月初余额 | | | 借 | 50 000 |
| | 2 | 转1 | 材料验收入库 | 45 000 | | 借 | 95 000 |
| | 5 | 转2 | 领用材料 | | 30 000 | 借 | 65 000 |

**表6—9** **总分类账**

会计科目：原材料

| 2022年 | | 凭证号码 | 摘　要 | 借　方 | 贷　方 | 借或贷 | 余　额 |
|---|---|---|---|---|---|---|---|
| 月 | 日 | | | | | | |
| 4 | 1 | | 月初余额 | | | 借 | 48 000 |
| | 10 | 科汇1 | 上旬发生 | 75 000 | 50 000 | 借 | 73 000 |

### （二）明细分类账

明细分类账是按明细科目设置的账簿。它能提供交易或事项比较详细、具体的核算资料，以弥补总账所提供核算资料的不足。因此，各单位在设置总账的同时，还应设置必要的明细账。明细分类账一般采用活页式账簿、卡片式账簿。明细账一般根据记账凭证和原始凭证及原始凭证汇总表登记。明细分类账可以根据需要分别采用三栏式、多栏式及数量金额式等不同格式的账页。

（1）三栏式明细分类账。三栏式明细分类账只设借方、贷方和余额三个金额栏。适用于只需进行金额明细核算，不需进行数量核算的明细账，如债权、债务结算账户的明细账等。其格式与表6－3总分类账的格式相同。

（2）数量金额式明细分类账。数量金额式明细分类账是在收入、发出和结存栏内分别设置数量、单价和金额栏目，分别登记实物的数量、单价和金额，适用于既需要进行金额明细核算，又需要进行数量明细核算的明细账，如“原材料”明细分类账、“库存商品”明细分类账等。其格式如表6－10所示。

**表 6—10**　　**原材料明细分类账**

会计科目：原材料　　第 1 页

类别：钢材　　品名及规格：普通圆钢　　计量单位：千克　　存放地点：3 号库

| 2022 年 | | 凭证号码 | 摘要 | 收入 | | | 支出 | | | 结存 | | |
|---|---|---|---|---|---|---|---|---|---|---|---|---|
| 月 | 日 | | | 数量 | 单价 | 金额 | 数量 | 单价 | 金额 | 数量 | 单价 | 金额 |
| 3 | 1 | 略 | 月初结存 | | | | | | | 1 000 | 100 | 100 000 |
| | 2 | | 购入 | 2 000 | 100 | 200 000 | | | | 3 000 | 100 | 300 000 |
| | 3 | | 领用 | | | | 500 | 100 | 50 000 | 2 500 | 100 | 250 000 |

（3）多栏式明细分类账。多栏式明细分类账是根据经济业务的特点和经营管理的需要，在一张账页内按有关明细项目分设若干专栏，在同一张账页上集中反映该账户明细项目的核算资料。主要适用于有关费用、成本、收入、财务成果等账户的明细账，如“制造费用”明细分类账、“管理费用”明细账等。其格式如表 6—11 所示。

**表 6—11**　　**制造费用明细分类账**

明细科目：一车间　　第 1 页

| 2022 年 | | 凭证号码 | 摘　要 | 借　方 | | | | | 贷　方 | 余　额 |
|---|---|---|---|---|---|---|---|---|---|---|
| 月 | 日 | | | 职工薪酬 | 折旧费 | 机物料消耗 | 办公费 | 水电费 | | |
| 3 | 2 | 略 | 分配工资 | 8 000 | | | | | | 8 000 |
| | 8 | | 领用材料 | | | 400 | | | | 8 400 |
| | 10 | | 支付办公费 | | | | 600 | | | 9 000 |
| | 20 | | 支付水电费 | | | | | 380 | | 9 380 |
| | 26 | | 计提折旧 | | 2 400 | | | | | 11 780 |
| | 31 | | 转入生产成本 | | | | | | 11 780 | 0 |

在实际工作中，为减少栏次，成本、费用类科目的明细账也可以只按借方发生额设置专栏，贷方发生额由于每月发生的笔数较少，可以在借方直接用红字冲记。其格式如表 6—12 所示。

**表 6－12** 制造费用明细账

明细科目：一车间　　　　第 1 页

| 2022 年 | | 凭证号码 | 摘　　要 | 借　　方 | | | | | |
|---|---|---|---|---|---|---|---|---|---|
| 月 | 日 | | | 职工薪酬 | 折旧费 | 机物料消耗 | 办公费 | 水电费 | 合　计 |
| 3 | 2 | 略 | 分配工资 | 8 000 | | | | | 8 400 |
| | 8 | | 领用材料 | | | 400 | | | 400 |
| | 10 | | 支付办公费 | | | | 600 | | 9 000 |
| | 20 | | 支付水电费 | | | | | 380 | 9 380 |
| | 26 | | 计提折旧 | | 2 400 | | | | 11 780 |
| | 31 | | 转入生产成本 | 8 000 | 2 400 | 400 | 600 | 380 | 11 780 |

注：本书中画方框的数字表示红字。

# 任务四　对　账

## 一、对账的含义

对账，是指对账簿记录的正确性进行核对的工作。在会计核算工作中，由于种种原因，有时难免会发生各种差错和账实不符的现象。对账就是为了保证账簿记录的真实性、完整性和准确性，在记账以后结账之前，定期或不定期地对有关数据进行检查、核对，以便为编制会计报表提供真实、可靠数据资料的重要会计工作。

对账工作一般在月末进行，即在记账之后结账之前进行。

## 二、对账的内容

按照《会计基础工作规范》的要求，各单位应当对会计账簿记录的有关数字与库存实物、货币资金、有价证券、往来单位或个人等进行相互核对，保证账簿记录与记账凭证相符、账簿与账簿之间的相关数字相符、账簿记录与实物记录相符。因此，对账的主要内容包括账证核对、账账核对、账实核对三个方面。

（一）账证核对

账证核对，是指各种账簿记录与记账凭证及其所附原始凭证的时间、凭证字号、内容、金额是否一致，记账方向是否相符的核对，目的是检查记账有无错误，以保证账证相符。账证核对通常是通过编制凭证和记账过程中的“复核”环节进行的。月末如果发现账证不符，就必须追本溯源，检查核对账簿记录与会计凭证，以保证账证相符。

（二）账账核对

账账核对是在账证核对相符的基础上，核对不同账簿记录之间的有关数字。主要包括：

(1)总分类账中全部总账账户的期末借方余额合计数与全部总账账户的期末贷方余额合

计数应核对相符。这种核对可以通过编制总账账户试算平衡表进行。

(2)总账中“库存现金”和“银行存款”账户期末余额应分别与库存现金日记账、银行存款日记账的期末余额核对相符。

(3)总分类账中各账户的期末余额应与其所属明细分类账的期末余额合计数核对相符。这种核对可以通过编制“总分类账户与明细分类账户发生额及余额对照表”来进行。

(4)财务部门的各种财产物资明细分类账的期末余额应与财产物资保管和使用部门的财产物资明细账的结存数核对相符。

(三)账实核对

账实核对是在账账核对的基础上，将各种财产物资和债权、债务等的账面余额与实存数额进行核对。包括：

(1)库存现金日记账账面余额与库存现金实存数的核对。

(2)银行存款日记账账面余额与银行对账单的核对。

(3)各种应收、应付款项明细账账面余额与有关债务人、债权人的相关账面余额的核对。

(4)各种财产物资明细分类账账面余额与财产物资实存数的核对。

实务工作中，造成账实不符的原因多种多样，如财产物资保管过程中发生自然损耗；财产收发过程中由于计量或检验不准，造成多收或少收；由于管理不善、制度不严造成财产损失、丢失、被盗；账簿记录中发生重记、漏记、错记；由于有关凭证未到，形成未达账项，造成结算双方账实不符；发生意外灾害等。因此，客观上需要通过定期的财产清查来弥补漏洞，保证会计信息的真实可靠。账实核对一般通过财产清查进行。

### 思政链接

**造纸厂事件**

湖北一造纸厂成品纸仓库从2015年1月至2022年2月间，与账面核对发现亏损3 000多吨，价值700余万元，究其原因就是财务部门和仓库部门从来不对账造成的，再加上仓库保管员更换频繁，账目交接不清，材料入库单丢失严重，根本对不上账。会计部门对工作没有责任心，单位领导人也不过问，丢失、偷卖等现象相当严重。账账相对，账实相符，在财务工作中，是最基本的工作，是财务人员、仓库保管人员分内的日常工作。在实践中，企业管理松懈还会造成公款私存、挪用公款、侵吞存款利息、侵吞上级拨款、虚报冒领、私分公款等犯罪。

## 任务五 错账查找和更正方法

会计人员填制会计凭证和登记账簿，必须严肃认真，一丝不苟，尽最大努力把账记好、算好，防止差错，保证核算质量。在记账过程中，如果账簿记录发生错误，必须根据具体情况，采用正确的方法予以更正，不准涂改、挖补、刮擦或者用药水消除字迹，不能重新抄写。查找错账可以使用除2法、除9法等方法。查找出错账后，可分别采用划线更正法、红字更正法或者补充登记法予以更正。

## 一、错账的查找方法

编制试算平衡表,有利于及时发现记账错误。如果试算平衡表借贷不相等,就可以肯定账户记录有错误,应认真查找。查找账户记录错误的方法有除 2 法、除 9 法、顺查法、逆查法、详查法、抽查法等。这里主要介绍除 2 法和除 9 法。

(一)除 2 法

除 2 法,是指以差错数除以 2,用得出的商数来查找记错方向的数字。在登记账簿时,有时由于疏忽,错将借方金额登记到贷方,或者错将贷方金额登记到借方,必然会出现一方(借方或贷方)合计数增多,而另一方(贷方或借方)合计数减少的情况,其差额应是记错方向数字的一倍,而且差错数为偶数。

(二)除 9 法

除 9 法,是以差错数除以 9 来查找错误数字的方法,主要适用于两种会计差错的查找。

第一,查找错位差错。如果差错的数额较大,应检查是否在记账时发生了数字错位。在登记账簿时,有时会把数字的位数记错,如把十位数错记成百位数,或者把千位数错记成百位数。

错位差错可能发生以小记大差错。例如,2021 年 7 月 8 日,某单位库存现金日记账的日初余额为 560 元,当天收到职工退回差旅费余额为 40 元;支付办公用品费 75 元;支付修理费 80 元。盘点时库存现金为 445 元,账面记载余额为 805 元。此项差错是登记时错将 40 元误记成 400 元,以小记大引起的,因此账款相差悬殊。在检查时,用账面余额减去库存盘点数,即用 805 减去 445,得 360。再用 360 除以 9,得到商数为 40。商数 40 即为要查找的差错数,多记金额为实收金额的 9 倍,即 360 元。

错位差错还可能发生以大记小的差错。例如前例,若当天收到职工退回的差旅费金额为 400 元,账面记载时误记为 40 元,盘点时库存现金为 805 元,账面记载余额为 445 元。在检查时,用库存盘点数减去账面余额,即用 805 减去 445,得 360。再用 360 除以 9,得到商数为 40。商数即为要查找的差错数,少记金额为记错数的 9 倍,即 360 元。

第二,查找邻数颠倒差错。在记账时,有时会将相邻的两位数或者是三位数的数字记颠倒,如将 95 记为 59 或将 123 记为 321。无论是两位数字颠倒还是三位数字颠倒,其不平衡的差额都能被 9 除尽。

如果通过上述方法未能发现差错,就应采用顺查法、逆查法、详查法、抽查法等方法检查是否有漏记、重记的情况。顺查法是按照财务处理的顺序,从原始凭证开始顺序核查的方法。逆查法是按照财务处理的相反顺序,从账簿记录开始逆序核查至原始凭证的方法。抽查法是指抽取账簿记录中的某些部分进行局部检查的方法。如果发现差错的数字只是角位、分位,或者只是整数,就可以缩小范围,专门检查是角位、分位,或者只是整数位的数字,其他数字则不必一一检查。

采用上述方法检查后,如果查出是账簿登记错误,就应按规定的更正方法更正。如差错确实不属于账簿登记、计算等问题,就应及时向有关负责人汇报,同时认真回忆发生的经济业务,仔细检查办理的每一张记账凭证,分析差额的原因,直至查出所有差错。

## 二、错账更正方法

(一)划线更正法

划线更正法适用于结账之前发现的账簿记录有误而记账凭证无误的情况。也就是说,纯属登记账簿时文字或数字上的错误,可采用划线更正法更正。

更正的方法是:用一条红线划去错误的文字或数字,然后在红线上方空白处填写正确的文字或数字,并由会计人员和会计机构负责人(会计主管人员)在更正处盖章,以示对该更改事项负责。划线时,文字错误可只将错误的文字划掉;数字错误应将错误的数字全部划去,并保证原字迹可以辨认,不能只划去和更改个别数字。如李静在记账过程中将“650”误写成“560”,发现后更改时将“560”用单红线全部划去,再在红线上用蓝笔书写“650”字样,并在旁边加盖私章,而不能只划去“56”两字,把它改成“65”。

(二)红字更正法

红字更正法又称红字冲账法,适用于对以下两种错误的更正:

1. 记账后发现记账凭证中所记会计科目、借贷方向有错误而导致的账簿记录错误

更正方法是:先用红字金额填制一张内容与原错误记账凭证完全相同的记账凭证,在摘要中写明“冲销某月某日×字第×号错误凭证”并据以用红字登记入账,以冲销原来的错误记录;然后再用蓝字填制一张正确的记账凭证,在摘要栏内写明“补记某月某日账”,并据以登记入账。

**【例 6—1】** 某企业计提固定资产折旧,在编制记账凭证时误将属于管理费用的行政部门用固定资产折旧 5 500 元计入制造费用,并已登记入账。

(1)原错误记账凭证:

借:制造费用　　5 500

　　贷:累计折旧　　5 500

(2)发现错误时填制一张红字金额记账凭证,并据以登记入账,冲销原错误记录:

借:制造费用　　[5 500]

　　贷:累计折旧　　[5 500]

(3)再用蓝字填制一张正确的记账凭证,并据以登记入账:

借:管理费用　　5 500

　　贷:累计折旧　　5 500

注:本书中划方框的数字为红字。

2. 记账后发现记账凭证中所记会计科目、借贷方向无误,但所记金额大于应记金额而导致的账簿记录错误

**【例 6—2】** 承【例 6—1】,假设记账凭证中会计科目、借贷方向均未发生错误,但所记录金额大于应记金额,正确金额应为 5 000 元。在这种情况下,更正时只要按多计的金额 500 元填制一张红色金额的记账凭证,在摘要栏内注明“冲销某月某日×字第×号凭证多计金额”字样据以入账即可。

(1)原错误记账凭证:

借：制造费用　　5 500

　　贷：累计折旧　　5 500

(2)发现错误更正时：

借：制造费用　　500

　　贷：累计折旧　　500

注：本书中划方框的数字为红字。

(三)补充登记法

补充登记法适用于记账凭证的会计科目、记账方向均正确，但所记金额小于应记金额，致使账簿记录发生少计的错误。

更正方法是：用蓝字填制一张记账凭证，金额为应记金额与所记金额的差额，在摘要栏内注明“补记某月某日×字第×号凭证少计金额”字样，并据以登记入账。

**【例6—3】** 承【例6—1】，假设正确的制造费用金额应为6 000元，则只要用蓝字填制一张500元(6 000—5 500)的记账凭证并据以入账，即可将错误更正。

(1)原错误记账凭证：

借：制造费用　　5 500

　　贷：累计折旧　　5 500

(2)发现错误更正时，将少计的金额补记：

借：制造费用　　500

　　贷：累计折旧　　500

## 任务六　结　账

### 一、结账的意义

结账就是在会计期末(月末、季末、年末)将一定期间发生的经济业务全部登记入账的基础上，结算出各个账户的本期发生额和期末余额的一项工作。结账可以全面、系统地反映单位一定时期内发生的全部经济活动的变化情况及其结果，为总括反映财务状况、考核财务成果及编制会计报表提供资料。

### 二、结账程序

(一)检查本期发生的经济业务是否已经全部登记入账

结账前，必须将本期发生的各项经济业务全部登记入账，并通过对账确保账簿记录正确。若发现漏账、错账，应及时补记、更正。企业不得为赶编会计报表而提前结账或将本期发生的经济业务拖延至下期登账，也不能先编会计报表而后结账。

(二)账项调整

按照权责发生制要求，编制有关账项调整记账凭证进行账项调整，以正确反映本期的收入和费用，如计提固定资产折旧、进行无形资产摊销等；对于需要在本月办理的有关转账业务，如销售成本的结转、税金及附加的计算结转等，均应编制有关记账凭证并登记入账。

（三）结转损益

编制记账凭证，结转损益类账户本期发生额。将本期实现的各种收入从“主营业务收入”等收入类科目转入“本年利润”科目的贷方，将本期发生的各项费用从“主营业务成本”“管理费用”等费用类科目转入“本年利润”科目的借方，以便计算确定本期财务成果。

（四）结算出所有科目的本期发生额和期末余额，并结转下期

上述工作完成后，就可以根据总分类账和明细账的本期发生额和期末余额，分别编制试算平衡表。

## 三、结账方法

结账工作一般按月度、季度、半年度和年度进行。结账时，应当结出每个账户的期末余额，有些账户还要求结出本期发生额。结出余额后，应在余额栏前的“借或贷”栏内写明“借”或“贷”字样，没有余额的账户，应在余额栏前的“借或贷”栏内写“平”字，并在余额栏内用“0”表示。在账簿中，结账通过画“结账线”表示；平时的结账画单红线，年末结账画双红线。结账线应用通栏红线表示，不能只在账页中的金额部分画线。

（一）月结

月结时，对于需要按月结计发生额的账户，如库存现金和银行存款日记账，应在各账户本月最后一笔金额下画一条通栏单红线，并在红线下的“摘要”栏中注明“本月发生额及余额”或“本月合计”字样，同时结算出本月借方和贷方发生额及期末余额，并标明余额方向，然后在本行下面画一条通栏单红线，表示月结。

对不需要按月结计发生额的账户，如各项应收、应付款明细账和财产物资明细账等，在每次记账后，都要随时结出余额，每月最后一笔余额即为月末余额，月末结账时在最后一笔经济业务记录下画一条通栏单红线即可。

对需要结出本年累计发生额的某些明细账户，每月结账时，应在“本月合计”行下结出自年初起至本月止的累计发生额，并在摘要栏注明“本年累计”字样，在本行下再画一条通栏单红线。

（二）季结

季度结账时，应在本季度末最后一个月进行月结后，在季末月的“月结”行下的“摘要”栏内注明“本季发生额及季末余额”“本季合计”或“季结”字样，并在季结行下再画一条通栏单红线。半年度结账方法可比照季结处理。

（三）年结

年度终了时，所有总账账户都应结出全年发生额及年末余额。具体做法是：在第四季度季结的红线下面一行，结算出全年四个季度的借贷发生额和年末余额，并标明余额方向，在摘要栏内注明“本年发生额及余额”“本年合计”或“年结”字样，并在下面画通栏双红线，表示“封账”。年结时，对于有余额的账户，要将其余额结转下年，并在摘要栏注明“结转下年”字样，在下一会计年度新建有关账户的第一行余额栏内填写上年结转的余额，并在摘要栏注明“上年结转”字样。

# 任务七　会计账簿的更换与保管

## 一、会计账簿的更换

年度结账后，必须按规定更换新账。总账、日记账和大部分明细账每年都应更换新账。部分财产物资明细账和债权债务明细账，如固定资产明细账、应收账款明细账等，可以跨年度继续使用。各种备查账簿也可以跨年度连续使用，不必每年更换新账。

更换新账时，应将各账户的年末余额记入下一年度新账簿。在新账簿有关账户新账页的第一行“余额”栏内，填上该账户上年的余额；同时在“摘要”栏内加盖“上年结转”戳记。年度结账和上年结转的示例如表6－13所示。

**表6－13**　　**总　账**

会计科目：应收账款

| 2021年 | | 凭证 | | 摘　要 | 借　方 | 贷　方 | 借或贷 | 余　额 |
|---|---|---|---|---|---|---|---|---|
| 月 | 日 | 字 | 号 | | | | | |
| 1 | 1 | | | 上年结转 | | | 借 | 35 000 |
| 12 | 31 | | | 本月合计 | 25 000 | 15 000 | 借 | 10 000 |
| 12 | 31 | | | 本季累计 | 82 000 | 295 000 | 借 | 10 000 |
| 12 | 31 | | | 本年累计 | 295 000 | 320 000 | 借 | 10 000 |
| | | | | 结转下年 | | | | |

注：双线为红线。

## 二、账簿的保管

各种账簿要分工明确，指定专人管理。账簿经管人员既要负责记账、对账、结账等工作，又要负责保证账簿安全。未经领导和会计负责人或者有关人员批准，非经管人员不能随意翻阅查看会计账簿。会计账簿除需要与外单位核对外，一般不能携带外出；对携带外出的账簿，一般应由经管人员或会计主管人员指定专人负责。会计账簿不能随意交与其他人员管理，以保证账簿安全和防止任意涂改账簿等问题发生。

年度终了，各种账簿在结转下年、建立新账后，一般都需要把旧账送交总账会计集中统一管理。会计账簿暂由本单位的财务会计部门保管1年，期满之后，由财务会计部门编制移交清册移交本单位的档案部门保管。会计账簿的保管，既要做到安全、完整，又要保证在需要的时候能从账簿中迅速查到所需要的资料。为此，会计人员必须在年度结束后，将各种活页账簿连同“账簿启用登记和经管人员一览表”装订成册，加上封面，统一编号，与各种订本式账簿一起归档保管。

实行会计电算化的单位，满足《会计档案管理办法》第八条有关规定的，可仅以电子形式保存会计账簿，无须定期打印会计账簿；确需打印的，打印的会计账簿必须连续编号，经审核无误后装订成册，并由记账人员和会计机构负责人、会计主管人员签字或者盖章。

会计账簿与会计凭证、会计报表都是会计核算的重要档案资料，也是重要的经济档案，必须按照《会计档案管理办法》的规定，妥善保管，不得丢失和任意销毁。保管期满后，需要销毁的，应按照规定的审批程序报经批准后，再行销毁。

## 小结

1. 会计账簿(简称账簿)，是指以经过审核的会计凭证为依据，由专门格式、相互联结的账页所组成，用来全面、连续、系统地记录各项经济业务的簿籍。设置和登记会计账簿是会计核算工作的中心环节之一，是会计核算的重要办法。

2. 会计账簿与账户的关系：账户是根据会计科目开设的，具有一定格式和结构，用于分类反映六大会计要素增减变化情况及结果的载体。账户存在于账簿之中，账簿的每一页就是会计账户的存在形式和载体。没有账簿，账户就无法存在。账户是账簿的真实内容。账簿与账户的关系是形式与内容的关系。

3. 会计账簿的作用：(1)可以全面、系统地记载、存储会计信息；(2)可以分类、汇总会计信息；(3)可以为会计报表的编制提供综合、翔实的数据；(4)可以为单位考核经营成果、分析经济活动，确保财产物资安全、完整提供重要依据。

4. 依据不同的划分标准，会计账簿有不同的分类方法。(1)会计账簿按照用途可以分为序时账簿、分类账簿和备查账簿三类；(2)会计账簿按照外表形式可以分为订本式账簿、活页式账簿和卡片式账簿三类；(3)会计账簿按照账页格式可以分为三栏式账簿、多栏式账簿和数量金额式账簿。

5. 会计账簿一般都应包括以下基本内容：封面和封底、扉页、账页。其中账页是账簿的主要构成部分。一般应包括以下基本内容：账户名称、登记日期栏、凭证种类和号数栏、摘要栏、金额栏、总页次和分户页次。

6. 对账的主要内容包括账证核对、账账核对、账实核对三个方面。账证核对是指对各种账簿记录与记账凭证及其所附原始凭证是否相符进行的核对。账账核对是对不同账簿记录之间的有关数字进行核对。账实核对将各种财产物资和债权、债务等的账面余额与实存数额进行核对。

7. 查找账户记录错误的方法有除2法、除9法、顺查法、逆查法、详查法、抽查法等。除2法是指以差错数除以2，用得出的商数来查找记错方向的数字。差错数为偶数。除9法是以差错数除以9来查找错误数字的方法，主要适用于错位差错和邻数颠倒差错。无论是错位差错还是邻位颠倒差错，其不平衡的差额都能被9除尽。

8. 错账更正方法有三种：划线更正法、红字更正法、补充登记法。

9. 结账工作一般按月度、季度、半年度和年度进行。结账通过画“结账线”表示；月结、季结结账时画单红线，年末结账画双红线。

10. 总账、日记账和大部分明细账每年更换一次新账。部分财产物资明细账和债权债务明细账可以跨年度继续使用，各种备查账簿也可以跨年度连续使用。会计账簿由本单位财务会计部门保管1年，期满之后，由财务会计部门编制移交清册移交本单位的档案部门保管。保管期满后，需要销毁的，应按照规定的审批程序报经批准后再行销毁。

## 职场体验

### 案例分析

李强大学毕业后在一家工业企业工作，工作期间发现以下情况：

(1) 该企业主管要求李强将原材料、库存商品、在途物资、管理费用、制造费用账户登记明细账，李强应使用何种格式的账页？

(2) 企业开出转账支票 1 790 元购买办公用品，李强在编制记账凭证时，误记金额为 1 970 元，科目及方向无误，并已登记入账。应采用何种更正法？更正的具体方法是什么？

(3) 李强如果要更正错账，方法有哪几种？分别适用于更正何种记账错误？

(4) 企业三栏式账簿的使用范围有哪些？

## 业务操作

启明公司在 2021 年 8 月 31 日银行存款日记账余额为 300 000 元；库存现金日记账余额为 3 000 元。9 月上旬发生下列银行存款和现金收付业务。

1 日，投资者投入现金 25 000 元，存入银行(银收 801 号)；

4 日，将银行存款 10 000 元归还短期借款(银付 801 号)；

6 日，将银行存款 20 000 元偿付应付账款(银付 802 号)；

7 日，将库存现金 1 000 元存入银行(现付 801 号)；

7 日，用库存现金暂付职工差旅费 800 元(现付 802 号)；

8 日，从银行提取现金 2 000 元备用(银付 803 号)；

10 日，收到应收账款 50 000 元，存入银行(银收 802 号)；

12 日，用银行存款 40 000 元支付购买材料款(银付 804 号)；

15 日，用银行存款 10 000 元支付购入材料运费(银付 805 号)；

16 日，从银行提取现金 18 000 元，准备发放工资(银付 806 号)。

要求：依据以上业务编制会计分录，逐笔登记银行存款和库存现金日记账。

## 学习评价

**一、单项选择题**

1. 会计期末，企业将有关债权债务明细账账面余额与对方单位的账面记录进行核对，这种对账属于(　　)的内容。

A. 账表核对　　B. 账实核对　　C. 账账核对　　D. 账证核对

2. 下列说法错误的有(　　)。

A. 对活页式账簿不得任意抽换账页

B. 各种账簿应按页次顺序连续登记，不得跳行、隔页

C. 对订本式账簿不得任意撕毁账页

D. 如果发现跳行、隔页，在该空行、空页上注明“此行空白”“此页空白”字样即可

3. 结账时，应当画通栏双红线的情形是(　　)。

A. 结出本季累计发生额后

B. 12 月末结出全年累计发生额后

C. 结出当月发生额后

D. 各月末结出本年累计发生额后

4. 下列账簿中，可以跨年度连续使用的是(　　)。

A. 日记账　　B. 多数明细账　　C. 总账　　D. 备查账

5. 红字更正法的适用范围包括(　　)。

A. 记账凭证中会计科目或借贷方向错误，导致账簿记录错误

B. 记账凭证正确，登记账簿时发生文字或数字错误

C. 记账凭证中会计科目或借贷方向正确，所记金额大于应记金额，尚未登记入账

D. 记账凭证中会计科目或借贷方向正确，所记金额小于应记金额，导致账簿记录错误

6. 记账凭证无误，根据记账凭证登记账簿时，误将 100 元记为 1 000 元，应采用(　　)更正。

A. 划线更正法　　B. 红字更正法　　C. 平行登记法　　D. 补充登记法

7. 下列对账工作中属于账实核对的是(　　)。

A. 银行存款日记账与银行对账单核对

B. 总分类账与所属明细分类账核对

C. 会计部门的财产物资明细账与财产物资保管部门的有关明细账核对

D. 总分类账与日记账核对

8. 下列会计账簿登记方法中错误的是(　　)。

A. 债权、债务明细账应逐日逐笔登记

B. 依据记账凭证逐笔登记总账

C. 库存现金日记账由出纳人员根据现金收付款凭证，按时间顺序逐日逐笔登记

D. 将现金存入银行的业务，应根据银行存款收款凭证登记银行存款日记账

9. 编制会计报表的主要依据是(　　)提供的核算信息。

A. 日记账　　B. 备查账簿　　C. 分类账簿　　D. 科目汇总表

10. 会计账簿暂由本单位财务会计部门保管(　　)，期满之后，由财务会计部门编制移交清册移交本单位的档案部门保管。

A. 5 年　　B. 1 年　　C. 10 年　　D. 3 年

11. 总分类账户与其明细分类账户的主要区别在于(　　)。

A. 记账的期间不同　　B. 记录经济业务的详细程度不同

C. 记账的方向不同　　D. 记账的依据不同

12. 应作为固定资产账户的调整账户的是(　　)。

A. 累计折旧　　B. 实收资本　　C. 原材料　　D. 应付账款

13. 用现金支付职工的医药费 78 元，会计人员编制的记账凭证为：借记应付职工薪酬 87 元，贷记库存现金 87 元，并登记入账。更正的方法是(　　)。

A. 红字更正法　　B. 补充登记法　　C. 划线更正法　　D. 重新编制正确凭证

14. 假设记账凭证上的“摘要”栏内写的是“收回货款”，但在登记账簿时，误写为“支付货款”，可采用的更正方法是(　　)。

A. 平行登记法　　B. 补充登记法　　C. 划线更正法　　D. 红字更正法

15. “原材料”明细分类账一般采用的账页格式是(　　)。

A. 数量金额式　　B. 三栏式　　C. 多栏式　　D. 横线式

16. 某企业通过银行收回应收账款 8 000 元，在填制记账凭证时，误将金额记为 6 000 元，并已登记入账。当年发现记账错误，更正时应采用的更正方法是(　　)。

A. 划线更正法　　B. 红字更正法

C. 重编正确的收款凭证　　D. 补充登记法

17. 年终结账时，应将所有总账账户结出全年发生额和年末余额，并在“本年合计”行下画(　　)。

A. 通栏双红线　　B. 通栏单红线　　C. 半栏双红线　　D. 半栏单红线

18. 活页账簿与卡片账簿适用于(　　)。

A. 库存现金日记账　　B. 明细分类账　　C. 通用日记账　　D. 联合账簿

19. 从银行提取现金，登记库存现金日记账的依据是(　　)。

A. 银行存款收款凭证　　B. 银行存款付款凭证

C. 库存现金收款凭证　　D. 库存现金付款凭证

20. 下列账簿采用多栏式账页的是(　　)。

A. 总账　　B. 管理费用明细账　　C. 库存现金日记账　　D. 银行存款日记账

## 二、多项选择题

1. 账簿按其外表形式,可以分为(　　)。

A. 订本式账簿　　B. 序时账簿　　C. 卡片式账簿　　D. 活页式账簿

2. 多栏式明细分类账的账页格式适用于(　　)。

A. 应收账款　　B. 管理费用　　C. 主营业务收入　　D. 制造费用

3. 银行存款日记账借方的登记依据可以是(　　)。

A. 库存现金收款凭证　　B. 库存现金付款凭证

C. 银行存款收款凭证　　D. 银行存款付款凭证

4. 关于账簿的启用,下列说法正确的是(　　)。

A. 启用时,应详细登记账簿扉页的"账簿启用和经管人员一览表"

B. 每一本账簿均应编号并详细记录其册数、共计页数和启用日期

C. 调换记账人员,便应立即换用账簿

D. 账簿交接时,会计主管人员应该监交并签章

5. 库存现金、银行存款日记账的账页格式主要有(　　)。

A. 三栏式　　B. 卡片式　　C. 订本式　　D. 数量金额式

6. 在账簿记录中,(　　)情况可以使用红色墨水笔记账。

A. 采用红字更正,冲销错误记录

B. 在不设借方或贷方专栏的多栏式账页中,登记减少金额

C. 期末结账时,画通栏红线

D. 三栏式账户的余额栏前,如果未说明余额方向,在余额栏内登记的负数余额

7. 不是任何经济单位都必须设置的账簿有(　　)。

A. 受托材料登记簿　　B. 固定资产明细账

C. 租入固定资产等登记簿　　D. 制造费用明细账

8. 账簿组成的基本内容是(　　)。

A. 单位名称　　B. 账簿封面　　C. 账簿扉页　　D. 账页

9. 年度结束,对于账簿的保管应做到(　　)。

A. 装订成册　　B. 加上封面　　C. 统一编号　　D. 归档保管

10. 下列各项,可以采用多栏式明细账簿的是(　　)。

A. 生产成本　　B. 管理费用　　C. 原材料　　D. 制造费用

## 三、判断题

1. 多栏式总分类账是指把所有的总账科目并在一张账页上。　　(　　)

2. 企业在进行账务处理时,除了结账、改错、表示反方向发生额以及冲账等有关情况以外,一般不得使用红色墨水书写。　　(　　)

3. 年度终了,各种账户在结转下年、建立新账后,一般都要把旧账送交本单位档案部门集中统一保管。　　(　　)

4. 在记账以后,月末结账之前,如果发现记账凭证中所记金额有错误,且所记金额大于应记的正确金额,而原记账凭证中应借、应贷会计科目并无错误,就可以采用补充登记法进行错账更正。　　(　　)

5. 红字更正法适用于记账凭证所记会计科目错误，或者会计科目无误而所记金额大于应记金额引起的记账错误。（　）

6. 记账人员根据记账凭证记账后，“记账符号”栏内做“√”记号，表示该笔金额已记入有关账户，以免漏记或重记。（　）

7. 会计账簿一般暂由本单位财会部门保管 3 年，期满后，再移交到档案保管部门保管。（　）

8. 账簿中的每一账页是账户的存在形式和载体，而账户是账簿的具体内容，因此账簿与账户的关系是形式与内容的关系。（　）

9. 库存商品明细账一般都采用多栏式账簿。（　）

10. 账簿中注销的空行或空页要由记账人员签章以示负责，同时在空行和空页处加以说明。（　）

**四、简答题**

1. 简述常见的错账更正方法。

2. 对账的主要内容有哪些？

# 项目七　选择科学合理的账务处理程序

○ **知识目标**

◆ 了解不同账务处理程序的区别、优缺点和适用范围

◆ 掌握记账凭证账务处理程序核算

◆ 掌握科目汇总表账务处理程序核算

◆ 了解汇总记账凭证账务处理程序

○ **能力目标**

◆ 掌握记账凭证账务处理程序核算

◆ 掌握科目汇总表账务处理程序核算

○ **思政目标**

◆ 引导学生树立正确的人生观，学会因势利导、实事求是

◆ 加强对会计从业人员遵纪守法、诚实守信的职业素养的培养

○ **重点难点**

◆ 记账凭证账务处理程序

◆ 科目汇总表的编制

### 任务引入

学生选择课本上的案例，提前预习。根据经济业务填写凭证，并根据需要设置会计账簿，包括总账、明细账、日记账和其他辅助性账簿。接着根据审核无误的会计凭证登记会计账簿。思考如何将会计凭证、会计账簿和会计报表结合在一起？对于经济业务较多、规模较大的企业，如此庞大的核算工作量能否简化？

## 任务一　认识账务处理程序

### 一、账务处理程序的定义

账务处理程序也称会计核算组织程序或会计核算形式，是指会计凭证、会计账簿、会计报表相结合的方式，包括会计凭证和账簿的种类、格式，会计凭证与账簿之间的联系方法，由原始凭证到编制记账凭证、登记明细分类账和总分类账、编制会计报表的工作程序和方法等。

科学合理的账务处理程序应符合下列基本要求：

第一，要结合本单位实际，适应本单位生产经营活动的特点和规模的大小，满足本单位组织会计核算的要求。

第二，要有利于全面、及时、正确地反映本单位经济活动情况，提供高质量的会计核算信息，满足投资者和债权人等外部和单位内部信息使用者的需要。

第三，要有利于简化会计核算手续，提高会计工作效率，节约会计核算工作的人力、物力和财力。

### 二、账务处理程序的种类

按照账务处理程序中登记总分类账的依据和方法的不同，常用的账务处理程序可分为三种：

（一）记账凭证账务处理程序

记账凭证账务处理程序是指对发生的交易或事项，都要根据原始凭证或原始凭证汇总表编制记账凭证，然后直接根据记账凭证逐笔登记总分类账的一种账务处理程序。其显著特点是：在会计核算中直接根据记账凭证逐笔登记总分类账。

（二）科目汇总表账务处理程序

科目汇总表账务处理程序又称记账凭证汇总表账务处理程序，它是根据记账凭证定期编制科目汇总表，再根据科目汇总表登记总分类账的一种账务处理程序。其显著特点是编制科目汇总表并据以登记总账。

（三）汇总记账凭证账务处理程序

汇总记账凭证账务处理程序是根据原始凭证或汇总原始凭证编制记账凭证，定期根据记账凭证分类汇总编制汇总收款凭证、汇总付款凭证和汇总转账凭证（也可采用通用的统一格式），再根据汇总记账凭证登记总分类账的一种账务处理程序。其显著特点是：根据记账凭证编制汇总记账凭证，再根据汇总记账凭证登记总分类账。

三种账务处理程序下总分类账的格式也不尽相同。

## 任务二　进行记账凭证账务处理程序核算

记账凭证账务处理程序是指对发生的交易或事项，都要根据原始凭证或原始凭证汇总表编制记账凭证，然后直接根据记账凭证逐笔登记总分类账的一种账务处理程序。其显著特点是：在会计核算中直接根据记账凭证逐笔登记总分类账。它是最基本的账务处理程序，其他各种账务处理程序都是在此基础上发展形成的。

### 一、记账凭证账务处理的一般步骤

记账凭证账务处理程序如图 7－1 所示。

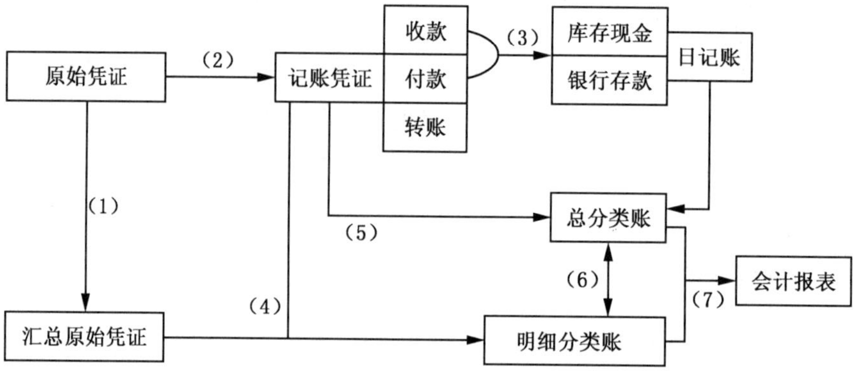


**图 7—1　记账凭证账务处理程序**

(1)根据原始凭证编制汇总原始凭证。

(2)根据原始凭证或汇总原始凭证编制收款凭证、付款凭证和转账凭证。如果企业业务较少,也可编制通用记账凭证。

(3)根据收款凭证、付款凭证逐笔登记库存现金日记账和银行存款日记账。

(4)根据原始凭证、汇总原始凭证和记账凭证,登记各种明细分类账。

(5)根据记账凭证逐笔登记总分类账(与其他账务处理程序区别之处)。

(6)期末,将库存现金日记账、银行存款日记账和明细分类账的余额与有关总分类账的余额核对,看账账是否相符。

(7)期末,根据总分类账和明细分类账记录编制会计报表。

## 二、记账凭证账务处理程序核算

**【例 7—1】** 德盈公司 2022 年 3 月初有关科目的余额如表 7—1 所示。

**表 7—1　　德盈公司 2022 年 3 月初有关科目的余额**　　单位:元

| 会计科目 | 借方余额 | 贷方余额 |
| --- | --- | --- |
| 库存现金 | 600 | |
| 银行存款 | 639 600 | |
| 应收账款 | 88 700 | |
| 其中:大发公司 | 48 700 | |
| 全顺公司 | 40 000 | |
| 其他应收款 | 680 | |
| 其中:李明 | 680 | |
| 原材料 | 86 700 | |
| 其中:甲材料 6 000 千克 | 61 500 | |
| 乙材料 4 000 千克 | 25 200 | |
| 库存商品 | 510 000 | |

续表

| 会计科目 | 借方余额 | 贷方余额 |
|---|---|---|
| 其中:A 产品 3 000 盒 | 300 000 | |
| B 产品 2 000 盒 | 210 000 | |
| 固定资产 | 690 000 | |
| 累计折旧 | | 206 200 |
| 短期借款 | | 450 000 |
| 应付账款 | | 73 000 |
| 其中:西康工厂 | | 73 000 |
| 应付职工薪酬 | | 86 792 |
| 应交税费 | | 84 000 |
| 应付利息 | | 8 288 |
| 实收资本 | | 862 000 |
| 盈余公积 | | 109 000 |
| 本年利润 | | 257 000 |
| 生产成本 | 120 000 | |
| 其中:A 产品 | 78 000 | |
| B 产品 | 42 000 | |
| 合　　计 | 2 136 280 | 2 136 280 |

公司 2022 年 3 月发生如下经济业务:

(1)1 日,取得短期借款 150 000 元,存入银行;

(2)2 日,销售 A 产品 1 200 盒,单价为 150 元/盒,共计 180 000 元,增值税税率为 13%,开出增值税专用发票,全部款项已收回入账;

(3)3 日,通过银行发放职工工资 70 000 元;

(4)5 日,收回大发公司的货款 48 700 元,存入银行;

(5)8 日,以存款 3 600 元支付广告费用,取得增值税普通发票;

(6)12 日,李明出差归来报销差旅费 650 元,退回剩余现金 30 元;

(7)13 日,以存款支付前欠西康工厂的款项 73 000 元;

(8)19 日,从银行提取现金 800 元备用;

(9)20 日,接银行付息通知,第一季度应付短期借款利息 12 432 元,企业在 1、2 月已预提利息共 8 288 元;

(10)31 日,结转本月销售成本;

(11)31 日,结转本期损益(暂不考虑所得税计提)。

要求:采用科目汇总表账务处理程序对德盈公司 2022 年 3 月的经济业务进行账务处理。

(1)根据经济业务的原始凭证,编制记账凭证(简化形式如表 7—2 所示)。

表 7—2 **2022 年 3 月记账凭证汇总表**

| 2022年 | | 凭证 | | 摘　要 | 会计科目 | 借方金额 | 贷方金额 |
|---|---|---|---|---|---|---|---|
| 月 | 日 | 字 | 号 | | | | |
| 3 | 01 | 记 | 01 | 借入短期借款 | 银行存款<br>短期借款 | 150 000 | <br>150 000 |
| 3 | 02 | 记 | 02 | 销售产品，款已收 | 银行存款<br>主营业务收入<br>应交税费——应交增值税 | 203 400 | <br>180 000<br>23 400 |
| 3 | 03 | 记 | 03 | 发放职工工资 | 应付职工薪酬<br>银行存款 | 70 000 | <br>70 000 |
| 3 | 05 | 记 | 04 | 收回大发公司所欠货款 | 银行存款<br>应收账款——大发公司 | 48 700 | <br>48 700 |
| 3 | 08 | 记 | 05 | 支付广告费 | 销售费用<br>银行存款 | 3 600 | <br>3 600 |
| 3 | 12 | 记 | 06 | 李明报销差旅费 | 管理费用<br>库存现金<br>其他应收款——李明 | 650<br>30 | <br><br>680 |
| 3 | 13 | 记 | 07 | 支付前欠西康工厂货款 | 应付账款——西康工厂<br>银行存款 | 73 000 | <br>73 000 |
| 3 | 19 | 记 | 08 | 提取现金 | 库存现金<br>银行存款 | 800 | <br>800 |
| 3 | 20 | 记 | 09 | 支付第三季度短期借款利息 | 应付利息<br>财务费用<br>银行存款 | 8 288<br>4 144 | <br><br>12 432 |
| 3 | 31 | 记 | 10 | 结转本月销售产品的成本 | 主营业务成本<br>库存商品——A 产品 | 120 000 | <br>120 000 |
| 3 | 31 | 记 | 11 | 结转本期收入 | 主营业务收入<br>本年利润 | 180 000 | <br>180 000 |
| 3 | 31 | 记 | 12 | 结转本期成本、费用 | 本年利润<br>主营业务成本<br>销售费用<br>管理费用<br>财务费用 | 128 394 | <br>120 000<br>3 600<br>650<br>4 144 |

(2)根据记账凭证，登记日记账(如表 7—3 至表 7—5 所示)，本日合计略。

表 7—3 **库存现金日记账**

| 2022年 | | 凭证号数 | 摘　要 | 对方科目 | 借方金额 | 贷方金额 | 余　额 |
|---|---|---|---|---|---|---|---|
| 月 | 日 | | | | | | |
| 3 | 01 | | 期初余额 | | | | 600 |
| | 12 | 记 6 | 李明报销差旅费 | 其他应收款 | 30 | | 630 |
| | 19 | 记 8 | 提取现金 | 银行存款 | 800 | | 1 430 |
| | 31 | | 本月合计 | | 830 | | 1 430 |

**表 7—4** 银行存款日记账

| 2022 年 | | 凭证号数 | 摘 要 | 收 入 | 支 出 | 结 余 |
|---|---|---|---|---|---|---|
| 月 | 日 | | | | | |
| 3 | 01 | | 期初余额 | | | 639 600 |
| 3 | 01 | 记 01 | 借入短期借款 | 150 000 | | 789 600 |
| 3 | 02 | 记 02 | 销售产品 | 203 400 | | 993 000 |
| 3 | 03 | 记 03 | 发放职工工资 | | 70 000 | 923 000 |
| 3 | 05 | 记 04 | 收回货款 | 48 700 | | 971 700 |
| 3 | 08 | 记 05 | 支付广告费 | | 3 600 | 968 100 |
| 3 | 13 | 记 07 | 支付前欠货款 | | 73 000 | 895 100 |
| 3 | 19 | 记 08 | 提取现金 | | 800 | 894 300 |
| 3 | 20 | 记 09 | 支付利息 | | 12 432 | 881 868 |
| 3 | 31 | | 本月合计 | 402 100 | 159 832 | 881 868 |

(3)根据记账凭证,登记有关明细账。以应付账款为例,如表 7—5 所示。

**表 7—5** 应付账款——西康工厂

| 2022 年 | | 凭证号数 | 摘 要 | 借方金额 | 贷方金额 | 借或贷 | 余 额 |
|---|---|---|---|---|---|---|---|
| 月 | 日 | | | | | | |
| 3 | 01 | | 期初余额 | | | 贷 | 73 000 |
| 3 | 13 | 记 07 | 偿付欠款 | 73 000 | | 平 | 0 |

(4)根据记账凭证,登记总分类账。总账根据记账凭证,直接逐笔登记总分类账(以库存现金、银行存款为例),并在期末对账、结账(如表 7—6、表 7—7 所示)。

**表 7—6** 库存现金总账

| 2022 年 | | 凭证号数 | 摘 要 | 借方金额 | 贷方金额 | 借或贷 | 余 额 |
|---|---|---|---|---|---|---|---|
| 月 | 日 | | | | | | |
| 3 | 01 | | 期初余额 | | | 借 | 600 |
| | 12 | 记 06 | 李明报销差旅费 | 30 | | 借 | 630 |
| | 19 | 记 08 | 提取现金 | 800 | | 借 | 1 430 |
| | 31 | | 本月合计 | 830 | | 借 | 1 430 |

**表 7—7** 银行存款总账

| 2022 年 | | 凭证号数 | 摘 要 | 借方金额 | 贷方金额 | 借或贷 | 余 额 |
|---|---|---|---|---|---|---|---|
| 月 | 日 | | | | | | |
| 3 | 01 | | 期初余额 | | | 借 | 639 600 |

续表

| 2022年 | | 凭证号数 | 摘 要 | 借方金额 | 贷方金额 | 借或贷 | 余 额 |
|---|---|---|---|---|---|---|---|
| 月 | 日 | | | | | | |
| 3 | 01 | 记01 | 借入短期借款 | 150 000 | | 借 | 789 600 |
| 3 | 02 | 记03 | 销售产品 | 203 400 | | 借 | 993 000 |
| 3 | 03 | 记04 | 发放职工工资 | | 70 000 | 借 | 923 000 |
| 3 | 05 | 记06 | 收回货款 | 48 700 | | 借 | 971 700 |
| 3 | 08 | 记10 | 支付广告费 | | 3 600 | 借 | 968 100 |
| 3 | 13 | 记14 | 支付前欠货款 | | 73 000 | 借 | 895 100 |
| 3 | 19 | 记17 | 提取现金 | | 800 | 借 | 894 300 |
| 3 | 20 | 记19 | 支付利息 | | 12 432 | 借 | 881 868 |
| 3 | 31 | | 本月合计 | 402 100 | 159 832 | 借 | 881 868 |

(5)根据账簿记录,编制资产负债表与利润表。

### 三、记账凭证账务处理程序的特点、优缺点及适用范围

特点:直接根据记账凭证登记总分类账。

优点:账务处理程序简单明了,易于理解;总分类账可以较详细地反映交易或事项的发生情况,便于查账、对账。

缺点:登记总分类账的工作量较大。所以记账凭证账务处理程序一般适用于规模较小,交易或事项量少的单位。在使用时,应尽量将原始凭证进行汇总,编制成汇总原始凭证,再根据汇总原始凭证编制记账凭证,从而减少总账登记的工作量。

## 思政链接

**F公司事件**

2021年11月25日晚间,F公司公告称,2021年半年报中虚增营业收入1.88亿元、虚增营业成本1.46亿元、虚增利润4 023.16万元,未披露公司上半年停产事项。

但其造假显然不仅存在于2021年上半年。2017年3月2日,F公司公告称,公司自查发现,2014年至2017年累计虚增收入7.4亿元左右,虚增营业利润1.8亿元左右,虚增净利润1.6亿元左右。此前,公司披露其2017年半年报中虚增营收1.88亿元。这意味着,这家挂牌上市的公司,目前披露的累计虚增收入已高达9.28亿元。

F公司财务造假的特点,更因为其账务被农业公司的行业特点遮盖。农业公司交易方式有的很原始,即使真的业绩造假,单看调整后的业绩报表也不容易识破。

有保荐人士认为,F公司存在难以被发现的虚假采购模式:公司将已实际入库的粮食运出,以农户的名义再次卖给粮食经纪人,后者再卖给公司,即一批粮食多次入库,每次都有实际

的入库记录。

资料来源：https：//zhidao. baidu. com，2022 年 3 月 5 日。

## 任务三　进行科目汇总表账务处理程序核算

科目汇总表账务处理程序又称记账凭证汇总表账务处理程序，它是根据记账凭证定期编制科目汇总表，再根据科目汇总表登记总分类账的一种账务处理程序。其显著特点是编制科目汇总表并据以登记总账。

### 一、科目汇总表账务处理的一般步骤

科目汇总表账务处理程序见图 7—2。

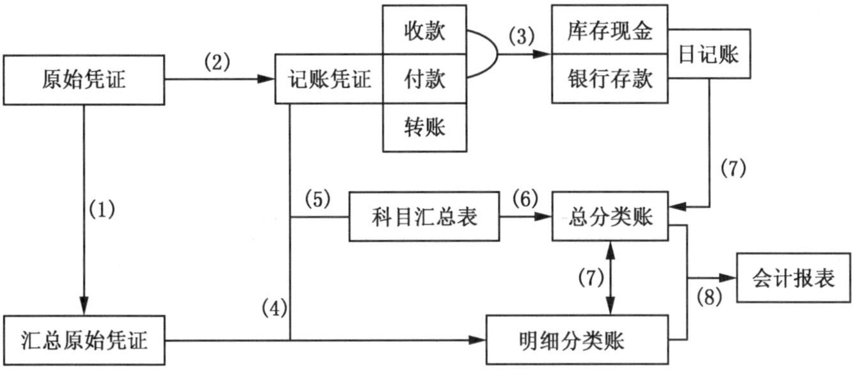


**图 7—2　科目汇总表账务处理程序**

(1)根据原始凭证编制汇总原始凭证。

(2)根据原始凭证或汇总原始凭证编制记账凭证。

(3)根据收款凭证和付款凭证逐笔登记现金日记账和银行存款日记账。

(4)根据原始凭证、汇总原始凭证和记账凭证登记各种明细分类账。

(5)根据各种记账凭证编制科目汇总表(与其他账务处理程序区别之处)。

(6)根据科目汇总表登记总分类账(与其他账务处理程序区别之处)。

(7)期末，将库存现金日记账、银行存款日记账和明细分类账的余额同有关总分类账的余额核对相符。

(8)期末，根据总分类账和明细分类账的记录，编制会计报表。

### 二、科目汇总表的编制方法

编制科目汇总表时，首先应将汇总期内各项交易或事项所涉及的总账科目填列在科目汇总表的“会计科目”栏内；其次，根据汇总期内所有记账凭证，按会计科目分别加计其借方发生额和贷方发生额，将其汇总金额填列在各相应会计科目的“借方”和“贷方”栏内。按会计科目汇总后，应分别加总全部会计科目“借方”和“贷方”发生额，进行试算平衡。

**【例 7—2】**　针对德盈公司案例，科目汇总表账务处理程序的关键就在于平常根据记账凭证逐笔登记 T 形总账账户，月底根据 T 形账户底稿编制科目汇总表(如表 7—8 所示)。

表 7—8　　德盈公司科目汇总表

2022 年 3 月 1—31 日

| 会计科目 | 记账 | 本期发生额 | | 记账凭证起讫号数 |
|---|---|---|---|---|
| | | 借　方 | 贷　方 | |
| 库存现金 | | 830 | | |
| 银行存款 | | 402 100 | 159 832 | 记账凭证 01～12 |
| 应收账款 | | | 48 700 | |
| 其他应收款 | | | 680 | |
| 库存商品 | | | 120 000 | |
| 短期借款 | | | 150 000 | |
| 应付账款 | | 73 000 | | |
| 应付职工薪酬 | | 70 000 | | |
| 应交税费 | | | 23 400 | |
| 应付利息 | | 8 288 | | |
| 主营业务收入 | | 180 000 | 180 000 | |
| 主营业务成本 | | 120 000 | 120 000 | |
| 财务费用 | | 4 144 | 4 144 | |
| 销售费用 | | 3 600 | 3 600 | |
| 管理费用 | | 650 | 650 | |
| 本年利润 | | 128 394 | 180 000 | |
| 合　计 | | 991 006 | 991 006 | |

由于汇总方式不同，科目汇总表可以采用不同格式。但任何格式的科目汇总表，都只反映各个科目的本期借、贷方发生额，而不反映各个科目之间的对应关系。

## 三、科目汇总表账务处理程序下总账的登记方法

在科目汇总表账务处理程序下，总账应根据科目汇总表登记。如果按月编制科目汇总表，则总账在月末一次登记。

仍以【例 7—1】为例，根据已按月编制的科目汇总表登记总分类账（如表 7—9、表 7—10 所示）。

表 7—9　　库存现金总账

| 2022 年 | | 凭证号数 | 摘　要 | 借方金额 | 贷方金额 | 借或贷 | 余　额 |
|---|---|---|---|---|---|---|---|
| 月 | 日 | | | | | | |
| 3 | 01 | | 期初余额 | | | 借 | 600 |
| 3 | 31 | 科汇 | 1—31 日汇总 | 830 | | 借 | 1 430 |

表 7—10　　　　　　　　　　　　　　银行存款总账

| 2022 年 | | 凭证号数 | 摘　要 | 借方金额 | 贷方金额 | 借或贷 | 余　额 |
|---|---|---|---|---|---|---|---|
| 月 | 日 | | | | | | |
| 3 | 01 | | 期初余额 | | | 借 | 639 600 |
| 3 | 31 | 科汇 | 1—31 日汇总 | 402 100 | 159 832 | 借 | 881 868 |

除总账账户登记外，科目汇总表账务处理程序的其他工作步骤均与记账凭证账务处理程序相同，不再赘述。

### 四、科目汇总表账务处理程序的特点、优缺点及适用范围

（一）特点

（1）根据记账凭证按各个会计科目定期归类、汇总编制科目汇总表（例如，按 5 日、10 日或 15 日汇总一次）。

（2）根据科目汇总表分次或分期登记总分类账，简化总分类账的登记工作。总分类账可以根据每次汇总编制的科目汇总表随时登记，也可以在月末根据科目汇总表的借方发生额和贷方发生额的全月合计数一次登记。

（二）优点

（1）科目汇总表的编制和使用较为简便，易学易做。

（2）根据科目汇总表一次或分次登记总分类账，大大减轻了登记总分账的工作量。

（3）科目汇总表可以起到试算平衡的作用，有利于保证总账登记的正确性。

（三）缺点

在科目汇总表和总分账中，不反映各科目的对应关系，不利于根据账簿记录检查和分析交易或事项的来龙去脉，不便于查对账目。

它适用范围较广，特别适用于规模大、业务量多的大中型企业。

## 任务四　进行汇总记账凭证账务处理程序核算

汇总记账凭证账务处理程序是根据原始凭证或汇总原始凭证编制记账凭证，定期根据记账凭证分类汇总编制汇总收款凭证、汇总付款凭证和汇总转账凭证（也可采用通用的统一格式），再根据汇总记账凭证登记总分类账的一种账务处理程序。其显著特点是：根据记账凭证编制汇总记账凭证，再根据汇总记账凭证登记总分类账。

### 一、汇总记账凭证账务处理程序的一般步骤

汇总记账凭证账务处理程序如图 7—3 所示。

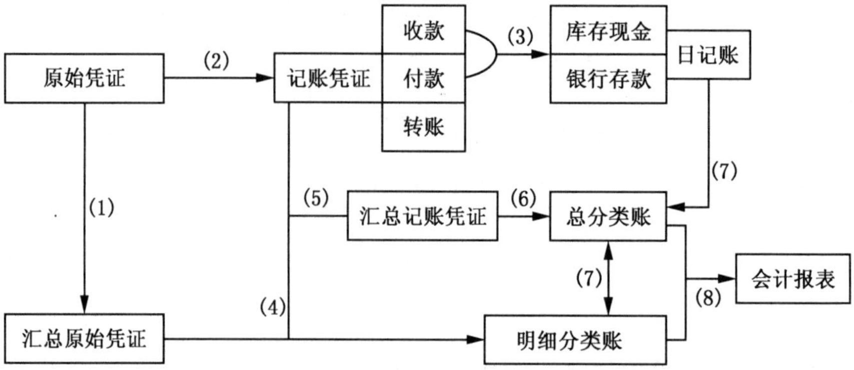


**图 7—3 汇总记账凭证账务处理程序**

(1)根据原始凭证编制汇总原始凭证。

(2)根据原始凭证或汇总原始凭证,编制收款凭证、付款凭证和转账凭证,也可编制通用的记账凭证。

(3)根据收款凭证、付款凭证逐笔登记现金日记账和银行存款日记账。

(4)根据原始凭证、汇总原始凭证和记账凭证,登记各种明细分类账。

(5)根据记账凭证编制有关汇总记账凭证,包括汇总收款凭证、汇总付款凭证和汇总转账凭证。对转账业务不多的企业,可不编制汇总转账凭证,直接根据转账凭证登记总分类账(与其他账务处理程序区别之处)。

(6)根据各种汇总记账凭证登记总分类账(与其他账务处理程序区别之处)。

(7)期末,将库存现金日记账、银行存款日记账和明细分类账的余额同有关总分类账的余额核对相符。

(8)期末,根据总分类账和明细分类账的记录,编制会计报表。

## 二、汇总记账凭证的编制方法

汇总记账凭证按每个科目设置,并按科目借方或贷方的对应账户汇总。

汇总记账凭证的编制方法是:先将各种记账凭证定期(一般为 5 天,最长不超过 10 天)在汇总记账凭证中汇总一次,月终计算出合计数,各种汇总记账凭证每月均编制一张。汇总记账凭证分为汇总收款凭证、汇总付款凭证和汇总转账凭证。

### (一)汇总收款凭证的编制方法

汇总收款凭证应分别按“库存现金”和“银行存款”账户的借方设置,定期按贷方科目分别归类、汇总,每月编制一张,月终结出合计数,并据以登记总分类账。仍以【例 7—1】为例,将涉及库存现金收入的记账凭证按旬汇总编制一张库存现金汇总收款凭证(如表 7—11 所示)。

**表 7—11** **汇总收款凭证**

借方科目:库存现金 2022 年 3 月 31 日 汇收字第 1 号

| 贷方科目 | 金额 | | | | 总账账页 |
|---|---|---|---|---|---|
| | 1—10 日记字第 号 | 11—20 日记字第 13 号、17 号 | 21—31 日记字第 号 | 合计 | |
| 其他应收款 | | 30 | | 30 | |
| 银行存款 | | 800 | | 800 | |

（二）汇总付款凭证的编制方法

汇总付款凭证应分别按“库存现金”和“银行存款”账户的贷方设置，定期按借方科目分别归类、汇总，一个月编制一张，月终结出合计数，并据以登记总分类账。仍以【例 7－1】为例，将涉及银行存款支付的记账凭证按月汇总编制一张银行存款汇总付款凭证（如表 7－12 所示）。

**表 7－12**　　**汇总付款凭证**

贷方科目：银行存款　　2022 年 3 月 31 日　　汇付字第 1 号

| 借方科目 | 金　额 | 总账账页 |
|---|---|---|
| 应付职工薪酬 | 70 000 | |
| 销售费用 | 3 600 | |
| 应付账款 | 73 000 | |
| 库存现金 | 800 | |
| 财务费用 | 4 144 | |
| 应付利息 | 8 288 | |
| 合　计 | 159 832 | |

（三）汇总转账凭证的编制方法

汇总转账凭证按每一贷方科目设置，按照转账凭证的借方科目归类、汇总编制，月终结出合计数，并据以登记总分类账。

如果在该月份内某一贷方账户涉及的转账凭证不多时，也可以不编制汇总转账凭证，直接根据转账凭证登记总分类账。

**温馨提醒**

如果采用汇总记账凭证账务处理程序，为便于汇总，编制转账凭证时，可以是“一借一贷”会计分录或“一贷多借”会计分录，但不得编制“一借多贷”或“多借多贷”会计分录。“一借多贷”或“多借多贷”会计分录需分解为简单会计分录或“一贷多借”会计分录编制转账凭证。

## 三、汇总记账凭证账务处理程序下总账的格式及登记方法

为了使总分类账户的内容与各种汇总记账凭证相一致，在三栏式总分类账中，应设有“对方科目”专栏。月末，根据汇总收款凭证的合计数分别登记在“库存现金”“银行存款”总账账户的借方以及有关总账账户的贷方；根据汇总付款凭证的合计数分别登记在“库存现金”“银行存款”总账账户的贷方以及有关总账账户的借方；再根据每张汇总转账凭证的合计数分别登记该凭证所涉贷方账户的贷方以及有关总账账户的借方。

## 四、汇总记账凭证账务处理程序的特点、优缺点及适用范围

（一）特点

先根据记账凭证定期编制汇总记账凭证，再根据汇总记账凭证登记总分类账。

（二）优点

（1）根据汇总记账凭证月终一次登记总分类账，可以克服记账凭证账务处理程序登记总分

类账工作量过大的缺点，大大减少了登记总分账的工作量。

(2)由于汇总记账凭证按照会计科目的对应关系归类、汇总编制，在总分类账中也注明了对方科目，因此在汇总记账凭证和总分类账中，可以清晰地反映账户之间的对应关系，便于查账对账和分析账目。

(三)缺点

(1)汇总转账凭证账务处理程序按每一贷方账户汇总编制，不考虑交易或事项的性质，不利于会计核算工作的分工。

(2)当转账凭证较多时，编制汇总转账凭证的工作量较大。

(四)适用范围

规模较大，交易或事项较多，特别是转账业务较少而收付业务较多的单位。

## 小结

1. 账务处理程序也称会计核算组织程序或会计核算形式，是指会计凭证、会计账簿、会计报表相结合的方式，包括会计凭证和账簿的种类、格式，会计凭证与账簿之间的联系方法，由原始凭证到编制记账凭证、登记明细分类账和总分类账、编制会计报表的工作程序和方法等。

2. 按照账务处理程序中登记总分类账的依据和方法的不同，常用的账务处理程序可分为三种：记账凭证账务处理程序、科目汇总表账务处理程序和汇总记账凭证账务处理程序。

3. 记账凭证账务处理程序是指对发生的交易或事项，都要根据原始凭证或原始凭证汇总表编制记账凭证，然后直接根据记账凭证逐笔登记总分类账的一种账务处理程序。其显著特点是：在会计核算中直接根据记账凭证逐笔登记总分类账。

4. 科目汇总表账务处理程序又称记账凭证汇总表账务处理程序，它是根据记账凭证定期编制科目汇总表，再根据科目汇总表登记总分类账的一种账务处理程序。其显著特点是编制科目汇总表并据以登记总账。

5. 汇总记账凭证账务处理程序是根据原始凭证或汇总原始凭证编制记账凭证，定期根据记账凭证分类汇总编制汇总收款凭证、汇总付款凭证和汇总转账凭证(也可采用通用的统一格式)，再根据汇总记账凭证登记总分类账的一种账务处理程序。其显著特点是：根据记账凭证编制汇总记账凭证，再根据汇总记账凭证登记总分类账。

## 职场体验

某企业 2022 年 2 月发生下列经济业务：

(1)收回应收账款 40 000 元存入银行。

(2)以存款购原材料 20 000 元。

(3)借入半年期的借款 10 000 元直接偿还应付账款。

(4)以存款偿还短期借款 30 000 元。

(5)收到投资款 50 000 元存入银行。

(6)购进材料 30 000 元，款未付。

要求：

(1)根据上述内容依次编制会计分录(不考虑增值税)；

(2)开设相应的 T 形账户并登记(相关账户期初余额皆为 0)；

(3)全部业务登记完毕后，计算各账户借(贷)方发生额合计；

(4)填列科目汇总表。

## 学习评价

**一、单项选择题**

1. 采用科目汇总表账务处理程序,(　　)是其登记总账的直接依据。

A. 汇总记账凭证　B. 科目汇总表　C. 记账凭证　D. 原始凭证

2. 以下项目中,属于科目汇总表账务处理程序缺点的是(　　)。

A. 增加了会计核算的账务处理程序

B. 增加了登记总分类账的工作量

C. 不便于检查核对账目

D. 不便于试算平衡

3. (　　)账务处理程序是最基本的一种账务处理程序。

A. 日记总账　B. 汇总记账凭证　C. 科目汇总表　D. 记账凭证

4. 关于记账凭证账务处理程序,下列说法不正确的是(　　)。

A. 根据记账凭证逐笔登记总分类账,是最基本的账务处理程序

B. 简单明了,易于理解,总分类账可以较详细地反映经济业务的发生情况

C. 登记总分类账的工作量较大

D. 适用于规模较大、经济业务量较多的单位

5. 汇总记账凭证账务处理程序与科目汇总表账务处理程序的相同点是(　　)。

A. 登记总账的依据相同　B. 简化了登记总分类账的工作量

C. 保持了账户间的对应关系　D. 记账凭证的汇总方法相同

**二、多项选择题**

1. 对于汇总记账凭证账务处理程序,下列说法错误的有(　　)。

A. 登记总账的工作量大

B. 不能体现账户之间的对应关系

C. 明细账与总账无法核对

D. 当转账凭证较多时,汇总转账凭证的编制工作量较大

2. 下列项目中,属于科学、合理地选择适用于本单位的账务处理程序的意义有(　　)。

A. 有利于会计工作程序的规范化　B. 有利于增强会计信息可靠性

C. 有利于提高会计信息的质量　D. 有利于保证会计信息的及时性

3. 在不同的会计核算组织程序下,登记总账的依据可以有(　　)。

A. 记账凭证　B. 汇总记账凭证　C. 科目汇总表　D. 汇总原始凭证

4. 账务处理程序也称会计核算程序,它是指(　　)相结合的方式。

A. 会计凭证　B. 会计账簿　C. 会计报表　D. 会计科目

5. 记账凭证会计核算程序的优点是(　　)。

A. 简单明了、易于理解

B. 总分类账可较详细地记录经济业务发生情况

C. 便于进行会计科目的试算平衡

D. 减轻了登记总分类账的工作量

### 三、判断题

1. 汇总记账凭证账务处理程序既能保持账户的对应关系，又能减轻登记总分类账的工作量。 ( )

2. 在不同的账务处理程序中，登记总账的依据相同。 ( )

3. 科目汇总表账务处理程序不能反映各科目的对应关系，不便于查对账目，但汇总记账凭证账务处理程序可以克服科目汇总表账务处理程序的这个缺点。 ( )

4. 记账凭证账务处理程序的特点是直接根据记账凭证逐笔登记总分类账，是最基本的账务处理程序。 ( )

5. 库存现金日记账和银行存款日记账不论在何种账务处理程序下，都是根据收款凭证和付款凭证逐日逐笔顺序登记的。 ( )

### 四、简答题

1. 常见的账务处理程序有哪几种？

2. 不同的账务处理程序分别有什么优缺点？

# 项目八　开展财产清查

○ **知识目标**

◆ 了解财产清查的含义及分类

◆ 了解财产清查的一般程序

◆ 掌握不同财产物资的清查方法

◆ 掌握财产清查结果的账务处理

○ **能力目标**

◆ 能够掌握货币资金、实物资产、往来款项的清查方法

◆ 能够对各种财产清查结果进行正确的账务处理

◆ 能够编制银行余额调节表

○ **思政目标**

◆ 引导学生树立正确的人生观、社会主义核心价值观及工匠精神

◆ 加强对会计从业人员廉洁自律、敬业诚信的职业素养培养

○ **重点难点**

◆ 掌握银行余额调节表的编制

◆ 掌握财产清查结果的账务处理

### 任务引入

甲公司出纳王某从企业的网上银行下载了10月份银行对账单，银行对账单上所记录的截止到10月31日的银行存款余额是83 569.78元，而公司的银行存款日记账上同期截止到10月31日的余额是84 569.78元。王某逐笔并仔细核对了银行存款日记账和有关记账凭证，并不存在多记或遗漏任何一笔银行记录。思考一下为什么会出现这样的情况，是王某工作失误，还是银行出错了？

## 任务一　了解财产清查

### 一、财产清查的含义和种类

（一）财产清查的含义

财产清查是指通过对货币资金、实物资产和往来款项等财产物资进行盘点或核对，确定其

实存数,查明账存数与实存数是否相符的一种专门方法。

(二)财产清查的种类

1. 按财产清查的范围不同,可分为全面清查和局部清查

(1)全面清查

全面清查是指对属于本单位或存放在本单位的全部财产物资和往来款项等进行的全面盘点和清查。主要是指对本单位的全部资产、负债、所有者权益进行盘点与核对。

以制造企业为例,其全面清查的对象一般包括:①属于本单位或存放在本单位的所有财产物资,包括属于本单位的固定资产、库存商品、原材料、包装物、低值易耗品、在产品、未完工程等;属于本单位但在途的各种在途物资;委托或接受其他单位加工、保管的材料物资。②货币资金,包括库存现金、银行存款、其他货币资金等。③各种往来款项,包括各项应收应付款项、预收预付款项等。④银行借款。⑤各种所有者权益项目,包括实收资本、资本公积、盈余公积等。

需要全面清查的情况有:①年终决算之前,要进行一次全面清查,目的是确保年度会计报表的真实可靠。②单位撤销、合并或者改变其隶属关系时,中外合资、国内联营前,企业股份制改制前以及单位负责人调离工作前,要进行全面清查,以明确经济责任。③开展资产评估、清产核资等专项经济活动前,需要全面清查,以便摸清家底,有针对性地组织资金供应。

(2)局部清查

局部清查是根据需要对部分财产物资和往来款项等进行的清查。局部清查的对象应根据业务需要和相关具体情况而定。

①对于库存现金,每日业务终了应由出纳人员当日清点核对,以保证实存数和库存现金日记账结存额相符。②对于银行存款和银行借款,出纳人员至少每月要同银行核对一次。③对于原材料、在产品、库存商品等,除年度清查外,每月应有计划地重点抽查。④对于贵重物资,每月都应清查盘点一次。⑤债权债务,每年至少同对方企业核对一至两次;如有问题应及时核对,及时解决。⑥如果遭受自然灾害(如风、火、水灾、地震等)、发生盗窃事件以及更换相关工作人员时也应对财产物资等进行局部的清点和盘查。

2. 按清查的时间不同,可分为定期清查和不定期清查

(1)定期清查

定期清查是指根据事先计划或管理制度规定的时间安排进行的财产清查。定期清查一般在月末、季末、年末。定期清查可以是全面清查,也可以是局部清查,季末和月末进行的是局部清查,年终决算前进行的是全面清查,年末清查的范围一般要比月末、季末大一些。

(2)不定期清查

不定期清查是指事先没有安排计划,而是根据需要进行的临时性清查。

需要不定期清查的情况有:①在单位更换出纳和财产物资保管人员时,应对经管的财产进行清查,以分清经济责任。②当单位发生自然灾害、贪污盗窃或营私舞弊等事件时,应对单位所受损失的相关财产物资进行清查,以查明损失情况。③单位发生撤销、合并、重组等事项时,对企业财产进行清查,目的是摸清企业的家底。④上级或经济管理部门如财政、税务、银行以及审计部门对本单位进行审查时,根据审查的要求和范围进行的清查,目的是验证该单位会计资料的可靠性。

3. 按照清查的执行单位不同,可分为内部清查和外部清查

(1)内部清查

内部清查是指由本单位内部自行组织有关人员对本单位的财产所进行的清查。大部分财产清查都是内部清查。

(2)外部清查

外部清查是指由上级主管部门、审计机关、司法部门、注册会计师等有关部门或人员根据国家法律或制度的规定对单位所进行的财产清查。

总之,各单位应定期将会计账簿记录与实物、款项实存数及有关资料相互核对,确保会计账簿记录与实物及款项实存数相符。在编制年度财务会计报告前,单位也应当全面清查财产、核实债务。

## 思政链接

**90 后女会计贪污 280 多万元公款“打赏”**

90 后现金会计张某每个月只有 2 000 元左右的工资,但她却深陷网络游戏与网络直播,在不到一年时间里,贪污单位公款 280.7 万元,其中近 200 万元用于购买虚拟礼物“打赏”网络主播,其余的则用于购买网络装备。2016 年 7 月单位总账会计在对账时,发现其中一账户存在问题,并与另三个账户对账,发现单位账户共少了 280.7 万元,现金会计张某有重大作案嫌疑。单位立即通知张某来对账,但张某始终没来,单位随即报警,张某于 2016 年 8 月被警方抓获。根据检察机关起诉,张某在 2015 年 9 月到 2016 年 7 月期间,共贪污公款 280.7 万元,那么,在不到一年的时间里,90 后张某是通过什么手段瞒天过海的? 归案后,张某交代,她把单位总账会计保管的财务专用章偷出来,加盖在自己保管的单位现金支票和转账支票上,再加盖她自己保管的单位法人章,然后到打字社做假票据,到银行以提取备用金名义从单位 4 个账户提取公款共计 280.7 万元。最终张某被送上法院,以贪污罪追究其刑事责任。

资料来源:“90 后女会计贪污 200 多万元用于玩网游和打赏网络主播”,http://www.xinhuanet.com/legal/2017-02/26/c_1120530218.html,2022 年 3 月 11 日。

### 二、账实不符的主要原因

造成账实不符的原因主要有以下几个方面:

(1)在收、发各项财产过程中,由于计量、检验不准确而发生品种、数量或质量上的差错。

(2)账务处理中出现漏记、重记、错记或计算错误。

(3)在财产的保管过程中,受到气候等自然因素影响而发生的数量和质量上的变化。

(4)由于保管不善或工作人员失职发生的财产残损、变质或短缺,以及货币资金、债权债务的差错。

(5)由于不法分子营私舞弊、贪污盗窃等而造成的财产物资损失。

(6)因为自然灾害或意外事故造成的财产物资损失。

(7)由于结算凭证传递不及时而造成的未达账项。

### 三、财产清查的意义

造成账实不符的原因是多方面的，有些是可以避免的，有些是难以避免的，但是无论何种原因造成的账实不符，都会影响会计核算的质量。所以加强财产清查工作，对于加强企业管理、充分发挥会计的监督作用具有重要意义。

(1)通过财产清查，可以确定各项财产物资的实存数，将实存数与账存数进行对比，确定各项财产的盘盈、盘亏，并及时调整账簿记录，做到账实相符，以保证账簿记录的真实、可靠，提高会计信息的质量。

(2)通过财产清查，可以揭示各项财产物资的使用情况，改善经营管理，挖掘各项财产物资的潜力，加速资金周转，提高财产物资的使用效果。

(3)通过财产清查，可以查明各项财产物资的储备和保管情况以及各种责任制度的建立和执行情况，揭示各项财经制度和结算纪律的遵守情况，促使财产物资保管人员加强责任感，保证各项财产物资的安全完整，及时结清债权债务，避免发生坏账损失。

### 四、财产清查的一般程序

企业应按照一定的流程，有计划、有组织地进行财产清查工作。

企业的财产清查工作一般应按以下程序进行：

(1)建立财产清查组织。

(2)组织清查人员学习有关政策规定，掌握有关法律、法规和相关业务知识，以提高财产清查工作的质量。

(3)确定清查对象、范围，明确清查任务。

(4)制定清查方案，具体安排清查内容、时间、步骤、方法，以及必要的清查前准备。

(5)清查时本着先清查数量、核对有关账簿记录等，后认定质量的原则进行。

(6)填制盘存清单。

(7)根据盘存清单，填制实物、往来账项清查结果报告表。

### 知识拓展

财产清查是一项非常复杂细致的工作，它不仅是会计部门的一项重要任务，而且是各个财产物资管理部门的一项重要职责。为了妥善做好财产清查工作，使它发挥应有的积极作用，必须在清查前，特别是全面清查以前，协调各方面力量，做好充分准备，成立清查组织。财产清查之前的准备工作具体包括以下三方面：(1)会计部门应在财产清查之前做好账簿的登记工作，将有关账簿登记齐全，结出余额，为账实核对提供正确的账簿资料；(2)财产物资保管等相关业务部门，应将所保管以及所用的各种财产物资归位整理好，贴上标签，标明品种、规格和结存数量，以便盘点核对，并同时登记好所经管的全部财产物资明细账，结出余额；(3)准备好各种计量器具和清查登记用的清单、表格，包括“实存账存对比表”“未达账项登记表”“盘存单”“财产物资清查盈亏明细表”“库存现金盘点报告表”“银行存款余额调节表”“往来款项清查报告单”等，以便填入盘点结果，作为调整账面记录的原始凭证和对账记录。在完成以上各项准备工作以后,清查人员应依据清查对象的特点、预先确定的清查目的,采用合适的清查方法实施财产清查和盘点。

# 任务二　财产清查的实施

## 一、货币资金的清查

(一)库存现金的清查

库存现金是指存于企业,用于日常零星开支的现钞。库存现金的清查,首先采用实地盘点的方法确定库存现金的实存数,然后再与库存现金日记账的账面余额相核对,确定账存数与实存数是否相等以及盈亏情况。

库存现金清查主要包括两种情况:

1. 经常性的现金清查

经常性的现金清查,即由出纳人员每日清点库存现金实有数,并与库存现金日记账的账面余额核对,这是出纳人员日常进行的工作。

2. 定期或不定期清查

定期或不定期清查,即由有关领导和专业人员组成清查小组,定期或不定期地清查盘点库存现金情况,重点检查账款是否相符、有无白条抵库、有无私借公款、有无挪用公款、有无账外资金等违法违纪行为。

库存现金的盘点应由清查人员会同出纳人员共同负责。清查时,出纳人员必须在场,库存现金由清查小组逐张查点。清查人员还应认真审核收付凭证和有关账簿,检查账务处理是否合理合法、账簿记录有无错误,以确定账存数与实存数是否相符。在库存现金盘点结束后,直接填制"库存现金盘点报告表",由盘点人员、出纳人员及其相关负责人签名盖章,并作为填制相关记账凭证的重要原始凭证。

### 温馨提醒

为了加强对出纳工作的监督,及时发现可能发生的库存现金差错或丢失,防止贪污、盗窃、挪用公款等不法行为的发生,确保库存现金安全完整,各单位应建立库存现金清查制度。

"库存现金盘点报告表"兼有"盘存单"和"实存账存对比表"的作用,是反映库存现金实有数和调整账簿记录的原始凭证,其一般格式如表 8－1 所示。

**表 8－1**　　**库存现金盘点报告表**

单位名称:　　　　年　月　日

| 实存金额 | 账存金额 | 对比结果 | | 备　注 |
|---|---|---|---|---|
| | | 盘　盈 | 盘　亏 | |
| | | | | |

盘点人(签章):　　出纳员:　　(相关负责人签章)

(二)银行存款的清查

银行存款的清查是通过将银行存款日记账记录与开户银行转来的对账单逐笔进行核对,以查明银行存款的实有存额。银行存款一般在月末清查。截止到清查日,将所有银行存款的收付款凭证登入银行存款日记账,并结出余额,将银行存款日记账余额与开户银行转来的对账单余额进行核对,如果相符,通常说明没有错误;如果不相符,原因有两个方面:一是双方或一方记账有误;二是存在未达账项。

所谓未达账项,是指企业与银行之间由于凭证传递上的时间差,一方已登记入账,另一方因尚未收到凭证而未登记入账的款项。未达账项有以下四种情况:

(1)企业已收款入账,而银行尚未收到未登记入账的款项;

(2)企业已付款入账,而银行尚未支付未登记入账的款项;

(3)银行已收款入账,而企业尚未收到银行的收款通知,未登记入账的款项;

(4)银行已付款入账,而企业尚未收到银行的付款通知,未登记入账的款项。

对于未达账项,应通过编制银行存款余额调节表调整,其一般格式如表 8—2 所示。

**表 8—2** **银行存款余额调节表**

开户行及账号: 年 月 日 单位:元

| 项 目 | 金 额 | 项 目 | 金 额 |
|---|---|---|---|
| 企业银行存款日记账余额 | | 银行对账单余额 | |
| 加:银行已收、企业未收款 | | 加:企业已收、银行未收款 | |
| 减:银行已付、企业未付款 | | 减:企业已付、银行未付款 | |
| 调节后的存款余额 | | 调节后的存款余额 | |

主管: 会计: 出纳: 编制单位:

**【例 8—1】** 甲公司 2022 年 3 月 31 日进行银行对账,3 月 1—31 日企业银行存款日记账账面记录与银行出具的 3 月 31 日对账单资料及对账后钩稽的情况如表 8—3、表 8—4 所示。

**表 8—3** **企业银行存款日记账记录**

| 日期 | 凭证号 | 摘要 | 借方 | 贷方 | 方向 | 余额 |
|---|---|---|---|---|---|---|
| 2022—3—1 | | 期初余额 | | | 借 | 100 000.00 |
| 2022—3—1 | 银付—001 | 付料款 | | 30 000.00√ | 借 | 70 000.00 |
| 2022—3—2 | 银付—002 | 付料款 | | 20 000.00√ | 借 | 50 000.00 |
| 2022—3—3 | 银收—001 | 收销货款 | 10 000.00√ | | 借 | 60 000.00 |
| 2023—3—4 | 银收—002 | 收销货款 | 20 000.00√ | | 借 | 80 000.00 |
| 2022—3—5 | 银付—003 | 交税金 | | 80 000.00√ | 借 | 0.00 |
| 2022—3—30 | 银收—003 | 收销货款 | 60 000.00 | | 借 | 60 000.00 |
| 2022—3—30 | 银付—004 | 取备用金 | | 20 000.00 | 借 | 40 000.00 |
| 2022—3—31 | | 期末余额 | | | 借 | 40 000.00 |

表 8—4　　银行对账单

| 日　期 | 摘　要 | 对方账号 | 发生额 | 余　额 |
|---|---|---|---|---|
| 2022—3—1 | 期初余额 | | | 100 000.00 |
| 2022—3—1 | 跨行转账 | 0252822 | —30 000.00√ | 70 000.00 |
| 2022—3—2 | 跨行转账 | 0160213 | —20 000.00√ | 50 000.00 |
| 2022—3—4 | 跨行转账 | 0300103 | 10 000.00√ | 60 000.00 |
| 2022—3—5 | 银联入账 | 0300544 | 20 000.00√ | 80 000.00 |
| 2022—3—6 | 跨行转账 | 0500185 | —80 000.00√ | 0.00 |
| 2022—3—30 | 银联入账 | 0800066 | 80 000.00 | 80 000.00 |
| 2022—3—30 | 跨行转账 | 0900207 | —70 000.00 | 10 000.00 |
| 2022—3—31 | 期末余额 | | | 10 000.00 |

将上述资料进行核对，结果发现，有四笔金额不一致，即未达账项。其中企业已入账而银行未入账有 3 月 30 日的收销货款收入 60 000 元和取的备用金支出 20 000 元；而银行已入账而企业未入账的有 3 月 30 日银联入账收入 80 000 元和跨行转账支出 70 000 元。

根据上述分析，编制银行存款余额调节表（如表 8—5 所示）。

表 8—5　　银行存款余额调节表　　单位：元

| 项　目 | 金　额 | 项　目 | 金　额 |
|---|---|---|---|
| 企业银行存款日记账余额 | 40 000.00 | 银行对账单余额 | 10 000.00 |
| 加：银行已收、企业未收款 | 80 000.00 | 加：企业已收、银行未收款 | 60 000.00 |
| 减：银行已付、企业未付款 | 70 000.00 | 减：企业已付、银行未付款 | 20 000.00 |
| 调节后的存款余额 | 50 000.00 | 调节后的存款余额 | 50 000.00 |

### 温馨提醒

调节后，如果双方余额相等，一般可以认为双方记账没有差错。调节后双方余额仍然不相等时，原因还是两个，要么是未达账项未全部查出，要么是一方或双方账簿记录还有差错。无论是什么原因，都要进一步查清楚并加以更正，一定要到调节表中双方余额相等为止。

值得注意的是，编制“银行存款余额调节表”只起到对账作用，不能作为调节有关账户余额的原始凭证，银行存款日记账的登记，还应待收到有关原始凭证后再登记。上述银行存款的清查方法也适用于其他货币资金的清查。

## 二、实物资产的清查方法

实物资产的清查主要包括存货（如原材料、在产品、库存商品、半成品、周转材料等）和固定资产的清查，实物资产的清查方法最常用的有实地盘点法和技术推算法。

（一）实地盘点法

实地盘点法是通过逐一清点或采用计量器具测定实有数量的方法。多数财产物资都可以采用这种方法，如点数、过磅、量尺等。

（二）技术推算法

技术推算法是按照一定标准推算出其实存数的一种方法。这种方法适用于堆垛量很大，不便一一清点，单位价值又比较低的实物的清查。如露天堆放的燃料用煤、砂石等大宗物资就可以用技术推算法。使用这种方法时，必须做到测定标准重量比较准确，整理后的形状符合规定要求，只有这样，计算出的实际数额才能接近财产物资实存数。

另外，对于数量多、重量均匀的实物财产，可以采用抽样盘点的方法，确定财产的实存数额。对于委托外单位加工或保管的物资，可以采用向外单位发函调查，并与本单位的账存数相核对的方法。

为了明确经济责任，在进行实物资产清查盘点时，实物保管人员必须在场。对各项财产物资的盘点结果，应如实逐一登记在盘存单上，并由盘点人员和实物保管人员共同签章。盘存单既是盘点结果的书面证明，也是反映各项财产物资实存数额的原始凭证。盘存单一般为一式三份，一份由清查人员留存备查，一份交实物保管人员保存，另一份交给会计部门与账面记录相核对。盘存单一般格式如表8—6所示。

**表8—6　　盘存单**

单位名称：　　盘点时间：　　编号：

财产类别：　　存放地点：　　金额单位：

| 编　号 | 名　称 | 计量单位 | 数　量 | 单　价 | 金　额 | 备　注 |
|---|---|---|---|---|---|---|
| | | | | | | |

盘点人（签章）：　　实物保管人（签章）：

会计人员将盘存单与账面记录进行核对，确认盘盈或盘亏数额，填制实存账存对比表。实存账存对比表是会计部门用以调整账簿记录的重要原始凭证，也是分析盈亏原因，界定经济责任的书面材料。为了简化填写工作，实存账存对比表只填写实存数与账存数不符的部分，账实相符的盘点结果可以不填列。实存账存对比表一般格式如表8—7所示。

**表8—7　　实存账存对比表**

使用部门：　　年　月　日　　编号：

资产类别：　　存放地点：　　金额单位：

| 编号 | 类别及名称 | 计量单位 | 单价 | 实　存 | | 账　存 | | 对比结果 | | | | 备　注 |
|---|---|---|---|---|---|---|---|---|---|---|---|---|
| | | | | | | | | 盘　盈 | | 盘　亏 | | |
| | | | | 数量 | 金额 | 数量 | 金额 | 数量 | 金额 | 数量 | 金额 | |
| | | | | | | | | | | | | |
| | | | | | | | | | | | | |
| | | | | | | | | | | | | |

## 知识拓展

财产物资的盘存制度主要包括永续盘存制和实地盘存制。

一、永续盘存制

永续盘存制也称账面盘存制，就是通过设置存货明细账，对日常发生的存货增加或减少都必须根据原始凭证和记账凭证在有关账簿中连续登记，并随时在账面上结算各项存货的结存数，定期与实际盘存数对比，确定存货盘盈盘亏的一种制度。采用永续盘存制计算存货账面期末余额，即存货账面期末余额＝存货账面期初余额＋本期存货增加数－本期存货减少数。使用永续盘存制可以随时反映某一存货品种在一定会计期间收入、发出及结存的详细情况，有利于加强对存货的管理与控制，取得库存积压或不足的资料，以便及时组织库存的购销或处理，加速资金周转。

从加强存货的管理，提供管理所需会计信息的角度出发，除特殊情况采用实地盘存制外，应尽量采用永续盘存制。

二、实地盘存制

实地盘存制又称定期盘存制、以存计销（我国商业企业）、以存放耗（我国工业企业），通过对期末库存存货的实物盘点，确定期末存货和当期销货成本的方法。因此，在实地盘存制下，日常经营中因销售而减少的存货不予记录，只登记增加的存货，无须也无法通过账面连续记录得出期末存货，并假定除期末库存以外的存货均已出售，通过这种方法倒轧出销货成本。采用实地盘存制计算存货减少数量，即本期减少数＝账面期初余额＋本期增加数－期末实际结存数；采用实地盘存制计算存货减少金额，即期初存货金额＋本期购货金额－期末存货金额＝销货成本。

实地盘存制的优点是核算工作比较简单，工作量较小。采用实地盘存制进行盘点，其缺点是在账面上不能反映和监督财产物资收入、发出、物资毁损、盗窃、丢失等情况，其成本全部隐藏在本期的发出数内，容易造成高估销货成本，不利于存货的管理，也不利于监督检查。因此，实地盘存制只适应数量大、价值低、收发频繁的存货。

### 三、往来款项的清查方法

对往来款项，如应收、应付、预收、预付款项的清查，一般采取“函证核对法”，即通过发询证函与债权债务方核对账目的方法。

清查时，首先将各项往来款项正确完整地登记入账并结账。总账与明细账核对无误后，逐一编制一式两联的对账单，送交对方单位核对，如对方单位核对无误，应在回单上盖章后退回发出单位；如对方发现不符，应在回单上注明不符原因后退回发出单位（如图 8－1 所示）。

**往来款项对账单**

×××单位：

你单位于××年××月××日从我单位购入甲产品 2 000 件，已付货款 40 000 元，尚有 60 000 元货款尚未支付，请核对后将回联单寄回。

清查单位：(盖章)

年　　月　　日

沿此虚线剪下，将回联单寄回！

---

**往来款项对账单(回联)**

×××清查单位：

(1)你单位寄来的“往来款项对账单”已收到，经核对相符无误。

(2)经核对，我单位的往来款项与你单位送达的对账单金额不符，我单位账面金额如下：

×××单位(盖章)

年　　月　　日

**图 8—1　往来款项对账单**

发出单位在收到回单后，对错误的账目应及时查明原因，并按规定手续和方法加以更正。最后，再根据清查结果编制“往来款项清查报告单”，其一般格式如表 8—8 所示。

**表 8—8**　　**往来款项清查表**

单位名称：　　年　　月　　日

| 明细账户名称 | 账面结存金额 | 清查结果 | | 发生日期 | 不符原因分析 | | | | | 备注 |
|---|---|---|---|---|---|---|---|---|---|---|
| | | 相符 | 不相符 | | 未达账项 | 拖付款项 | 争执款项 | 无法收回 | 其他 | |
| | | | | | | | | | | |

# 任务三　财产清查结果的账务处理

## 一、财产清查结果的处理要求

财产清查的结果不外乎三种情况：一是账存数与实存数相符；二是账存数大于实存数，财产物资发生盘亏；三是账存数小于实存数，财产物资发生盘盈。

如果财产清查的结果表明单位存在账实不符的情况，则有可能是财产管理和会计核算等方面存在问题，应当认真分析研究，按照相关法律法规和企业的规章制度处理。

（一）分析账实不符的原因和性质，提出处理建议

对于财产清查中发现的各种盘盈、盘亏以及质量问题，应核准数字，调查分析发生盈亏的原因及性质，明确经济责任，依据有关法律、制度规定，提出处理意见和建议。

（二）积极处理多余积压财产，认真清理往来款项

对于财产清查中发现的积压、多余财产物资，应查明原因，并根据不同情况处理。属于盲目采购、盲目建造或生产任务变更等原因造成的积压，除设法内部利用、改制、代用外，还应积极组织推销，以减少物资积压，加速资金周转；因品种不配套而造成的半成品积压，应当调整生产计划，组织均衡生产；利用率不高或闲置不用的固定资产，也应查明原因积极处理，做到物尽其用。

（三）总结经验教训，建立健全各项管理制度

对于财产清查中发现的各种问题，在查明问题性质和原因的基础上，认真总结经验教训，制订改进措施，建立健全财产物资管理制度，进一步落实财产管理责任制，保护单位财产的安全与完整，不断提高管理水平。

（四）及时调整账簿记录，保证账实相符

对于查明的各种盘盈、盘亏，应及时调整有关财产物资的账簿记录，并作为待处理财产损溢；在查明原因经批准处理后，按批准的意见进行相应的账务处理。对于在清查中发现差错的各种往来款项，应及时调整账目。对于查明的确实无法收回的应收款项，应按规定手续经批准后予以核销。

## 二、财产清查结果的处理步骤和方法

（一）审批之前的处理

财产清查结束后，清查人员对清查的结果，如盘盈、盘亏、毁损等情况进行核实，分析其产生的原因，根据管理权限，并将处理建议报告给股东大会或董事会、经理（厂长）会议或类似机构等待审核批准。

在得到审批前，会计人员和财产管理人员应根据“实存账存对比表”“库存现金盘点报告表”等资料，编制记账凭证，调整有关财产的账面价值，使账簿记录与实际盘存数相符。

“待处理财产损溢”账户按经济内容分属于资产类账户，但从账户用途和结构上分，属于双重性质的账户。其借方登记发生的待处理财产盘亏、毁损和转销已批准处理的财产盘盈金额；贷方登记发生的待处理财产盘盈和转销已批准处理的财产盘亏和毁损金额。该账户的借方余额表示尚未批准处理的财产盘亏和毁损金额；贷方余额表示尚未批准处理的财产盘盈金额。

### 温馨提醒

单位的固定资产盘盈，不通过该账户核算，而是记入“以前年度损益调整”。单位的固定资产处置，如毁损、出售、报废等，不通过该账户核算，而是记入“固定资产清理”。

(二)审批之后的处理

处理建议经审批后，会计人员应根据审批意见进行账务处理，一方面登记“待处理财产损溢”等有关账簿，转销审批前登记的金额，另一方面还要调整有关成本费用、营业外收入和支出等账簿。如果存在向责任人索取赔偿的情况，还应调整应收款项等账簿。

## 三、财产清查结果的账务处理

(一)库存现金盘亏、盘盈的账务处理

当现金发生盘亏，即短款时，应先通过“待处理财产损溢”账户核算，报经批准后，属于应由责任人赔偿或保险公司赔偿的部分，计入其他应收款；属于无法查明原因的，计入管理费用。

**【例 8—2】** 甲公司出纳在某日财产清查中，查明库存现金短款 32.70 元。

(1)报经审批前，应根据“库存现金盘点报告表”编制记账凭证，并据以登记入账，调整账面记录，使之账实相符，会计分录如下：

借：待处理财产损溢　　32.70

　　贷：库存现金　　32.70

(2)假定上述现金短款由无法查明的其他原因所致，根据管理权限报经审批后，列作管理费用，应根据审批意见编制会计分录如下：

借：管理费用　　32.70

　　贷：待处理财产损溢　　32.70

当现金发生盘盈，即长款时，应先通过“待处理财产损溢”账户核算，报经批准后，属于应支付给有关人员或单位的，计入其他应付款；属于无法查明原因的，计入营业外收入。

**【例 8—3】** 甲公司出纳在某日财产清查中，查明库存现金长款 45 元。

(1)报经审批前，应根据“库存现金盘点报告表”编制记账凭证，并据以登记入账，调整账面记录，使之账实相符，会计分录如下：

借：库存现金　　45

　　贷：待处理财产损溢　　45

(2)假定上述现金长款由无法查明的其他原因所致，根据管理权限报经审批后，作为盘盈利得，列作营业外收入，应根据审批意见编制会计分录如下：

借：待处理财产损溢　　45

　　贷：营业外收入　　45

(二)存货盘盈、盘亏的账务处理

当存货发生盘盈时，应及时办理存货的入账手续，按盘盈存货的计划成本或估计成本，调整存货账面数，借记“原材料”“库存商品”等账户，贷记“待处理财产损溢”账户。报批准后，再根据审批意见，借记“待处理财产损溢”账户，贷记“管理费用”账户。

**【例 8—4】** 甲公司在月末财产清查中，盘盈 A 材料一批，估计成本为 800 元。

(1)报经审批前，应根据“实存账存对比表”编制记账凭证，并据以登记入账，调整账面记录，使之账实相符，会计分录如下：

借：原材料——A 材料　　800

　　贷：待处理财产损溢　　800

(2)经查,上述材料盘盈系平时收发计量误差所致,经批准冲减企业“管理费用”,会计分录如下:

借:待处理财产损溢　　800

　贷:管理费用　　800

当存货发生盘亏或毁损时,借记“待处理财产损溢”账户,贷记“原材料”“库存商品”等账户。报经批准后,再根据审批意见,做如下会计处理:对于入库的残料价值,借记“原材料”等账户;对于应由保险公司和过失人的赔款,借记“其他应收款”账户;扣除残料价值和应由保险公司、过失人赔款后的净损失,属于一般经营损失的部分,借记“管理费用”账户,属于非常损失的部分,借记“营业外支出”账户。

## 知识拓展

非常损失,指企业对于因客观因素(如自然灾害等)造成的损失,扣除保险赔偿后应计入营业外支出的净损失。

**情景思考 8—1**

(1)甲公司为一般纳税人企业,在月末财产清查中,发现B材料盘亏20千克,每千克买价为500元,增值税税率为13%。

(2)甲公司为一般纳税人企业,因地震造成一批B材料毁损,该材料实际成本为20 000元,增值税税率为13%。

情景思考8-1

(三)固定资产盘盈、盘亏的账务处理

盘盈的固定资产,应按重置成本确定其入账价值,作为前期差错处理,在按管理权限报经批准处理前,应先通过“以前年度损益调整”账户核算。

盘亏的固定资产,应按其账面净值,借记“待处理财产损溢”账户,按照已计提的累计折旧,借记“累计折旧”账户,按照固定资产原价,贷记“固定资产”账户。报批准后,再根据审批意见,应由保险公司和过失人的赔款,借记“其他应收款”账户,扣除保险公司、个人等赔偿后的净损失,借记“营业外支出”账户。

**【例 8—5】** 甲公司在财产清查过程中,发现盘亏B设备一台,其原价为100 000元,已提折旧80 000元。

(1)报经审批前,应根据“实存账存对比表”编制记账凭证,并据以登记入账,调整账面记录,使之账实相符,会计分录如下:

借:待处理财产损溢　　20 000

　累计折旧　　80 000

　贷:固定资产　　100 000

(2)报经审批后,根据审批意见,转作“营业外支出”,会计分录如下:

借:营业外支出——盘亏损失　　20 000

　贷:待处理财产损溢　　20 000

(四)往来款项清查结果的账务处理

在财产清查过程中如发现无法收回的应收账款,应按规定程序报经批准后冲减“坏账准备”。

**【例 8—6】** 甲公司在财产清查过程中,发现应收某企业货款 50 000 元,确实无法收回,经批准转作坏账损失,会计分录如下:

借:坏账准备　　50 000

　　贷:应收账款　　50 000

无法支付的应付款经批准后,直接转作“营业外收入”。

**【例 8—7】** 甲公司在财产清查中,企业将无法支付的应付账款 60 000 元,经批准予以转销,会计分录如下:

借:应付账款　　60 000

　　贷:营业外收入　　60 000

企业在日常工作中发生的待处理财产损溢,通常必须在年报编制前处理完毕。

**情景思考 8—2**

甲公司在财产清查过程中,发现盘盈 A 设备一台,其重置成本为 100 000 元,报经审批前,如何编制会计分录?

情景思考8-2

## 小结

1. 财产清查是指通过对货币资金、实物资产和往来款项等财产物资进行盘点或核对,确定其实存数,查明账存数与实存数是否相符的一种专门方法。按财产清查的范围不同,可分为全面清查和局部清查;按清查的时间不同,可分为定期清查和不定期清查;按清查的执行单位不同,可分为内部清查和外部清查。

2. 清查库存现金,首先采用实地盘点的方法确定库存现金的实存数,然后再与库存现金日记账的账面余额相核对,确定账存数与实存数是否相等以及盈亏情况。库存现金的盘点应由清查人员会同出纳人员共同负责。清查时,出纳人员必须在场,库存现金由清查小组逐张查点。在库存现金盘点结束后,直接填制“库存现金盘点报告表”,由盘点人员、出纳人员及其相关负责人签名盖章,并作为填制相关记账凭证的重要原始凭证。

3. 银行存款的清查是通过将银行存款日记账记录与开户银行转来的对账单逐笔进行核对,以查明银行存款的实有数额。银行存款一般在月末清查。将银行存款日记账余额与开户银行转来的对账单余额进行核对,如果相符,通常说明没有错误;如果不相符,原因有两个方面:一是双方或一方记账有误;二是存在未达账项。

4. 所谓未达账项,是指企业与银行之间由于凭证传递上的时间差,一方已登记入账,另一方因尚未收到凭证而未登记入账的款项。未达账项有以下四种情况:(1)企业已收款入账,而银行尚未收到未登记入账的款项;(2)企业已付款入账,而银行尚未支付未登记入账的款项;(3)银行已收款入账,而企业尚未收到银行的收款通知,未登记入账的款项;(4)银行已付款入账,而企业尚未收到银行的付款通知,未登记入账的款项。

5. 实物资产的清查主要包括存货(如原材料、在产品、库存商品、半成品、周转材料等)和固定资产的清查,实物资产的清查方法最常用的有实地盘点法和技术推算法。

6. 对往来款项,如应收、应付、预收、预付款项的清查,一般采取“询证核对法”,即通过发询证函与债权债务对方进行账目核对的方法。

7. 财产清查的结果不外乎三种情况：一是账存数与实存数相符；二是账存数大于实存数，财产物资发生盘亏；三是账存数小于实存数，财产物资发生盘盈。

8. 当现金发生盘亏，报经批准后，属于应由责任人赔偿或保险公司赔偿的部分，计入其他应收款；属于无法查明原因的，计入管理费用。当现金发生盘盈，报经批准后，属于应支付给有关人员或单位的，计入其他应付款；属于无法查明原因的，计入营业外收入。

9. 当存货发生盘盈时，报批准后，借记“待处理财产损溢”账户，贷记“管理费用”账户。当存货发生盘亏或毁损时，报经批准后，做如下会计处理：对于入库的残料价值，借记“原材料”等账户；对于应由保险公司和过失人的赔款，借记“其他应收款”账户；扣除残料价值和应由保险公司、过失人赔款后的净损失，属于一般经营损失的部分，借记“管理费用”账户，属于非常损失的部分，借记“营业外支出”账户。

10. 盘盈的固定资产，应按重置成本确定其入账价值，作为前期差错处理，在按管理权限报经批准处理前，应先通过“以前年度损益调整”账户核算。盘亏的固定资产，应按其账面净值，借记“待处理财产损溢”账户，按照已计提的累计折旧，借记“累计折旧”账户，按照固定资产原价，贷记“固定资产”账户。报批准后，应由保险公司和过失人的赔款，借记“其他应收款”账户，扣除保险公司、个人等赔偿后的净损失，借记“营业外支出”账户。

11. 在财产清查过程中如发现无法收回的应收账款，应按规定程序报经批准后冲减“坏账准备”。无法支付的应付款经批准后，直接转作“营业外收入”。

## 职场体验

王伟在一家汽车零配件生产企业财务部门实习，为了加强企业财产物资的管理，保证各项财产物资安全完整、财务资料真实可靠，企业在年终前进行一次全面的财产清查。这次清查由主管业务的副经理张涛牵头，清查小组成员由业务部门人员、财务部门人员、仓库保管人、出纳等组成，王伟参加了这次财产清查，成为清查小组的一名成员。在12月中旬，财产清查小组制定了财产清查计划，确定了财产清查的范围、进度及各类财产物资的清查方法。这次清查小组不仅要完成清查工作，还要求对在清查过程中出现的问题进行分析，提出意见，并出具财产清查报告。

要求：分析会计人员在财产清查前做好哪些准备工作？财产物资保管人员在财产清查前做好哪些准备工作？库存现金、银行存款、应收应付款项分别采用什么清查方法？

## 业务操作

甲企业2022年3月31日的银行存款日记账账面余额为691 600元，而银行对账单上企业存款余额为681 600元。经逐笔核对，发现有以下未达账项。

(1)3月26日，企业开出转账支票3 000元，持票人尚未到银行办理转账，银行尚未入账。

(2)3月28日，企业委托银行代收款项4 000元，银行已收款入账，但企业未接到银行的收账通知，因而未登记入账。

(3)3月29日，企业送存购货单位签发的转账支票15 000元，企业已登记入账，银行尚未入账。

(4)3月30日，银行代企业支付水电费2 000元，企业尚未接到银行的付款通知，故未登记入账。

要求：

(1)分析上述给出的资料，四笔款项分别属于哪一类未达账项？

(2)完成下列“银行存款余额调节表”。

**银行存款余额调节表**

单位:元

| 项　目 | 金　额 | 项　目 | 金　额 |
|---|---|---|---|
| 企业银行存款日记账余额 | | 银行对账单余额 | |
| 加:银行已收、企业未收款 | | 加:企业已收、银行未收款 | |
| 减:银行已付、企业未付款 | | 减:企业已付、银行未付款 | |
| 调节后的存款余额 | | 调节后的存款余额 | |

## 学习评价

**一、单项选择题**

1. 单位撤销、合并所进行的清查,按清查范围分类属于(　　)。

A. 全面清查　B. 局部清查　C. 定期清查　D. 不定期清查

2. 关于银行余额调节表,下列说法正确的是(　　)。

A. 是更正本单位银行存款日记账的依据

B. 该表是通知银行更正错误的依据

C. 能够作为调整本单位银行存款日记账的原始凭证

D. 不能作为调节本单位有关账户余额的原始凭证

3. 往来款项的清查一般采用(　　)。

A. 实地盘点法　B. 技术推算盘点法

C. 余额调节法　D. 函证核对法

4. 企业在进行现金清查时,查出现金溢余,经批准后,属于无法查明原因的,会计处理表述正确的是(　　)

A. 将其从“待处理财产损溢”科目转入“管理费用”科目

B. 将其从“待处理财产损溢”科目转入“营业外收入”科目

C. 将其从“待处理财产损溢”科目转入“其他应付款”科目

D. 将其从“待处理财产损溢”科目转入“其他应收款”科目

5. 企业在进行现金清查时,查出现金短缺,经批准后,属于无法查明原因的,应计入(　　)。

A.“管理费用”科目　B.“营业外支出”科目

C.“其他应付款”科目　D.“营业外收入”科目

6. 企业对已经记入“待处理财产损溢”科目的存货盘亏及毁损进行会计处理时,应计入营业外支出的是(　　)。

A. 自然灾害造成的存货净损失　B. 应由保险公司赔偿的存货损失

C. 管理不善造成的存货净损失　D. 过失人赔偿后的存货净损失

7. 会导致银行存款日记账余额高于对应日期银行对账单余额的是(　　)。

A. 企业已收款入账,银行尚未收款入账

B. 企业已付款入账,银行尚未付款入账

C. 银行已收款入账,企业尚未收款入账

D. 企业误将存款 5 920 元记录为 5 290 元,但银行未错

8. 对于大量堆积的煤炭清查,一般采用(　　)。

A. 实地盘点法　　B. 抽样盘点法　　C. 技术推算法　　D. 函证核对法

9. 对盘亏的固定资产净损失，经批准后，可计入(　　)账户的借方。

A. 制造费用　　B. 生产成本　　C. 营业外支出　　D. 管理费用

10. 在财产清查中发现盘亏一台设备，其固定资产的原价为 80 000 元，已计提折旧 20 000 元，则该企业已计入"待处理财产损溢"账户的金额为(　　)元。

A. 80 000　　B. 20 000　　C. 60 000　　D. 100 000

**二、多项选择题**

1. 库存现金盘亏的账务处理中可能涉及的科目有(　　)。

A. 库存现金　　B. 管理费用　　C. 其他应收款　　D. 营业外支出

2. 关于银行存款的清查，下列说法正确的是(　　)。

A. 不需要根据"银行存款余额调节表"做任何账务处理

B. 对于未达账项，等以后有关原始凭证到达后再做账务处理

C. 如果调整之后双方的余额不相等，则说明银行或企业记账有误

D. 对于未达账项，需要根据"银行存款余额调节表"做账务处理

3. 财产盘存制度包括(　　)。

A. 永续盘存制　　B. 实地盘存制　　C. 银行余额调节表　　D. 函证核对法

4. 在财产清查中，存货发生盘亏或毁损时，经批准后，借方的会计科目是(　　)。

A. 其他应收款　　B. 管理费用

C. 待处理财产损溢　　D. 营业外支出

5. 造成账实不符的原因主要有(　　)。

A. 财产物资的自然损耗　　B. 财产物资收发计量错误

C. 财产物资的毁损、被盗　　D. 会计账簿漏记、重记、错记

6. 在财产清查中，企业固定资产发生盘亏时，会计科目有(　　)。

A. 累计折旧　　B. 待处理财产损溢

C. 固定资产　　D. 营业外支出

7. 库存现金重点清查盘点的内容有(　　)。

A. 是否相符　　B. 有无私借公款

C. 是否超限额留存现金　　D. 有无白条抵库

8. 按财产清查的时间不同，可以分为(　　)。

A. 全面清查　　B. 局部清查　　C. 定期清查　　D. 不定期清查

9. 财产清查方法的内容包括(　　)。

A. 全面清查　　B. 实物资产清查　　C. 货币资金清查　　D. 往来款项清查

10. "待处理财产损溢"账户借方登记的内容有(　　)。

A. 转销已批准处理的财产盘亏金额　　B. 转销已批准处理的财产盘盈金额

C. 发生的财产物资的盘亏金额　　D. 发生的财产物资的盘盈金额

**三、判断题**

1. 定期清查和不定期清查对象的范围均既可以是全面清查，也可以是局部清查。　(　　)

2. 非正常原因造成的存货盘亏损失经批准后应该计入营业外支出。　(　　)

3. "银行存款余额调节表"编制完成后，可以作为调整企业银行存款余额的原始凭证。　(　　)

4. 在进行库存现金和存货清查时，出纳人员和实物保管人员不得在场。　(　　)

5. 存货发生盘亏时，应根据不同的原因做出不同的处理，若属于一般经营性损失或定额内损失，记入“管理费用”科目。（　　）

**四、简答题**

1. 说明各种财产物资清查结果处理方法的差异。
2. 描述一下财产清查的一般程序？准备工作有哪些？
3. 永续盘存制和实地盘存制有何联系和区别？

# 项目九　编制财务会计报告

○ **知识目标**

- ◆ 了解财务会计报告的含义及编制要求
- ◆ 理解财务报表的种类
- ◆ 了解资产负债表、利润表的基本格式
- ◆ 掌握资产负债表、利润表的含义
- ◆ 掌握资产负债表、利润表的编制方法

○ **能力目标**

- ◆ 能够根据审核无误的账簿等资料编制资产负债表
- ◆ 能够根据审核无误的账簿等资料编制利润表
- ◆ 能够理解各报表与账簿之间的钩稽关系

○ **思政目标**

- ◆ 引导学生树立正确的财富观、人生观和社会主义核心价值观
- ◆ 加强对会计从业人员严谨、责任心、客观公正的职业素养的培养

○ **重点难点**

- ◆ 理解各报表与账簿之间的钩稽关系
- ◆ 掌握资产负债表、利润表的编制方法

### 任务引入

学生选择一家自己感兴趣的公司，可以到公司的官网或者相关网站查找该公司同一时期的财务报表，包括资产负债表、利润表等，阅读并分析公司的财务报表，了解资产负债表和利润表的基本格式和编制方法，找出资产负债表、利润表内部数据之间的相互关系，各报表之间的钩稽关系。思考如何保证报表数据的真实准确？

## 任务一　认识财务会计报告

### 一、财务会计报告的含义和构成

财务会计报告，是指企业对外提供的反映企业某一特定日期财务状况和某一会计期间经营成果、现金流量等会计信息的文件。企业的财务会计报告包括财务报表和其他应该在财务

报告中披露的相关信息和资料。财务报表是财务会计报告的核心内容。

财务会计报告按照编制时间划分,可分为年度和中期财务会计报告,其中,半年度、季度和月度财务会计报告统称为中期财务会计报告。月度、季度财务会计报告是指月度和季度终了提供的财务会计报告;半年度财务会计报告是指在每个会计年度的前 6 个月结束后对外提供的财务会计报告;年度财务会计报告是指年度终了对外提供的财务会计报告。企业对外提供的财务会计报告的种类、内容、格式及附注等由企业会计制度规定;企业内部管理需要的会计报表由企业自行规定。

## 二、财务会计报告的编制要求

(一)真实可靠

企业编制财务会计报告,应当根据真实的交易、事项以及完整、准确的账簿记录等资料,并按照国家统一的会计制度规定的编制基础、编制依据、编制原则和方法,做到内容完整、数字真实、计算准确,不得漏报或者任意取舍。

(二)全面完整

企业提供的会计信息应当能够全面完整地反映企业的财务状况、经营成果和现金流量,以满足会计信息使用者的需要。

(三)编报及时

企业应当依照有关法律、行政法规和《企业财务会计报告条例》规定的结账日结账,不得提前或者延迟。年度结账日为公历年度每年的 12 月 31 日;半年度、季度、月度结账日分别为公历年度每半年、每季、每月的最后一天。

(四)便于理解

企业的会计核算和编制的财务会计报告应当清晰明了,便于理解和利用。

财务会计报告应当由单位负责人和主管会计工作的负责人、会计机构负责人签名并盖章,并对财务会计报告的真实性、合法性负责。设置总会计师岗位的单位还必须由总会计师签名并盖章。单位负责人应为本单位会计行为的第一责任人,有关会计负责人也应承担相应的责任。

### 温馨提醒

财务报表之间、财务报表各项目之间,凡是有对应关系的数字,应当相互一致,财务报表中本期与上期的有关数字,应当相互衔接。财务报表附注和财务情况说明书应按照《企业财务会计报告条例》和国家统一的会计制度的规定,对财务报表中需要说明的事项做出真实、完整、清楚的说明。

## 三、财务报表的种类

财务报表是对企业财务状况、经营成果和现金流量的结构性表达,一套完整的财务报表至少应包括资产负债表、利润表、现金流量表、所有者权益(或股东权益)变动表及附注。财务报表可以根据需要,按照不同的标准分类。

(一)按照财务报表反映的经济内容

按照财务报表反映的经济内容划分,财务报表可以分为静态报表和动态报表。静态报表是反映企业在某一特定日期财务状况的报表,如资产负债表;动态报表则反映企业在某一会计期间经营成果或现金流量,如利润表和现金流量表。

(二)按照财务报表编制和报送的时间

按照财务报表编制和报送的时间划分,财务报表可以分为中期财务报表和年度财务报表。

(三)按照财务报表编制的主体不同

按照财务报表编制的主体不同,财务报表可以分为个别财务报表和合并财务报表。个别财务报表是指在以母公司和子公司组成的具有控股关系的企业集团中,由母公司和子公司各自为主体分别单独编制的报表,仅反映母公司和子公司自身的财务状况、经营成果和现金流量情况。合并财务报表是以母公司和子公司组成的企业集团为会计主体,以母公司和子公司单独编制的财务报表为基础,由母公司编制的综合反映企业集团经营成果、财务状况及现金流量的财务报表。

## 四、财务报表的作用

编制财务报表是会计核算工作的全面总结,它对于改善企业的内部管理,满足投资者决策需要,加强国家宏观管理都具有重要作用。

(1)财务报表是企业内部管理者了解企业经营管理信息的重要途径。通过财务报表,企业管理者可以全面地了解本单位的财务状况、经营成果和现金流量;考核本企业的资金、成本和利润计划的执行情况;分析和评价本企业经营管理中的成败得失,总结经验教训,改善企业经营管理水平,提高企业的经济效益。

(2)财务报表是外部投资者、债权人分析企业状况,进行决策的重要依据。通过财务报表,投资者、债权人可以及时了解、评价企业的偿债能力、获利能力及理财能力,分析企业的经营趋势,并为投资、信贷决策提供参考资料。

(3)财务报表是财政、工商、税务和审计部门监督企业经营活动的重要手段。通过财务报表,有关的政府管理部门可以及时检查、监督企业的经营活动情况,并通过对财务报表的逐级汇总,为国家宏观管理提供重要的经济信息。

## 思政链接

### 某Y上市公司造假案

某Y上市公司是采用社会筹集方式设立的一家股份有限公司,1994年6月17日,在深圳证券交易所挂牌上市。上市6年内公司的资产总额从1.79亿元增至24.3亿元,股本从7 400万股扩张至50 526万股,税后利润增长率达540%,具备了成为中国未来大蓝筹股的潜力。2001年8月,被曝其公司会计报表造假,随后中国证监会介入调查,调查显示:从1998年至2001年期间,某Y上市公司通过伪造购销合同、伪造出口报关单、虚开增值税专用发票、伪造免税文件和伪造金融票据等手段,虚构主营业务收入,累计虚增销售收入104 962.6万元,少计费用 4 945.34 万元，导致虚增利润 77 156.7 万元；1999 年、2000 年的业绩严重造假，其子公司获得“暴利”的萃取产品出口纯属子虚乌有，某 Y 上市公司利润猛增到股价离谱上涨更是一场彻头彻尾的骗局。某 Y 上市公司风光多时的业绩神话将被连续两年半亏损的事实所取代，造成投资者损失惨重。2001 年 9 月某 Y 上市公司涉事人员被宁夏回族自治区公安厅分别以涉嫌提供虚假财会报告罪和涉嫌提供虚假证明文件罪刑事拘留。2003 年 9 月 16 日，宁夏回族自治区银川市中级人民法院对某 Y 上市公司刑事案做出一审判决，涉事人员都受到相应法律制裁。

资料来源：https://www.chinacourt.org/article/detail/2002/05/id/5218.shtml，2021 年 10 月 21 日。

# 任务二　编制资产负债表

资产负债表是反映企业在某一特定日期财务状况的报表。它以会计恒等式“资产＝负债＋所有者权益”为编报的理论依据，按照资产、负债和所有者权益（或者股东权益，下同）分类分项列示，根据企业总分类账和明细分类账的期初、期末余额来编制。

## 一、资产负债表的基本格式

资产负债表通常包括表头、表身。表头部分主要包括资产负债表的名称、编制单位、编制日期、报表编号和金额单位；表身部分则列明了各项资产、负债和所有者权益各项目的财务状况，是资产负债表的主要部分。

目前资产负债表的表身格式主要有报告式和账户式两种。

1. 报告式资产负债表，又称竖式（即上下式）资产负债表，是上下结构，是将资产负债表的项目自上而下垂直排列，首先列示资产项目的数额，然后列示负债项目的数额，最后列示所有者权益项目的数额。

2. 账户式资产负债表，又称横式（即左右式）资产负债表，是左右结构，在报表的左方列示资产各项目，反映全部资产的内容及构成情况，在报表的右方列示负债和所有者权益项目，反映全部负债和所有者权益的内容及构成情况。不管采取什么格式，资产负债表左右两方总计金额相等。我国企业的资产负债表采用账户式结构。

如表 9－1 所示，资产负债表的各类项目分别列式排队。左边资产项目按流动性大小排列，流动性越大的资产如“货币资金”“应收账款”等排在前面，流动性小的资产如“固定资产”“无形资产”等排在后面。右边为负债和所有者权益项目，一般按照清偿时间的先后顺序排列，负债排在前面，在企业清算之前不需要偿还的所有者权益项目排在后面。负债项目按照偿还时间的长短排列，偿还时间短的负债如“短期借款”“应付账款”等排在前面，偿还时间长的负债如“长期借款”“应付债券”等排在后面。所有者权益项目按照永久性大小排列，永久性越大，越排在前面，其排列顺序一般为实收资本、资本公积、盈余公积和未分配利润。这种排列方式比较清楚地反映了企业资产的流动性和负债的偿还时间长短，可用于分析企业的财务状况和偿债能力。

表 9－1　　资产负债表(简表)　　会企 01 表

编制单位:　　年　月　日　　单位:元

| 资　产 | 期末余额 | 年初余额 | 负债及所有者权益(或股东权益) | 期末余额 | 年初余额 |
|---|---|---|---|---|---|
| 流动资产: | | | 流动负债: | | |
| 货币资金 | | | 短期借款 | | |
| 应收账款 | | | 应付账款 | | |
| 预付款项 | | | 预收款项 | | |
| 其他应收款 | | | …… | | |
| 存货 | | | 流动负债合计 | | |
| …… | | | 非流动负债: | | |
| 流动资产合计 | | | 长期借款 | | |
| 非流动资产: | | | 应付债券 | | |
| 债权资产 | | | …… | | |
| 长期股权投资 | | | 非流动负债合计 | | |
| 投资性房地产 | | | 负债合计 | | |
| 在建工程 | | | 所有者权益(或股东权益): | | |
| 固定资产 | | | 实收资本(或股本) | | |
| 无形资产 | | | 资本公积 | | |
| 其他非流动资产 | | | 盈余公积 | | |
| …… | | | 未分配利润 | | |
| 非流动资产合计 | | | …… | | |
| | | | 所有者权益(或股东权益)合计 | | |
| 资产总计 | | | 负债及所有者权益(或股东权益)总计 | | |

## 二、资产负债表的编制方法

通常,资产负债表的各项目均需要填列“年初余额”和“期末余额”。其中,“年初余额”的数据根据上年末资产负债表的期末余额填列。如果本年度报表的项目名称和内容与上年度报表不一致,则需要将上年度报表数字和名称按本年度报表的规定做相应调整,填入本年度报表的“年初余额”栏。“期末余额”的数据是根据总账和有关明细账户的余额计算分析填列,具体说来,有以下几种情况。

(一)根据总账账户期末余额直接填列

资产负债表中可以根据有关总账账户的期末余额直接填列,如“短期借款”“实收资本”“资本公积”“盈余公积”等项目。

(二)根据总账账户期末余额计算填列

资产负债表中需要根据几个总账账户期末余额计算填列,如“货币资金”等项目。“货币资金”项目应根据“库存现金”“银行存款”“其他货币资金”三个总账账户的期末余额相加计算填列。

(三)根据总账账户与明细账账户余额分析计算填列

资产负债表中需要根据总账账户与明细账账户余额分析计算填列,如“长期借款”等项目。“长期借款”项目应根据“长期借款”总账账户余额扣除“长期借款”账户中将在一年内到期的非流动负债后的金额计算填列。

(四)根据有关账户余额减去其备抵账户余额后的净额填列

资产负债表中需要根据有关账户余额减去其备抵账户余额后的净额填列,如“应收票据”“应收股利”“应收利息”“其他应收款”等项目。“应收票据”“应收股利”“应收利息”“其他应收款”等项目应该根据各总账期末余额减去“坏账准备”相应明细账户期末余额后填列。“固定资产”项目应根据“固定资产”总账的期末余额减去“累计折旧”“固定资产减值准备”等备抵账户余额后的净额填列。“无形资产”项目应根据“无形资产”总账的期末余额减去“累计摊销”“无形资产减值准备”等备抵账户余额后的净额填列。

**温馨提醒**

此类账户还有“长期股权投资”“在建工程”“持有至到期投资”等,凡是设有备抵账户的,都需要将本账户和备抵账户结合起来填列有关的项目。

(五)根据明细账账户期末余额计算填列

资产负债表中需要根据明细账账户期末余额计算填列,如“应收账款”“预收款项”“应付账款”“预付款项”等项目。

1.“应收账款”项目

“应收账款”项目应根据“应收账款”和“预收账款”账户所属各明细账的期末借方余额合计,减去“坏账准备”账户中的有关应收账款计提的坏账准备贷方余额后的金额填列。

2.“预收款项”项目

“预收款项”项目应根据“预收账款”和“应收账款”账户所属各明细账的期末贷方余额合计填列。

3.“应付账款”项目

“应付账款”项目应根据“应付账款”和“预付账款”账户所属各明细账的期末贷方余额合计填列。

4.“预付款项”项目

“预付款项”项目应根据“预付账款”和“应付账款”账户所属各明细账的期末借方余额合计,减去“坏账准备”账户中的有关预付账款计提的坏账准备贷方余额后的金额填列。

5.“未分配利润”项目

“未分配利润”项目年末数应根据“利润分配”账户中所属“未分配利润”明细账户的期末余

额填列。

### 温馨提醒

"本年利润"贷方余额反映本年累计净利润,借方余额则反映累计亏损;"利润分配"贷方余额反映累计未分配利润,借方余额则反映累计未弥补亏损。年末结账后,"本年利润"累计余额转入"利润分配——未分配利润"账户;并将"利润分配"所属其他明细账户的余额,转入"利润分配——未分配利润"明细账户。"年末未分配利润"项目应根据"利润分配"账户中所属"未分配利润"明细账户的期末余额填列。贷方余额以正数填列,如为借方余额,则以"—"号填列。

你发现了吗?如果涉及的账户余额方向是相同的,那就相加后填列,而方向不一致的余额应该要扣除。

(六)综合运用上述填列方法分析填列

资产负债表中需要综合运用分析填列,如"存货"等项目。"存货"项目应根据"在途物资""原材料""周转材料""库存商品""委托加工物资""生产成本"等账户的期末余额分析汇总后,再减去"存货跌价准备"账户的期末余额的净额来填列。在采用计划成本核算的企业,还应考虑"材料成本差异"金额。

**【例 9—1】** 戊公司资产负债表编制

戊公司为增值税一般纳税人,其有关资料如表 9—2 所示。

**表 9—2　　戊公司 2021 年 12 月 31 日账户余额表**　　单位:元

| 账户名称 | 借方余额 | 贷方余额 | 账户名称 | 借方余额 | 贷方余额 |
|---|---|---|---|---|---|
| 库存现金 | 84 300 | | 短期借款 | | 274 260 |
| 银行存款 | 148 780 | | 应付账款 | | 16 000 |
| 交易性金融资产 | 25 000 | | ——A 公司 | | 18 000 |
| 应收账款 | 21 000 | | ——B 公司 | 2 000 | |
| ——甲公司 | 26 000 | | 预收账款 | | 2 000 |
| ——乙公司 | | 5 000 | ——丙公司 | | 6 000 |
| 坏账准备 | | 1 000 | ——丁公司 | 4 000 | |
| ——应收账款 | | 900 | 应付职工薪酬 | | 12 000 |
| ——其他应收款 | | 100 | 应交税费 | | 108 480 |
| 预付账款 | 8 000 | | 应付利息 | | 500 |
| ——C 公司 | 10 000 | | 实收资本 | | 300 000 |
| ——D 公司 | | 2 000 | 资本公积 | | 64 000 |
| 其他应收款 | 10 000 | | 盈余公积 | | 27 710 |
| 原材料 | 32 000 | | 利润分配 | | |

续表

| 账户名称 | 借方余额 | 贷方余额 | 账户名称 | 借方余额 | 贷方余额 |
|---|---|---|---|---|---|
| 生产成本 | 29 000 | | ——未分配利润 | | 57 130 |
| 库存商品 | 65 000 | | | | |
| 固定资产 | 471 000 | | | | |
| 累计折旧 | | 66 000 | | | |
| 无形资产 | 35 000 | | | | |

货币资金＝“库存现金”期末余额＋“银行存款”期末余额＝84 300＋148 780＝233 080（元）

交易性金融资产＝“交易性金融资产”期末余额＝25 000（元）

应收账款＝“应收账款——甲公司”期末借方余额＋“预收账款——丁公司”期末借方余额－“坏账准备——应收账款”期末余额＝26 000＋4 000－900＝29 100（元）

预付款项＝“预付账款——C公司”期末借方余额＋“应付账款——B公司”期末借方余额＝10 000＋2 000＝12 000（元）

其他应收款＝“其他应收款”期末余额－“坏账准备——其他应收款”期末余额＝10 000－100＝9 900（元）

存货＝“原材料”期末余额＋“生产成本”期末余额＋“库存商品”期末余额＝32 000＋29 000＋65 000＝126 000（元）

固定资产＝“固定资产”期末余额－“累计折旧”期末余额＝471 000－66 000＝405 000（元）

应付账款＝“预付账款——D公司”期末贷方余额＋“应付账款——A公司”期末贷方余额＝2 000＋18 000＝20 000（元）

预收款项＝“应收账款——乙公司”期末贷方余额＋“预收账款——丙公司”期末贷方余额＝5 000＋6 000＝11 000（元）

2021年12月31日戊公司资产负债表如表9－3所示。

**表9－3** **资产负债表**

编制单位：戊公司 2021年12月31日 单位：元

| 资　产 | 行次 | 年初余额 | 期末余额 | 负债和所有者权益 | 行次 | 年初余额 | 期末余额 |
|---|---|---|---|---|---|---|---|
| 流动资产： | | | | 流动负债： | | | |
| 货币资金 | 1 | | 233 080 | 短期借款 | 23 | | 274 260 |
| 交易性金融资产 | 2 | | 25 000 | 应付账款 | 24 | | 20 000 |
| 应收账款 | 3 | | 29 100 | 预收款项 | 25 | | 11 000 |
| 预付款项 | 4 | | 12 000 | 其他应付款 | 26 | | |
| 其他应收款 | 5 | | 9 900 | 应付职工薪酬 | 27 | | 12 000 |
| 存货 | 6 | | 126 000 | 应交税费 | 28 | | 108 480 |

续表

| 资　产 | 行次 | 年初余额 | 期末余额 | 负债和所有者权益 | 行次 | 年初余额 | 期末余额 |
|---|---|---|---|---|---|---|---|
| 一年内到期的非流动资产 | 7 | | | 应付利息 | 29 | | 500 |
| 其他流动资产 | 8 | | | 一年内到期的非流动负债 | 30 | | |
| 流动资产合计 | 9 | | 435 080 | 其他流动负债 | 31 | | |
| 非流动资产： | | | | 流动负债合计 | 32 | | 426 240 |
| 长期股权投资 | 10 | | | 非流动负债： | | | |
| 其他非金融资产 | 11 | | | 长期借款 | 33 | | |
| 投资性房地产 | 12 | | | 应付债券 | 34 | | |
| 固定资产 | 13 | | 405 000 | 长期应付款 | 35 | | |
| 在建工程 | 14 | | | 非流动负债合计 | 36 | | 0 |
| 无形资产 | 15 | | 35 000 | 负债合计 | 37 | | 426 240 |
| 开发支出 | 16 | | | 所有者权益： | | | |
| 商誉 | 17 | | | 实收资本 | 38 | | 300 000 |
| 长期待摊费用 | 18 | | | 资本公积 | 39 | | 64 000 |
| 递延所得税资产 | 19 | | | 盈余公积 | 40 | | 27 710 |
| 其他非流动资产 | 20 | | | 未分配利润 | 41 | | 57 130 |
| 非流动资产合计 | 21 | | 440 000 | 所有者权益合计 | 42 | | 448 840 |
| 资产总计 | 22 | | 875 080 | 负债和所有者权益总计 | 43 | | 875 080 |

**温馨提醒**

资产负债表全面反映了企业某一日期资产、负债和所有者权益要素的构成，需要根据全部的资产类、负债类、所有者权益类账户余额编制，千万不要遗漏。尤其是“生产成本”账户余额反映的是在产品价值，也是资产的一部分，应在“存货”中反映。

## 任务三　编制利润表

利润表，又称损益表，以“利润＝收入－费用”这一会计等式作为编报的理论依据，反映企业在一定会计期间的经营成果。利润表应当按照各项收入、费用以及构成利润的各个项目分类分项列示。

### 一、利润表的基本格式

利润表是通过一定的表格反映企业的经营成果的，由表头、表身两部分组成。表头主要包括利润表的名称、编制单位、所属时期、报表编号和金额单位;表身主要反映经营成果的计算过程,是利润表的主要部分。

由于不同的国家和地区对会计报表的信息要求不完全相同,因此利润表表身的结构也不完全相同,目前比较普遍的结构有单步式利润表和多步式利润表两种。

(1)单步式利润表是将当期所有的收入列在一起,所有的费用列在一起,再将两者之间相减得当期净损益。

(2)多步式利润表是通过对当期的收入、费用等项目按性质加以归类,按利润形成的主要环节列示一些中间性的利润指标,分步骤计算当期净损益。我国企业的利润表采用多步式格式。多步式利润表主要编制步骤和内容如下。

①以营业收入为基础计算营业利润

营业收入=主营业务收入+其他业务收入

营业成本=主营业务成本+其他业务成本

营业利润=营业收入-营业成本-税金及附加-销售费用-管理费用-研发费用-财务费用+其他收益+投资收益(-投资损失)+公允价值变动收益(-公允价值变动损失)-信用减值损失-资产减值损失+资产处置收益(-资产处置损失)等

②以营业利润为基础计算利润总额

利润总额=营业利润+营业外收入-营业外支出

③利润总额为基础计算净利润

净利润=利润总额-所得税费用

多步式利润表的账户式结构如表 9—4 所示。

**表 9—4** **利润表(简表)**

编制单位: 年 月 单位:元

| 项 目 | 行次 | 本期金额 | 上期金额 |
|---|---|---|---|
| 一、营业收入 | 1 | | |
| 减:营业成本 | 2 | | |
| 税金及附加 | 3 | | |
| 销售费用 | 4 | | |
| 管理费用 | 5 | | |
| 研发费用 | 6 | | |
| 财务费用 | 7 | | |
| 加:其他收益 | 8 | | |
| 投资收益(亏损以“—”号填列) | 9 | | |
| 公允价值变动收益(亏损以“—”号填列) | 10 | | |
| 信用减值损失(亏损以“—”号填列) | 11 | | |
| 资产减值损失(亏损以“—”号填列) | 12 | | |
| 资产处置收益(亏损以“—”号填列) | 13 | | |

续表

| 项　目 | 行次 | 本期金额 | 上期金额 |
|---|---|---|---|
| 二、营业利润(亏损以“－”号填列) | 14 | | |
| 加:营业外收入 | 15 | | |
| 减:营业外支出 | 16 | | |
| 三、利润总额(亏损以“－”号填列) | 17 | | |
| 减:所得税费用 | 18 | | |
| 四、净利润(亏损以“－”号填列) | 19 | | |

## 二、利润表的编制方法

利润表的格式内容分为“本期金额”和“上期金额”,“本期金额”应根据有关损益类账户的本期实际发生额分析填列;“上期金额”应根据上年该利润表的“本期金额”栏中所列数据填列,如果上年同期利润表中规定的项目名称或内容与本期不一致,应对上年同期利润表中各项目的名称和金额按照本期的规定进行调整,填入“上期金额”栏。利润表项目的填列方法归纳如下。

(一)根据损益类账户的本期发生额分析填列

具体项目包括“税金及附加”“销售费用”“管理费用”“研发费用”“财务费用”“资产减值损失”“信用减值损失”“公允价值变动损益”“投资收益”“其他收益”“营业外收入”“营业外支出”“所得税费用”等。

(二)根据损益类账户的本期发生额计算填列

“营业收入”项目应根据“主营业务收入”和“其他业务收入”账户发生额计算填列。“营业成本”项目应根据“主营业务成本”和“其他业务成本”账户发生额计算填列。

(三)根据报表项目之间的关系用公式计算填列

具体项目包括“营业利润”“利润总额”“净利润”。根据净利润的计算步骤填列,若计算结果为损失或亏损,以“－”号填列。

**【例 9—2】**　戊公司利润表编制

戊公司为增值税一般纳税人,其有关资料如表 9—5 所示。

**表 9—5**　　**戊公司 2021 年 12 月损益类账户发生额**　　单位:元

| 账户名称 | 借方发生额 | 账户名称 | 贷方发生额 |
|---|---|---|---|
| 主营业务收入 | 184 000 | 主营业务成本 | 115 000 |
| 营业外收入 | 56 300 | 税金及附加 | 0 |
| | | 管理费用 | 11 000 |
| | | 销售费用 | 5 000 |
| | | 财务费用 | 500 |
| | | 营业外支出 | 6 000 |
| | | 所得税费用 | 25 700 |

针对戊公司编制的利润表如表 9—6 所示。

**表 9—6** **利润表**

编制单位:戊公司 2021 年 12 月 单位:元

| 项　目 | 行次 | 本期金额 | 上期金额 |
|---|---|---|---|
| 一、营业收入 | 1 | 184 000 | |
| 减:营业成本 | 2 | 115 000 | |
| 税金及附加 | 3 | | |
| 销售费用 | 4 | 5 000 | |
| 管理费用 | 5 | 11 000 | |
| 研发费用 | 6 | | |
| 财务费用 | 7 | 500 | |
| 资产减值损失 | 8 | | |
| 加:其他收益 | 9 | | |
| 投资收益(亏损以“—”号填列) | 10 | | |
| 公允价值变动收益(亏损以“—”号填列) | 11 | | |
| 信用减值损失(亏损以“—”号填列) | 12 | | |
| 资产减值损失(亏损以“—”号填列) | 13 | | |
| 资产处置收益(亏损以“—”号填列) | 14 | | |
| 二、营业利润(亏损以“—”号填列) | 15 | 52 500 | |
| 加:营业外收入 | 16 | 56 300 | |
| 减:营业外支出 | 17 | 6 000 | |
| 三、利润总额(亏损以“—”号填列) | 18 | 102 800 | |
| 减:所得税费用 | 19 | 25 700 | |
| 四、净利润(亏损以“—”号填列) | 20 | 77 100 | |

## 温馨提醒

利润表是根据所有损益类账户的本期发生额来编制,即各损益类账户期末结转至“本年利润”的实际金额:从各收入账户余额借方结转至“本年利润”贷方的金额,从各费用账户余额贷方结转至“本年利润”借方的金额。如果“投资收益”或“公允价值变动损益”账户本期借方发生额超过贷方发生额,出现净亏损,需要从“投资收益”或“公允价值变动损益”的净损失贷方结转至“本年利润”借方,则在报表中以“—”号填列。

## 知识拓展

现金流量表是反映企业一定会计期间现金和现金等价物(以下简称现金)流入和流出的报表。现金流量表的基本结构根据“现金流入量—现金流出量＝现金净流量”设计的。根据企业业务活动的性质和现金流量的功能,主要现金流量可以分为经营活动产生的现金流量、投资活动产生的现金流量和筹资活动产生的现金流量,在现金流量表中分项列示。

(1)经营活动,是指企业投资活动和筹资活动以外的所有交易和事项。在现金流量表上,经营活动的现金流量应当按照其经营活动的现金流入和流出的性质分项列示;银行、保险公司和非银行金融机构的经营活动按照其经营活动特点分项列示。

(2)投资活动,是指企业长期资产的购建和不包括在现金等价物范围内的投资及其处置活动。在现金流量表上,投资活动的现金流量应当按照其投资活动的现金流入和流出的性质分项列示。

(3)筹资活动,是指导致企业资本及债务规模和构成发生变化的活动。在现金流量表上,筹资活动的现金流量应当按照其筹资活动的现金流入和流出的性质分项列示。

**情景思考 9—1**

现金流量表具体格式如何?

情景思考9-1

## 小结

1. 财务会计报告,是指企业对外提供的反映企业某一特定日期财务状况和某一会计期间经营成果、现金流量的文件。企业的财务会计报告包括财务报表和其他应该在财务报告中披露的相关信息和资料。财务报表是财务会计报告的核心内容。

2. 企业财务会计报告编制要求有:真实可靠、全面完整、编报及时、便于理解。

3. 财务报表是对企业财务状况、经营成果和现金流量的结构性表达,一套完整的财务报表至少应包括资产负债表、利润表、现金流量表、所有者权益(或股东权益)变动表及附注。财务报表可以根据需要,按照不同的标准分类:(1)按照财务报表反映的经济内容可以分为静态报表和动态报表;(2)按照财务报表编制和报送的时间可以分为中期财务报表和年度财务报表;(3)按照财务报表编制的主体不同可以分为个别财务报表和合并财务报表。

4. 资产负债表是反映企业在某一特定日期财务状况的报表。它以会计恒等式“资产＝负债＋所有者权益”为编报的理论依据,按照资产、负债和所有者权益(或者股东权益)分类分项列示,根据企业总分类账和明细分类账的期初、期末余额来编制。我国企业的资产负债表采用账户式结构。

5. 利润表,又称损益表,以“利润＝收入－费用”这一会计等式作为编报的理论依据,反映企业在一定会计期间的经营成果。利润表应当按照各项收入、费用以及构成利润的各个项目分类分项列示。我国企业的利润表采用多步式格式。

6. 多步式利润表中净利润的计算分为以下四个步骤:(1)计算营业收入和营业成本;(2)计算营业利润;(3)计算利润总额;(4)计算净利润。

## 职场体验

### 案例分析

请选择上海某一家上市公司，从其官方网站上下载最新财务会计报告，了解其资产负债表和利润表的具体格式，报告其财务状况和经营成果，并做出评价和建议。

## 业务操作

1. 甲公司2021年10月31日有关损益类账户的资料如表9—7所示。

表9—7　　有关损益类账户发生额　　单位：元

| 账户名称 | 结转“本年利润”数额 | |
|---|---|---|
| | 借　方 | 贷　方 |
| 主营业务收入 | 402 000 | |
| 其他业务收入 | 17 000 | |
| 营业外收入 | 53 000 | |
| 公允价值变动损益 | 2 000 | |
| 投资收益 | 12 000 | |
| 主营业务成本 | | 262 000 |
| 营业税金及附加 | | 34 000 |
| 其他业务成本 | | 15 000 |
| 销售费用 | | 14 000 |
| 管理费用 | | 45 000 |
| 财务费用 | | 8 000 |
| 资产减值损失 | | 10 000 |
| 营业外支出 | | 45 000 |
| 所得税费用 | | 13 250 |

要求：根据以上资料，编制甲公司2021年10月利润表（如表9—8所示）。

**表9—8**　　**利润表**

编制单位：　　年　　月　　单位：元

| 项　目 | 行次 | 本月金额 | 本年累计金额 |
|---|---|---|---|
| 一、营业收入 | 1 | | |
| 减：营业成本 | 2 | | |
| 税金及附加 | 3 | | |
| 销售费用 | 4 | | |
| 管理费用 | 5 | | |

续表

| 项　目 | 行次 | 本月金额 | 本年累计金额 |
|---|---|---|---|
| 研发费用 | 6 | | |
| 财务费用 | 7 | | |
| 加:其他收益 | 8 | | |
| 投资收益(亏损以“—”号填列) | 9 | | |
| 公允价值变动收益(亏损以“—”号填列) | 10 | | |
| 信用减值损失(亏损以“—”号填列) | 11 | | |
| 资产减值损失(亏损以“—”号填列) | 12 | | |
| 资产处置收益(亏损以“—”号填列) | 13 | | |
| 二、营业利润(亏损以“—”号填列) | 14 | | |
| 加:营业外收入 | 15 | | |
| 减:营业外支出 | 16 | | |
| 三、利润总额(亏损以“—”号填列) | 17 | | |
| 减:所得税费用 | 18 | | |
| 四、净利润(亏损以“—”号填列) | 19 | | |

2. 甲公司2021年12月31日“应付账款”“预付账款”“应收账款”“预收账款”等科目的明细账资料如表9—9所示。

**表9—9　往来明细账**　单位:元

| 科目名称 | 明细科目借方余额 | 明细科目贷方余额 |
|---|---|---|
| 应收账款 | | |
| ——A公司 | 1 600 000 | |
| ——B公司 | | 100 000 |
| 预付账款 | | |
| ——甲公司 | 800 000 | |
| ——乙公司 | | 60 000 |
| 应付账款 | | |
| ——丙公司 | 400 000 | |
| ——丁公司 | | 1 800 000 |
| 预收账款 | | |
| ——C公司 | 600 000 | |
| ——D公司 | | 1 400 000 |

要求:根据以上资料,依次计算“应付账款”“预付账款”“应收账款”“预收账款”项目金额,并列出计算公式及结果。

## 学习评价

### 一、单项选择题

1. 财务报表编制的根据是(　　)。

A. 原始凭证　　B. 记账凭证　　C. 科目汇总表　　D. 账簿记录

2. 某企业 2017 年 3 月 1 日从银行借入期限为 5 年的长期借款 100 万元,编制 2021 年 12 月 31 日资产负债表时,此项借款应填入的报表项目是(　　)。

A. 长期借款　　B. 短期借款

C. 一年内到期的非流动负债　　D. 其他长期负债

3. 按照会计报表反映的经济内容分类,资产负债表属于反映(　　)的报表。

A. 某一特定日期的财务状况　　B. 经营成果

C. 对外报表　　D. 月报

4. 企业本月利润表中的营业收入为 450 000 元,营业成本为 216 000 元,税金及附加为 9 000 元,管理费用为 10 000 元,财务费用为 5 000 元,销售费用为 8 000 元,则其营业利润为(　　)。

A. 217 000 元　　B. 225 000 元　　C. 234 000 元　　D. 202 000 元

5. 依照我国的会计准则,利润表采用的格式为(　　)。

A. 单步式　　B. 多步式　　C. 账户式　　D. 混合式

6. 下列各项中,不会影响营业利润金额增减的是(　　)。

A. 财务费用　　B. 投资收益　　C. 信用减值损失　　D. 营业外支出

7. 某企业 2021 年 12 月 31 日"原材料"账户期末余额为 200 000 元,"库存商品"账户的期末余额为 240 000 元,"生产成本"账户期末余额为 60 000 元,"存货跌价准备"账户贷方余额为 10 000 元,"固定资产"账户期末余额为 400 000 元,则本月资产负债表中"存货"项目的期末金额应填列(　　)元。

A. 430 000　　B. 440 000　　C. 490 000　　D. 890 000

8. 2021 年 12 月 31 日,乙公司"库存现金"账户余额为 4 000 元,"银行存款"账户余额为 689 000 元,"其他货币资金"账户余额为 1 000 000 元,则 2021 年 12 月 31 日,乙公司资产负债表中"货币资金"项目期末金额应填列(　　)元。

A. 1 693 000　　B. 693 000　　C. 1 689 000　　D. 1 004 000

9. 在利润表上,扣减所得税费用前的利润称为(　　)。

A. 净利润　　B. 利润总额　　C. 未分配利润　　D. 可供投资者分配的利润

10. 反映企业一定会计期间的经营成果的报表是(　　)。

A. 资产负债表　　B. 利润表　　C. 现金流量表　　D. 所有者权益变动表

### 二、多项选择题

1. 下列各项中,属于资产负债表中流动负债项目的有(　　)。

A. 应付职工薪酬　　B. 应付账款　　C. 预付账款　　D. 应付票据

2. 下列各项中,应列入利润表"营业成本"项目的有(　　)。

A. 营业外支出　　B. 其他业务成本　　C. 主营业务成本　　D. 营业外收入

3. 下列资产负债表项目中,属于需要根据明细科目的期末余额计算填列的有(　　)。

A. 应收款项　　B. 短期借款　　C. 资本公积　　D. 预付账款

4. 下列各项中,不影响利润表中"营业利润"项目的有(　　)。

A. 盘盈的现金　　B. 发生的广告费

C. 发生的所得税费用　　D. 出售固定资产的净损失

5. 下列各项中，不列入企业利润表“营业收入”项目的有(　　)。

A. 销售材料收入　　B. 接受捐赠利得

C. 出售无形资产净收益　　D. 销售商品取得的收入

**三、判断题**

1. 资产负债表中的“短期借款”账户应根据总账账户余额填列。　　(　　)

2. 我国企业的会计期间按年度划分，以公历年度为一个会计年度，即从每年1月1日至12月31日为一个会计年度。　　(　　)

3. 预付账款属于资产类报表项目。　　(　　)

4. 利润表“本期金额”列示的是企业所有者权益类有关账户的本期发生额。　　(　　)

5. 货币资金项目应该根据“库存现金”“银行存款”科目期末余额的合计数填列。　　(　　)

**四、简答题**

1. 请简述资产负债表的基本结构。

2. 请简述利润表的基本结构。

# 参考资料


1. 财政部会计资格评价中心:《初级会计实务》,经济科学出版社 2021 年版。
2. 陈国辉、迟旭升:《基础会计》,东北财经大学出版社 2021 年版。
3. 朱小平、秦玉熙、袁蓉丽:《基础会计》,中国人民大学出版社 2021 年版。
4. 崔智敏:《会计学基础》,中国人民大学出版社 2022 年版。
5. 张捷、刘英明:《基础会计》,中国人民大学出版社 2019 年版。
6. 陈信元:《会计学》,上海财经大学出版社 2021 年版。
7. 中华人民共和国财政部:《企业会计准则》,立信会计出版社 2022 年版。
8. 苏亚然、王歆:《会计学原理》,立信会计出版社 2020 年版。
9. 李海波、蒋瑛:《新编会计学原理——基础会计》,立信会计出版社 2020 年版。
10. 戴德明、林钢、赵西卜:《财务会计学》,中国人民大学出版社 2021 年版。
11. 财政部会计司:《管理会计案例示范集》,经济科学出版社 2019 年版。
12. 盖地:《税务会计学》,中国人民大学出版社 2020 年版。
13. 刘圣妮:《审计》,北京科学技术出版社 2021 年版。
14. 陈文铭、陈艳:《基础会计习题与案例》,东北财经大学出版社 2021 年版。
15. 中华会计网校:《会计基础》,人民出版社 2019 年版。
16. 平准:《会计基础工作规范详解与实务》,人民邮电出版社 2019 年版。
17. 刘维、杨立艳、张奕奕、黄圳林、吕雪:《会计基础与实务》,清华大学出版社 2018 年版。
18. 李莉:《会计基础》,人民邮电出版社 2022 年版。
19. 杜俊娟:《会计基础理论与实务》,上海财经大学出版社 2021 年版。
20. 于家臻:《会计基础(第 4 版)同步习题》,电子工业出版社 2019 年版。
21. 企业会计准则编审委员会:《企业会计准则案例讲解》,立信会计出版社 2022 年版。
22. 中华人民共和国财政部:《企业会计准则应用指南》,立信会计出版社 2022 年版。
23. 刘永祥、刘桂春:《基础会计》,立信会计出版社 2020 年版。
24. 任延冬、景冬梅:《基础会计》,大连理工大学出版社 2019 年版。
25. 国家税务总局,http://www. chinatax. gov. cn。
26. 中华人民共和国财政部,http://www. mof. gov. cn。
27. 中国会计网,http://www. canet. com. cn。
28. 会计网,https://www. kuaiji. com。
29. 百度文库,“领悟工匠精神,做合格会计人”,https://wenku. baidu. com。
30. 乐长征、李成云:《簿记理论在中国的百年》,《财会通讯》2012 年第 3 期。
31. 周星:《会计当而已矣》,《财会学习》2016 年第 15 期。
32. 王秋实、韩卫卫:《会计当而已矣的当代意义》,《财会通讯》2011 年第 2 期。